KB019211

황영조 마라톤 스쿨

황영조 지음

한 언 HANEON.COM

황영조 마라톤 스쿨

펴 냄   2004년 8월 5일 1판 1쇄 박음 / 2012년 4월 10일 1판 3쇄 펴냄
지은이   황영조
펴낸이   김철종
펴낸곳   (주)한언
        등록번호 제1-128호 / 등록일자 1983. 9. 30
주 소   서울시 마포구 신수동 63-14 구 프라자 6층(우 121-854)
        TEL. 02-701-6616(대) / FAX. 02-701-4449
책임편집   최세현
디자인   김희림, 추소정, 백주영, 이정아
홈페이지   www.haneon.com
e-mail   haneon@haneon.com
        저자와의 협의하에 인지 생략

ⓒ 2004 황영조
이 책의 무단전재 및 복제를 금합니다.
잘못 만들어진 책은 구입하신 서점에서 바꾸어 드립니다.

ISBN 978-89-5596-641-1   03690

인생의 가장 빛나는 순간이 당신을 기다리고 있습니다.
가장 안전하고 즐거운 마라톤의 매력에 빠져보세요.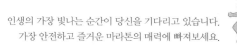

To _____

_____

_____

_____

_____

_____

_____

From _____

마라톤은 극심한 고통을 감내해야 하는 불굴의 의지와 인간의 한계에 도전하는 체력과 용기가 필요한 운동이다. 그런 점에서 마라톤을 뜻있는 인생에 비유할 수도 있을 것이다.

그러나 아무리 값진 마라톤이라 할지라도 무턱대고 시작하면 건강을 해치고 뜻하지 않은 부상을 당하기 쉽다. 따라서 마라톤의 진수를 맛보기 위해서는 전문가의 지도가 꼭 필요한 것이다. 황영조 감독의 이 저서는 지금까지 내가 본 가장 훌륭한 마라톤 지도서이다.

전 대한육상경기연맹회장, 국제육상연맹 집행이사 _ 박 정 기

걸을 수 있다면 달릴 수 있고, 꾸준히 달릴 수 있다면 인생에 무슨 일이든 해낼 수 있을 것이다. 달리기 학습을 위해 우리 모두 이 책을 읽고 나서, 운동화 끈을 묶고 달려 보자.

청소년보호위원회 위원장 _ 임 선 희

마라톤은 하루아침에 완성되는 것이 아니라 평생을 꾸준히 쌓아야 하는 탑이다. 내가 본 황영조 감독은 마라톤에 관한 한 누구보다 열정과 애정이 많은 사람이다. 기초부터 튼튼하게 다지기 위해서는 마라톤 전문가의 코칭을 받아야 한다. 대한민국 최고 코치가 가르쳐주는 최고의 코칭, 그것이 바로 《황영조 마라톤 스쿨》이다.

1986년 서울아시안게임 여자 육상 3관왕 _ 임 춘 애

마라톤에 대한 올바른 지식뿐만 아니라 몸과 마음의 아름다운 조화를 알려주는 책이다. 국제기아대책기구 홍보대사로 지구촌의 어려운 어린이들에게 꿈과 희망을 심어주는 황영조 감독님의 책이니만큼 기쁜 마음으로 추천한다.

국제기아대책기구 홍보대사, 탤런트, 가수 _ 장 나 라

올림픽 금메달, 그 중에서도 마라톤 금메달이 가진 의미는 남다르다. 자랑스러운 후배이자 국민 영웅인 황영조 감독이 이룩한 쾌거는 우리나라 체육계를 비롯해서 우리 국민 전체에게 희망과 용기를 준 것이었다. 이제 그는 실력과 경험 그리고 과학적이고 전문적인 이론까지 겸비한 최고의 감독이 되어 돌아왔다. 국민 건강을 위한 그의 의지가 이 책에 고스란히 담겨 있다.

1947년 보스턴 마라톤 우승자 _ 서윤복 *1947年 보스턴마라톤 優勝者 徐潤福*

스포츠가 가지는 가장 중요한 요소 중 하나는 흥미와 재미, 기쁨을 만끽하는 것이다. 특히 마라톤은 처음 시작도 중요하지만, 반환점을 돌고 난 후 끝마무리를 잘해야 하는 운동이다. 그래서 마라톤은 인생과도 곧잘 비교된다. 더욱 많은 사람들이 마라톤을 통해 즐거움을 만끽하고 인생을 배우는 계기가 되었으면 한다. 국민 영웅 황영조 감독의 저서는 마라톤을 사랑하는 많은 이들에게 좋은 길잡이가 될 것이다. 이 책을 통해 마음과 육체가 조화로운 마라토너들이 많이 배출되기를 기대해 본다.

고려대학교 체육학과 교수 이학박사 _ 이천희 *Lee Cheon Hee*

러너들이 겪을 수 있는 모든 상황과 모든 부상을 이미 경험해보고 지도해본 황영조 감독은 우리나라 사람들에게 꼭 맞는 가장 현실적이고 가장 과학적인 처방과 해결책을 알려준다. 무조건 참고 견디는 것이 마라톤이 아니다. 황영조식 14단계 훈련 프로그램은 부상 없이 마라톤의 즐거움에 빠질 수 있는 최고의 훈련법이다.

국민체력센터 소장 _ 선 상 규

매일 느껴지는 성취감과 온몸으로 전해지는 전율! 별다른 기교 없이도 평생 할 수 있는 가장 좋은 운동이 마라톤이다. 마라톤이 가르쳐주는 끈기는 인생의 성공을 거머쥘 수 있는 엄청난 에너지가 된다. 처음부터 제대로 배우고자 하는 러너라면 황영조 감독으로부터 큰 도움을 받을 것이다.

한국체육대학교 경기지도 학과장 이학박사 _ 김 복 주

황영조 감독이 항상 강조하는 즐거운 마라톤, 건강을 지키는 마라톤은 건강과 활력뿐만 아니라 인생 전체를 업그레이드시켜 준다. 나는 마라톤이 타인과의 경쟁이 아니라 자신과의 싸움이라 더욱 좋다. 마라톤은 나를 사랑하고 가족을 사랑하고 더 나아가 나라를 사랑하는 가장 좋은 방법이다. 황영조 감독의 특별한 비법이 당신을 도와줄 것이다.

변호사 _ 오 세 훈

황영조식 훈련 프로그램은 열심히 따라하기만 하면 가장 안전하게 풀코스 마라톤 완주의 꿈을 이룰 수 있다. 어떤 프로그램보다 쉽고 안전하면서도 실력향상에 도움을 주는 좋은 프로그램이다.

건국대학교 마라톤팀 감독, 대한육상경기연맹 강화위원장 _ 황 규 훈

선수시절 경험부터 지금의 지도자 생활까지, 마라톤에 대해 황영조 감독보다 더 많은 것을 제대로 알려줄 수 있는 사람이 또 있을까? 마라톤 영웅에게서 제대로 된 방법을 한 수만 배워도 달리기의 세계가 확실히 다르게 보일 것이다.

MBC 마라톤 해설위원 _ 윤 여 춘

마라톤은 인생을 건 도전이자, 일상에 엄청난 활력을 주는 원동력이다. 그래서 더더욱 서두르지 말고 신중한 자세로 시작해야 한다. 특히 일반 마스터스 선수들이라면 황영조 감독이 이야기하는 안전한 훈련, 일상생활과 병행하기에 무리 없는 4훈 3휴 훈련이 큰 도움이 될 것이다.

마스터스 선수(마라톤 기록 2시간 25분 34초) 창원마라톤클럽 _ 김 형 락

황영조 감독은 열린의사회가 주최한 몽골 진료봉사와 '황영조와 함께 뛰는 사랑의 마라톤' 에도 참여했다. 그는 훌륭한 마라토너이기도 하지만 봉사도 열심히 하는 우리 민족의 자랑이다. 황 감독이 소개하는 4훈 3휴의 원칙과 황영조식 14단계 훈련 프로그램은 우리나라 사람들의 라이프스타일에 잘 맞는 가장 좋은 프로그램이다. 황감독과 만나면 마라톤은 생활의 활력을 주는 정도가 아니라, 어떤 것과도 바꿀 수 없는 인생 에너지 자가발전 운동이 될 것이다.

열린의사회 회장 _ 민 원 식

마라톤은 충실한 기초체력 없이는 아무것도 이룰 수 없는 가장 정직한 운동이다. 또한 기본지식은 물론 뛰어난 전략과 전술이 필요한, 많은 생각을 요구하는 운동이기도 하다. 바르셀로나의 영웅, 황영조 감독이 그의 마라톤 인생에서 체득한 기량과 지혜 그리고 인생관까지 함께 담은 안내서를 출간함으로써 많은 사람들이 더욱 쉽고 빠르게 마라톤에 다가갈 수 있는 계기가 마련되었다. 달리기를 통해 건강과 꿈을 지켜 나가고자 하는 분들에게 소중한 길잡이가 되어줄 것으로 확신한다.

기획예산처 장관 _ 김 병 일

21세기 지구촌 주인공인 인류는 지금 구석기 시대 수렵인의 몸으로 최첨단 기계 문명의 혜택을 누리며 살고 있다. 바로 이 부조화로 인해 현대인은 '생활습관병(고혈압, 당뇨, 성인심장병 등)'으로 고통받으며 지낸다. 실제로 생활습관병은 현재 인류가 앓는 질병의 46%, 사망 원인의 59%를 차지할 정도다. 그렇다면 생활습관병에서 해방될 수 있는 최선의 방법은? 바로 우리의 조상인 사냥꾼들처럼 달리기를 생활화하는 것이다. 12년 전, 온 국민을 열광의 도가니로 몰아넣었던 몬주익의 영웅 황영조 선수가 오늘, 친근한 달리기 선생님이 되어 우리 옆에 다가왔다. 21세기 선진한국에 살고 있는 당신이 건강 백세를 소망한다면, 이 책과 함께 달리기와 친해질 것을 권하고 싶다.

《우리 가족 주치의 황세희 박사에게 물어보세요》 저자, 중앙일보 의학 전문기자 전문의 의학박사 _ 황 세 희

달리면 모든 것이 다르게 보인다. 그리고 그것은 달리는 사람만이 알 수 있다. 가장 안전하고 가장 쉽게 달리기의 매력에 빠질 수 있는 비법이 가득한 책!! 마라톤의 매력에 빠지면 도저히 멈출 수가 없을 것이다.

전 국가대표 마라토너, 한국전력 마라톤 코치 _ 김 재 룡

'달리기? 그걸 뭐 배우면서 하냐'고 생각했던 사람들이라면 더더욱 봐야할 책이다.
마라톤은 과학이다. 마라톤을 시작하려는 사람뿐만 아니라 이미 마라톤을 하고 있는 사람들도 반드시 읽어야 할 필독서다. 14단계 황영조식 훈련 프로그램은 황영조 감독이 항상 강조하는 안전하고 부상 없는 마라톤의 진수다. 이 책은 당신이 저지르고 있는 치명적인 실수들을 모두 바로잡아줄 것이다.

김행부 정형외과 원장 _ 김 행 부

CONTENTS

PART 2
달리기 전에 반드시 알아야 할 것들

신발부터 자세, 호흡, 장소까지 러너가 알아야 할 모든 것

5km와 10km 도전, 초보 러너 준비 땅!

초보자를 위한 황영조식 훈련 프로그램 1~7단계

하프코스와 풀코스 도전, 내 안의 영웅을 만나다

중급자와 고급자를 위한 황영조식 훈련 프로그램 8~14단계

평생 즐겁게 달리기 위하여
더 오래 더 즐겁게 달리기 위해 알아야 할 모든 것

세상에서 가장 아름다운 도전, 마라톤

함께 달리는 즐거움

달리기는 가장 쉽고, 가장 간편하고, 가장 효과적인 운동이다. 걸을 수만 있다면 누구나 달릴 수 있다. 일곱 살 어린이든 일흔 살 할아버지든 가벼운 운동화만 있으면 함께 달릴 수 있다. 달리기야말로 언제 어디서나 누구나 할 수 있는 대표적인 '참여형 스포츠'이다.

무엇보다도 달리기의 가장 큰 장점은 좋은 사람들과 '함께' 할 수 있다는 것이다. 부부, 연인, 친구, 동료, 온 가족이 함께 달리면 그 즐거움은 두 배, 아니 수십 배가 된다. 의지가 약해질 때마다 서로 격려해 가면서 목표지점을 향해 달리다 보면 자연스럽게 유대감도 깊어지고 함께 고난을 극복한 사람들만이 느낄 수 있는 끈끈하고 애틋한 정도 생겨난다. 게다가 그동안 부족했던 속 깊은 대화도 나누고 서로 지친 일상을 다독일 수도 있으니, 이보다 더 좋을 순 없다.

우리나라는 마라톤 공화국?

이 같은 달리기의 장점이 널리 알려지면서 최근 마라톤에 대한 관심과 참여도 폭발적으로 늘어나고 있다. 서울을 비롯한 대도시는 말할 것도 없고 지방 소도시에도 마라톤 동호회가 없는 지역이 없을 정도다. 이들 동호인의 수만 해도 벌써 200만 명을 넘어섰다. 인터넷 상의 마라톤 동호회 역시 회원수나 게시물 조회수가 엄청나고, 회사마다 사내 마라톤 동호회도 기하급수적으로 늘어나고 있다. 가히 마라톤

공화국이라고 할 만하다.

거의 매 주말마다 전국 각지에서 수많은 마라톤 대회가 열리고, 대회에 참여하는 아마추어 마라토너들의 열기도 실로 대단하다. IMF 사태를 전후로 최근 몇 년 전부터 급속도로 증가된 마라톤 인구와 불붙듯이 일어난 마라톤 붐은 전 세계적으로도 전례를 찾아볼 수 없다고 한다. 참가자의 규모뿐만 아니라 일반인 선수들의 실력 또한 만만치 않다.

직업이 직업인지라 필자는 한 해 700회 이상 열리는 전국 각지의 수많은 마라톤 대회에 참석하게 되는데, 마치 지역축제를 방불케 하는 풍성하고 활기찬 모습에 항상 놀라움을 금치 못하곤 한다. 많은 사람들이 가족과 함께 혹은 친한 동료들과 함께 한껏 들뜬 마음으로 즐겁고 신나게 달리고, 또 땀 흘린 자만이 느낄 수 있는 진한 성취감을 만끽한다. 비 오듯 땀을 흘리며 끝까지 완주하는 참가자들을 보면 지켜보는 사람까지 감격스러울 정도다. 혼신의 힘을 다해 무언가에 열정적으로 집중하는 순간, 인간은 가장 아름다워 보인다고 했던가. 나는 주로走路에 나와 최선을 다해서 달리는 참가자들의 얼굴 하나하나를 보며 진정한 아름다움을 넘어 경이로움까지 느끼곤 한다.

마라톤이 얼마나 건강한 레저스포츠인지 다 설명하려면 그 얘기로 책 전체를 채워도 모자랄 것이다. 한마디로 마라톤은 가장 쉽고 단순한 운동이면서 동시에 몸과 마음, 인생에 깊이 집중하도록 도와주는 최고의 동반자이다.

'목숨을 걸고' 뛰는 사람들!

'올림픽의 꽃' 마라톤이 이제는 엘리트 체육인들만의 경기가 아니라 온 국민이 함께 즐기는 건전한 레저문화로 자리잡고 있는 것만은 주지의 사실인 것 같다.

그러나 갑작스럽게 마라톤 열풍이 불어닥치다 보니 그에 따른 부작용도 만만치 않다. 무리하게 달리다가 부상을 당하는 사람들이 부지기수고, 심지어 참가자들이 레이스 도중 숨지는 사고가 해마다 여러 건씩 발생하고 있다. 또 마라톤 직후 몸져 누울 만큼 급격하게 체력이 소모되어 일상생활에 지장을 주거나 건강을 해치는 경우도 비일비재하다. 건강을 위해, 즐거운 인생을 위해 시작한 마라톤이 오히려 건강을 해치고 목숨마저 위협하다니, 이러한 아이러니가 또 어디 있는가?

마치 자신의 정신력이 어디까지인가 시험이라도 하려는 듯, 아직은 내 체력이 쓸 만하다고 과시라도 하려는 듯 '목숨을 걸고' 뛰는 사람들! 대체 마라톤이 무슨 정신력 테스트 장인가?

게다가 더 큰 문제는 '무식하면 용감하다'고 많은 사람들이 백이면 백, 제멋대로 달리고 있다는 점이다. '그냥 달리면 되지, 그까짓 달리는 거까지 뭐 배워야 하나?'라고 생각하는 사람들이 여전히 많다. 그러나 그들은 달리는 동안 우리 몸속에서 얼마나 복잡한 움직임이 일어나고 있는지 전혀 모른다. 그래서 자신의 몸 상태와 운동능력은 어떤지, 어느 정도가 자신의 최고점인지 아무것도 모르는 채로 부상을 무릅쓴 비장한 레이스를 하고 있는 것이다.

뿐만 아니다. 마라톤 관련업계는 마케팅을 펼치는 과정에서 지나치게 기록경쟁을 조장하고 있다. 순수한 아마추어들에게 기록에 대한 환상을 품게 해서 고가의 용품을 구입하도록 종용하는 것이다. 마라톤 업계가 일반인 선수들의 기록경쟁을 부추길 수 있었던 것은 바로 서브스리(sub 3, 3시간 이내 완주)라는 달콤한 열매 때문이다. 일정 수준에 오른 러너들은 하나같이 서브스리를 달성하기 위해 기능성 러닝화나 유니폼을 입고 값비싼 보충식을 먹으며, 엘리트 선수들이나 이용하는 각종 보조용품을 사들이는 것도 마다하지 않는다. 그러나 서브스리를 달성하는 것이 무슨 의미가 있는가? 서브스리는 아마추어가 달성할 수 있는 한계치를 임의로 정의한 것에 지나지 않는다. 그럼에도 불구하고 서브스리를 무슨 득도의 경지쯤으로 부각시키는 것은 아마추어 마라톤계를 망치는 행위이다.

이것은 비단 개인의 무지와 안이한 태도만을 탓할 수 있는 문제는 아니다. 마라톤 인구 1,000만 명을 자랑하는 일본의 경우 이미 굉장히 많은 마라톤 캠프가 열리고 있고, 아마추어 마라토너들을 위한 마라톤 학교에서 체계적으로 근력을 강화할 수 있는 훈련법이나 부상 예방법에 대한 교육이 이루어지고 있다. 하지만 우리나라는 아직 그런 교육환경이 거의 전무한 실정이다. 기하급수적으로 늘어난 마라톤 마니아들을 수용하기에는 지도자들 수도 턱없이 부족하고, 체계화된 교육프로그램을 전수해 줄 교육여건이나 기반시설도 쉽게 접할 수 없다.

그런데도 아마추어 선수들의 훈련을 지켜보면 그 열의와 정성이 놀라울 정도이다. 하지만 레이스에 참가하거나 실제로 주로에 나서서 달리는 것을 보면 아쉬운 점이 한두 가지가 아니다. 실업팀 프로 선수들보다 훨씬 많은 양의 훈련을 하면서도 제대로 된 코칭을 받지 못해 기량이 향상되지 않은 사람, 기초가 엉망인 채로 잘못된 훈련만 강행해서 전혀 효과가 없는 사람, '모르는 게 약'이라고 믿고 무작정 달리다가 달리기의 재미를 느끼기도 전에 포기하는 사람 등등 안타까운 경우를 너무도 많이 봐 왔다.

즐기려고 달리는 것이니, 하고 싶은 대로 내버려 두라고 생각하는 사람도 있겠지만, 문제는 잘못된 자세와 훈련으로 인한 부상과 좌절감이다. 달리는 법도 제대로 모르고 달리다 보면 필연적으로 부상이 생길 수밖에 없다. 그까짓 부상쯤은 상관없다고 할 만큼 강인한 몸을 타고난 사람이라면 모르겠지만, 그렇지 못한 사람들은 잘못된 자세와 효과 없는 훈련만 지루하게 반복하다가 부상을 입고 달리기를 포기하거나, 부상을 입지 않더라도 달리기의 매력에 빠지지 못하고 중도에 그만두고 만다.

적극적으로 달리기에 관한 정보를 찾아본다거나 서적을 참고하는 사람들의 경우는 그나마 다행스럽다. 즉 동호회에 가입해서 주변사람들의 경험담이나 조언을 듣거나, 책과 인터넷 사이트에 있는 정보를 찾아보고 어느 정도 기초 지식을 쌓은 후 달리기를 시작하는 것은 상당히 바람직한 일이라 할 수 있다.

하지만 그 지식과 정보라는 것도 '왕년에 좀 뛰었다' 하는 사람들의 어렴풋한 경험담이나 확실하지 않은 사실을 단순히 교환하는 수준, 혹은 검증되지 않은 무책임한 것인 경우도 많다. 모든 사람의 몸에 맞고 모든 경우를 만족시킬 수 있는 절대적이고 완벽한 훈련법은 없는데도 무조건 따라하기만 하면 풀코스를 완주할 수 있다고 말하는 위험한 프로그램도 있다.

아마추어 선수들은 펀런 *FunRun*을 유행어처럼 사용한다. 하지만 지금 사람들은 정말 즐겁게 달리고 있는가? 서로 기록을 의식하고, 서브스리에 다가가기 위해 안간힘을 쓰는 모습을 보면 그다지 즐거워 보이지 않는다.

필자 역시 현재 국민체육진흥공단의 감독으로 마라톤 팀을 이끌며 후진을 양성하는 데 주력하고 있지만 종종 아마추어 러너들의 부상과 사망소식을 접할 때마다 무척 큰 충격을 받는다.

그래서 후배 선수들을 가르치는 것만큼이나 중요하고 시급한 일이 지금도 시한폭탄을 안고 무작정 달리고 있을 사람들에게 위험을 알리는 일이라는 생각이 들었다. 마라톤을 사랑하는 사람들이 보다 안전하고 효과적으로 훈련을 할 수 있도록 돕고, 마라톤을 통해 그들이 더욱 큰 성취감과 삶의 위안을 받기를 바라는 마음에서 서둘러 책을 써야겠다고 마음먹었다. 그것이 마라톤을 사랑하는 한 사람으로서 필자의 의무이기도 할 것이다.

모든 운동은 건강을 위해 하는 것이다. 아마추어 마라톤도 예외는 아니다. 달리기를 통해 건강을 얻고 싶다면 '힘을 쓰는' 달리기가 아니라 '힘을 잡는' 달리기를 해야 한다. 그래야 즐겁게 달릴 수 있고 오래도록 달릴 수 있다. 자기 몸에 맞게 리듬을 타며 운동하다 보면 자연히 기록도 좋아진다. 기록이나 완주횟수에 대한 집착을 버리고 즐겁게 달릴 수 있을 때 진정한 펀러너라고 부를 수 있을 것이다.

우리에게 맞는 우리식 훈련법이 필요하다

사람들은 흔히 마라톤을 올림픽의 꽃이라고 말한다. 마라톤은 인간 육체의 한계에 가장 격렬하게 도전하는 종목이자 인간이 보여 줄 수 있는 가장 감동적인 드라마라고 할 수 있다.

과거 냉전시대 미국과 소련 간의 대결은 '총성 없는 전쟁' 올림픽에서 스포츠 경기를 통해 이루어졌고, 덕분에 세계 열강은 어떻게 하면 더 좋은 기록을 낼 수 있는가, 어떻게 하면 경쟁국을 누르고 승리할 수 있는가를 연구하는 스포츠 과학에 엄청난 돈과 노력을 투자하기 시작했다. 인간의 몸, 그 몸이 움직이는 동작 하나하나를 분석하고 연구하며 선수들을 보다 더 빠르고 강하게 만들 수 있는 훈련법을 개발하면서 스포츠 과학이 발달된 것이다. 그래서 오래 전부터 올림픽을 주도하고 많은 종목에서 좋은 성적을 거둔 미국과 유럽을 비롯한 선진 스포츠 국가들은 계속적인 연구와 실험을 통해 스포츠 의학이나 부상 의학, 훈련 프로그램 등을 체계적으로 발전시킬 수 있었다. 마라톤 역시 마찬가지다.

마라톤 붐과 함께 우리나라에도 이에 관한 수많은 외국 서적들이 번역 출판되었다. 하지만 그 서적들을 보면 우리나라 사람의 체형과는 맞지 않는 훈련법이 소개

되어 있는 경우가 대부분이다. 우리나라 기후나 지형에 맞지 않은 훈련환경을 요구하기도 하고, 이름도 처음 들어 보는, 구하기도 힘든 음식을 먹으라는 이야기도 하고 있다. 그럴 수밖에 없는 것이 외국서적은 그 나라 사람들이 독자이므로 몸에 대한 이야기도 그 책을 읽을 외국인 독자에게 맞춰서 풀어나갈 수밖에 없다. 미국을 비롯한 서양인들의 경우 기본적인 체력이나 근력, 몸의 구조가 우리와는 많이 달라서 그들의 훈련법은 우리 몸에 잘 맞지 않을 수도 있다. 물론 외국에서 나온 훈련 프로그램이나 방법들이 나쁘다는 말은 절대 아니다. 이미 오랜 연구를 통해 과학적으로 증명되고 합리적으로 검증된 것이지만, 그 연구의 대상이 우리가 아니었기 때문에 무작정 따라하기에는 좀 무리가 있다는 것이다. 게다가 마라톤을 사랑하는 사람들이 이렇게 많아진 상황에서 우리만의 훈련법을 만드는 일을 이제는 더 이상 미룰 수만은 없다. 우리나라 사람의 몸에 맞는 자세와 훈련법, 우리 땅에서 나는 건강한 먹거리, 우리나라 기후와 코스에 맞는 훈련법은 진작부터 필요했던 것이다.

사실 선수들의 경우는 외국에서 들여온 훈련법을 바탕으로 훈련을 하는 경우가 많다. 이것들은 육상 선진국인 미국을 비롯한 프랑스, 독일 등 유럽 국가에서 오랜 시간 충분히 실험하고 많은 사람들의 실질적인 검증을 거쳐 개발된 것이기 때문에 이를 제대로 응용해서 훈련할 수 있는 프로 선수들에게는 나름대로 효과가 크다(게다가 조깅문화가 굉장히 널리 퍼져 있고 역사도 오래된 편이기 때문에 충분히 검증된 좋은 프로그램이라고 할 수 있다).

그러나 외국에서 들여온 프로그램이 아무리 좋아도 그것은 서구인을 위해서 최적화된 프로그램이다. 외국에서 열리는 대회에 참가해 보면 함께 간 동료들 중에 외국 음식이나 기후, 환경 조건에 잘 적응하지 못하는 친구들이 많았다. 하다못해 마시는 물만 달라져도 몸은 예민하게 반응하기 때문이다. 운동으로 몸을 바꾸는 것은 특히 더욱 예민한 것이기 때문에 모든 사람을 각각 특별 케이스라고 보아도 될 만큼 개인차에 따른 세심한 주의가 요구된다. 그래서 우리 땅, 우리 몸에 맞는 훈련법이 더욱 필요하다는 이야기이다.

건강한 몸과 마음에 건전한 일상

시간이 갈수록 많은 사람들이 병에 대한 면역력이 약해지고 있다. 운동부족과 스트레스 때문이다. 운동은 하지 않으면서 지나치게 먹고 마시는 악순환이 반복되다 보니 마치 우울증이라도 걸린 것처럼 컨디션은 늘 가라앉아 있고 기운도 없으며 찌뿌드드한 상태로 정신력과 의지력까지 약해지는 것이다. 더욱 걱정스러운 것은 날로 늘어가는 어린이 비만과 목숨이 위태로울 지경에 이를 때까지 굶거나 정체불명의 약으로 살을 빼려는 우리 사회의 이상 다이어트 열풍이다.

건강이란 단순히 아프지 않은 상태, 혹은 병에 걸리지 않은 상태를 말하는 것이 아니다. 몸이 제 기능을 다 발휘할 수 있는 최상의 상태를 유지하는 것, 활력과 에너지, 생기가 넘치는 몸과 마음의 상태가 바로 건강이다. 그리고 언제 어디서라도 활기차고 신나게 삶을 즐기고 씩씩하게 꾸려나갈 수 있는 몸과 마음의 상태이다. 존재가 의식을 규정한다는 누군가의 말처럼 인간의 건강한 정신 역시 건강한 육체가 없으면 존재할 수 없다. 이런 점에서 운동은 활력과 건강을 위한 것이지 과도한 훈련으로 몸을 혹사시킨다거나 신체의 한계를 넘어 밀어붙이는 것이 결코 아니다.

달리기를 시작하려고 한다거나, 혹은 달리기를 이미 시작한 독자라면 이 책을 집어든 지금 이 순간 무언가 새로운 결심을 했을 것이다. 자신을 더욱 아끼고 사랑하며 진정으로 몸과 마음, 그리고 인생에 집중하겠다는 결심 말이다. 인생에서 무엇이 중요한가를 다시 생각해 보면 당장이라도 운동화 끈을 묶고 달려 나가고 싶어질 것이다.

달리기를 좋아하는 사람들은 누구나 달리기가 몸에 얼마나 좋은지, 정신건강에 얼마나 유익한 운동인지 남들에게 알려 주고 싶어서 몸이 단다. 필자 역시 마찬가지다. 중도에 포기하거나 부상을 당하는 사람들을 보면서 안타까웠던 점들을 이 책을 통해 모두 보상하고 싶다. 대신 달리기를 통해 새로운 삶이 열리는 경험, 망가진 몸과 마음을 추스르고 위안을 받는 경험, 달리기라는 좋은 운동과 평생 친구가 되는 법을 많은 사람들에게 알려 주고 싶다.

달리기는 보약이다

- 인간은 누구나 달리기 본능을 가지고 있다
- 달리는 동안 우리 몸은 강하게 단련된다
- 달리기의 첫 걸음은 자기 몸 알기
- 몸이 하는 소리에 귀 기울이자
- 나도 왕년에… 라는 생각은 위험하다
- 즐겁게 달리자, 펀런과 마라닉
- 욕심을 버린 빈 공간에 여유가 들어온다
- 자신감 충전! 에너지 업!

인간은 누구나 달리기 본능을 가지고 있다

▲ 92년 바르셀로나 올림픽 우승 순간.

숨 막히는 공기와 강렬하게 내리쬐는 뙤약볕, 입술은 마르고 머릿속은 텅 비어 이제는 다리의 감각도 없어져 버린 30km 지점, 그 상황에서 머릿속을 잠시 스쳐 가는 생각. '아, 지금 나는 사람이 아니구나!'

그 순간 주자는 사람이 아니라 초원을 달리는 동물이 된다. 마라톤을 하는 사람치고 그 극한의 지점을 달릴 때 '내가 미치지 않았나' 하는 생각을 해 보지 않은 사람은 거의 없을 것이다. 진짜 마라톤의 경지에 올라 본 사람들은 자신의 몸이 동물에 가까워지는 이런 환각을 경험한다. 멈추지 말고 끝까지 달려야 한다는 본능만 남은 채 아무런 생각이 없어지는 상태, 모든 것을 훌훌 털고 달리기 본능만 남은 동물이 될 때, 그때 비로소 마라톤은 진짜 마라톤이 된다. 그래서 한 번 발을 들여 놓으면 쉽게 벗어날 수 없는 것이 바로 달리기의 세계인 것이다.

이처럼 달리기는 인간의 원초적인 본성에 가장 가까운

운동이다. 자연과 닮은 가장 원초적이고 단순한 운동이며, 인류가 처음으로 직립보행을 시작했을 때부터 인간의 생존을 가능하게 했던 움직임이 바로 달리기이다.

환경적으로 달리기에 적합한 몸으로 진화해 온 사람들도 있다. 아직 원시의 삶이 많이 남아 있는 아프리카계 사람들이 바로 그 대표적인 예이다. 그들의 조상은 달리는 것 자체가 생활이 되어 있는 사람들이었으며, 그들의 몸은 '생존'을 위해서 잘 달려야만 했다. 몇 시간을 달렸는지 혹은 몇 km를 달렸는지는 중요하지 않았다. 이틀이고 사흘이고 그저 좋은 사냥터까지 달려가야만 했던 것이다. 뿐만 아니라 좋은 사냥터까지 지구력을 발휘해서 달려갔다면 빠른 스피드를 이용해 짐승을 잡아야 했고, 짐승을 잡으려면 민첩성과 스피드, 근력이 필요하기 때문에 순간적인 근육의 폭발력도 발달할 수밖에 없었다. 그래서 훌륭한 육상 선수들 중에는 아프리카계 흑인이 많은 것이다. 비단 아프리카 소수민족의 삶을 유추해서 생각해 보지 않더라도 달리기를 해본 사람은 알 것이다. 달리는 것은 인간의 본능이라는 사실을 말이다.

달리는 동안 우리 몸은 강하게 단련된다

우리 몸은 규칙적으로 적당한 운동을 하면 그 운동을 견딜 수 있을 만큼 점점 강하게 단련이 된다. 적당히 운동을 시켜 주면 운동을 한 만큼 발달하고 단단해지지만, 운동을 그만두면 그만큼 몸도 녹슬어 버린다. 즉 운동량이 적어지면 몸도 편안하고 쉽게 사는 것에 익숙해져서, 딱 그만큼의 기능과 능력만 남고 운동능력이 사라지는 것이다.

달리기를 '산소목욕'이라고 표현하는 것을 많이 들었을 것이다. 달리는 동안 우리 몸은 말 그대로 산소로 구석구석 닦이고 시원하게 헹궈진다. 언뜻 보면 다리 근육만 쓰는 것 같지만 팔과 어깨가 이어지는 몸 전체의 균형이 잡혀야만 잘 달릴 수 있기 때문에, 달리기 연습을 하면 팔과 다리뿐만 아니라 몸통과 허리까지 몸 전체가 튼튼해진다. 온몸의 근육과 신경, 뼈, 인대가 한 번씩 점검을 받고 더욱 강하게 단련되는 셈이다.

심장이 튼튼해지고 혈액순환이 빨라진다

달리기의 장점은 헤아릴 수 없이 많다. 우선 심장이 튼튼해지고 산소를 운반하는 능력이 출중해진다. 그러므로 평소에 쉬고 있던 말단조직에까지 신선한 혈액을 충분히 공급할 수 있다. 혈액순환이 빨라지면 온몸의 노폐물이 땀과 함께 원활하게 빠져나가고 혈액 속의 나쁜 콜레스테롤인 LDL(Low Density Lipoprotein, 저밀도 콜레스테롤) 수치도 떨어진다. 운동으로 심장이 견딜 수 있는 부하가 커지면 혈관을 통과하는 혈류량이 많아지므로 혈관도 더욱 튼튼해지고 유연성과 탄력을 가지게 되는 것이다.

심장이 강해지면 한 번 펌프질을 할 때 더 많은 피를 뿜어낼 수 있고 그만큼 심장박동의 횟수, 즉 심박수가 줄어든다. 이런 것을 스포츠 심장이라고 해서 '심장의 펌프질이 더욱 경제적이다'라고 표현하는데 평상시의 심박수도 적어지고, 운동이나 힘든 활동으로 빨라진 심장박동을 정상으로 되돌리는 회복시간도 짧아진다. 결과적으로 동맥경화나 심근경색, 심장마비 같은 급작스러운 사고도 미리 예방할 수 있고 협심증이나 고혈압, 뇌졸중과 같은 순환기 계통 질환의 위험도 감소된다.

폐활량이 늘어나고 산소섭취능력이 좋아진다

또한 달리기를 꾸준히 하면 폐가 튼튼해진다. 그러면 몸의 산소섭취능력도 현격하게 증가한다. 필자가 아는 어떤 연예인은 달리기를 시작한 이후로 폐활량이 크게 늘어나서 노래를 하거나 연기를 할 때 굉장히 큰 도움이 되었다고 한다. 사실 폐활량은 체구에 따라 다르고 개인차가 크기 때문에 객관적으로 비교할 만한 수치라고 보기는 어렵고, 정확히 말하자면 달리기로 인해 산소섭취능력이 좋아진다고 할 수 있다.

최대산소섭취량(VO_2max)이라는 것은 근육에 산소를 공급할 수 있는 능력을 말하는 것으로 몸이 받아들일 수 있는 최대한의 산소량을 뜻한다. 요즘은 이것을 쉽게 측정할 수 있는 심박계도 있다. 일반적으로 성인 남자의 평균치는 40 ml/kg · 분, 매일 1시간씩 조깅을 하는 사람은 50~60 ml/kg · 분, 마라톤 선수들의 경우는 이보다 높아서 70~80 ml/kg · 분 이상이다. 평범한 사람들도 6개월에서 1년 정도 달리기 연습을 꾸준히 하면 최대산소섭취량 수치를 자신이 가진 현재의 수치에서 20~30% 정도 높일 수 있다. 같은 횟수만큼 호흡하더라도 더 많은 양의 산소를 받아들일 수 있으므로 그만큼 운동능력이 좋아지는 것이다.

이렇게 최대산소섭취량이 늘어나고 산소를 섭취하는 능력이 좋아지면 산소가 풍부한 피를 근육세포에 보낼 수 있기 때문에, 말 그대로 온몸이 산소로 샤워한 듯이 상쾌해지고, 몸의 각 조직은 그만큼 활발하게 움직일 수 있게 된다. 게다가 뇌에 공급되는 산소가 많아지면 자연스럽게 집중력도 높아지고 스트레스와 더 잘 싸워 이길 수 있다. 우울증 치료에도 달리기만큼 좋은 것이 없다고들 이야기할 정도다(학자들에 따르면 달리기는 스트레스 호르몬인 코르티졸의 수치를 떨어뜨린다고 한다).

쭉쭉빵빵! 균형 잡힌 몸매가 된다

달리기는 지방을 에너지로 사용하는 효과적인 유산소 운동이다. 일상생활에 필요한 기초대사량이 늘어나고 몸 전체의 에너지 소비를 증가시켜 주기 때문에 비만예방에 효과적이다.

또한 달리기는 웨이트 베어링*Weigh Bearing* 운동이라서 장시간 몸의 무게를 견디다 보면 하체의 관절과 인대가 튼튼해지고 골격도 단단해진다.

여성의 경우 30대 중반을 넘어서면 해마다 뼈의 무기질이 1%씩 감소하는데, 뼈 속의 무기질이 빠져 나가면 골밀도가 낮아져서 골다공증으로 연결될 위험이 커진다(남성의 경우에도 50세가 넘어가면 뼈에서 많은 양의 무기질이 빠져 나간다). 게다가 요즘은 중년 여성뿐만 아니라 20대의 젊은 여성들 중에도 골다공증 환자가 많은데, 이는 다이어트를 한답시고 운동은 등한시한 채 균형 잡힌 식사를 하지 않기 때문이다. 이런 사람들은 특히 달리기를 하면 골밀도가 높아지면서 골다공증이나 골절부상도 예방할 수 있다(골다공증 예방에는 달리기뿐만 아니라 규칙적인 걷기도 무척 좋다).

여성들의 경우 건강하게 체지방을 줄이려면 운동과 식이요법을 5:5 정도로 해야 한다. 단기간에 체중을 많이 줄이겠다는 생각부터 버려야 할 것이다. 1kg의 체지방을 감량하려면 7,700kcal 정도를 소비해야 하는데, 1주일에 약 0.5kg씩 줄이는 것을 목표로 한다면 하루에 550kcal 정도를 운동과 식사조절로 줄여야 한다. 즉 운동으로 300kcal를 소모하고 식사조절로 250kcal 정도를 줄이는 수준의 다이어트가 무리 없이 체지방을 줄일 수 있는 방법이다. 일반적으로 조깅의 에너지 소모량은 0.144kcal/kg/min이다. 즉 60kg의 사람이 1분 동안 달리기를 하면 $60 \times 0.144 = 8.64$kcal가 소모되므로 이 사람이 30분 동안 달리기를 하면 약 260kcal를 소비할 수 있다. 이런 수치적인 계산만으로는 운동의 효과가 별로 실감나지 않겠지만, 꾸준히 달리기를 하면 수치로 나타나는 결과 이상의 효과를 느낄 수 있다. 기초대사량이 올라가면서 일상생활에 더욱 활기가 생기고 정신적·심리적으로도 안정을 찾을 수 있다. 달리기는 스트레스를 먹는 것으로 푸는 사람들에게 스트레스와 과식의 연결고리를 단칼에 끊어 줄 수 있는 효과적인 운동이다.

먹는 것을 극도로 절제하는 다이어트는 당장은 살이 빠지는 것처럼 느껴지겠지만, 장기적인 관점에서 볼 때 결코 바람직하지 않다. 운동은 하지 않고 굶기만 반복하다 보면 더욱 살이 잘 찌는 체질로 변한다. 계속해서 굶기와 폭식의 악순환에 빠지게 되고 몸매에 대한 강박관념에 사로잡혀 심리적으로도 황폐해지다 보면 거식증이나 폭식증에 걸릴 수도 있다.

다이어트를 하기 위해서 달리기를 시작하는 사람들도 이 점은 꼭 알아야 한다. 살을 빼기 위해서 제대로 된 영양섭취 없이 운동만 한다면 정말 위험하다. 특히 여성들의 경우 충분히 먹지도 않고 달리다가 빈혈로 쓰러지는 경우도 많다. 달리기를 시작했다면 지금 당장은 살이 제대로 빠지는 것 같지 않을지도 모른다. 하지만 꾸준히 달리다 보면 자연히 균형 잡힌 몸매가 된다. 장거리 달리기를 하는 사람들을 보면 알 수 있듯이 불필요한 지방은 쏙 빠지고 물렁살 대신 탄탄한 근육만 남은 건강한 몸이 될 수 있다. 그래서 몸에 좋은 것을 골고루 충실히 챙겨 먹고 열심히 달려야 한다.

건강하게 땀 흘리며 달리다 보면 피부도 좋아지고 얼굴의 윤곽도 또렷해져 더욱 예뻐지고 멋있어진다(달리기를 하는 사람들을 보면 정말 잘생기고 멋진 사람이 많다). 내친 김에 근력운동인 웨이트 트레이닝도 병행해 보자. 두 가지를 동시에 하면 성장호르몬 분비가 더욱 촉진된다.

강인한 의지가 솟아난다

툭 트인 들판, 시원한 강가로 나가 마주치는 바람을 가르며 달려 보라! 긴장과 불안감이 사라진다. 정서적 안정과 함께 인내심이 커지고 자신감도 올라가 우울증도 예방하고 치료할 수 있다. 고난과 역경에 부딪혀도 씩씩하게 헤쳐

나갈 수 있는 강인한 성격도 길러진다. 뿐만 아니라 장거리 달리기는 신뢰나 화합과 같은 사회성, 인간적인 덕목을 고양시키는 데도 좋은 운동이다.

실제로 달리기를 하면 뇌에 공급되는 산소의 양이 많아지고 집중력이 높아지기 때문에 두뇌의 기능이 향상된다. 실제로 수학문제나 추리문제 등을 가지고 실시했던 다양한 테스트에서 실험대상자들의 운동 후 점수가 운동 전보다 높다는 연구결과도 있다. 미로찾기 동물실험에서도 운동을 하고 난 후, 실험쥐의 기억력이 더 좋아진 것으로 나타났다.

달리기를 하는 동안에는 자신만의 시간을 가지고 정신적인 여유를 즐길 수도 있다. 뇌 속에 산소가 충분히 공급되면 머릿속이 맑아지고 한 가지 생각에 깊이 몰두할 수 있게 되는데, 이 순간 스스로를 괴롭히던 잡념과 욕심도 사라지고 자신의 심리상태에 대해 더욱 잘 관찰할 수 있고 잘 알게 되는 것이다. 달리면서 자신에 대해 돌아보고 인내력과 절제력을 단련시키면 '마라톤'과 동의어인 '강인한 정신력'이 생겨난다. 최근 '자살'이 커다란 사회적인 문제로 대두되고 있는데, 누구에게나 닥칠 수 있는 인생의 고비, 죽음까지 생각할 정도로 절박한 순간에 그 고난을 이겨낼 수 있는 강인한 의지를 키우고 정신무장을 단단히 할 수 있도록 도와주는 운동이 바로 마라톤이다.

마라톤 레이스도 인생과 똑같다. 인생에도 힘들고 고통스러운 일, 그 자리에서 주저앉아 버렸으면 하는 일이 있듯이, 편안하게 달릴 수 있는 평지 코스도 있고 극도로 고통스러운 오르막길도 나온다. 그런 순간에 자기도 모르게 돌출되는 자살충동을 이겨내는 법, 포기하고 싶은 마음을 다독이고 달래서 끝까지 달려갈 수 있게 하는 정신력과 의지력도 마라톤을 통해 단련할 수 있다. 자기와의 싸움, 포기하지 않는 인내심과 도전정신, 역경에 굴하지 않는 불굴의 의지를 키우는 것이다.

_ 달리면 스트레스가 사라진다

　스트레스 = 만병의 근원. 이 공식을 모르는 사람은 없을 것이다. 스트레스는 위협적이
거나 부담스러운 상황에 닥쳤을 때 몸과 마음이 보여 주는 반응이다. 사실 스트레스라고
하면 흔히 부정적인 것만 떠올리는데 스트레스도 유쾌한 스트레스인 eustress와 불쾌한
스트레스인 distress로 나눌 수 있다. 좋은 일을 앞두고 살짝 들떠 있는 상태가 바로 유쾌
한 스트레스이다. 하지만 생활의 활력이 되는 적당한 긴장이 아니라 지나치게 자주 강도
높은 불쾌한 스트레스를 받게 되면 몸도 마음도 지치게 된다.

　스트레스를 받으면 몸속에서 스트레스 호르몬이 나오는데, 이 호르몬은 혈압을 올라가
게 하거나 부정맥을 일으킬 수도 있다. 질병에 대한 면역력이 약해지고 저항력도 떨어질
뿐만 아니라 정신적으로도 불안감과 초조감, 공포 등을 유발시켜 불안장애, 우울증과 같
은 정신질환을 일으킬 수도 있다.

　마음이 아프면 몸도 아프다. 스트레스를 받으면 위장으로 가는 혈관이 수축되고 위벽
에 공급되는 혈액량이 줄어 소화가 잘 안 된다. 그리고 스트레스 호르몬인 코르티졸은 혈
액 속에 지방을 증가시켜서 동맥경화를 유발하기도 하며 더욱 발전하면 협심증이나 심근
경색, 뇌졸중, 뇌경색까지 일으킬 수 있다. 머리 주위와 목 뒤의 근육이 수축되어 만성적
인 긴장상태가 오래 지속되면 긴장성 두통도 생긴다.

　달리기를 하면 이런 스트레스를 쫓아버릴 수 있고 동시에 스트레스에 대한 저항능력도
커진다. 신체적으로나 정신적으로 스트레스에 대한 내성이 커지는 것이다.

달리기의 첫 걸음은 자기 몸 알기

필자가 아는 어떤 사람은 마라톤 풀코스를 완주한 친구를 보고 부러운 마음에 그를 따라서 무작정 운동화를 신고 달리기 연습을 시작했다고 한다. 평소 규칙적으로 운동을 하던 것도 아니었고 자신의 체력이나 운동능력은 전혀 고려하지도 않은 채 무작정 달리기를 시작한 그는 매일 밤 친구를 따라 5km 이상을 빠른 속도로 달리다가 결국 사흘째 되던 날 길에 드러누웠다고 한다.

달리기의 첫걸음은 자기 몸을 아는 것이다. 자신의 체력이 어느 정도이며 일상생활의 운동량은 얼마나 되는지를 관찰해야 한다. 다양한 각도에서 자신의 생활을 돌아보고 체력과 근력을 정확히 판단해야만 어떤 운동을 해야 몸이 건강해지는지 알 수 있다. 달리기를 시작해야겠다고 결심했다면 자신의 몸 상태를 체크하고 그에 맞는 목표와 계획을 세워서 차근차근 훈련하자. 기록단축도 좋고 경쟁에서 친구를 이기는 것도 좋지만, 우선 달리기의 기본은 '즐거운 달리기'라는 사실을 절대 잊어서는 안 된다.

사람마다 체형이나 체격도 다르고 기호도 다르고 라이프스타일도 다르듯이, 달리기 훈련 스케줄이나 훈련법 역시 모두 다를 수밖에 없다. 일정한 연습을 했을 때 얻은 결과라든지 실력이 향상되는 속도도 같을 수 없는 것이 당연하다. 따라서 남들의 훈련 프로그램을 무작정 따라하기보다는 자신의 생활습관과 체력에 맞게 훈련해야 한다.

스피드가 빠른 단거리 선수들은 타고난 운동능력을 가지고 어려서부터 계속적으로 강도 높은 훈련을 해 온 사람들이다. 그래서 일반인이 그런 스피드를 가지는 것은 금방 한계에 부딪힌다. 하지만 장거리 달리기의 지구력은 어른이 된 후에 시작해도 차근차근 훈련하다 보면 조금씩 향상될 수 있다. 훈련은 언제나 정직하게 결과를 말해 준다. 물론 선수들과 같은 좋은 기록을 내기는 힘들지만, 달리는 거리가 늘어나고 달리는 시간이 늘어나면 서서히 지구력도 강화된다.

이렇게 차근차근 꾸준히 연습을 하면서 자신의 강점이 무엇인지 알아가는 과정이 바로 장거리 달리기이다. 자신이 가진 장점을 살리면서 부족한 점을 집중적으로 보완해 나가는 것, 즉 '자기 자신을 하나의 멋진 작품으로 만들어가는 것'이 달리기 훈련이다. 건강하고 튼튼한 몸을 만드는 것뿐만 아니라 반듯한 생활습관과 제대로 된 사고방식까지, 마라톤이라면 이 모든 것이 가능하다.

몸이 하는 소리에 귀 기울이자

이런 훈련과정에 문제가 발생하는 것은 어쩌면 당연한 일인지도 모른다. 부상이라든지 슬럼프 같은 것 말이다. 운동능력이 보통 수준도 안 되는 사람이 자기 체력을 잘 모르는 상태에서 남들의 훈련법을 무작정 따라하면 그때부터 문제가 생기는 것이다. 특히 달리기 훈련은 같은 동작을 계속해서 반복하는 것이기 때문에 부상의 정도나 심각성이 더욱 크다.

달리기를 처음 시작하는 사람이라면 종합검진을 받고 몸 상태를 체크해 보는 것이 좋다. 그 동안 달리기를 해 왔던 사람들도 '특별히 아픈 곳이 없다'는 생각으로 체력과 건강을 과신하지 말고 한 번쯤 총체적인 몸 점검을 해 보는 것이 좋다. 간혹 병이 발견될까봐 종합검진을 망설이고 있는 사람들도 있지만, 운동하는 사람들은 오히려 자신의 체력을 너무 과신한 나머지 건강검진을 소홀히 하는 경우가 많다.

달리기 연습은 최상의 컨디션을 유지하면서 몸에 꼭 맞는 훈련계획을 세워 시작하는 것이 가장 이상적이라고 할 수 있다. 컨디션이 좋은지 나쁜지는 조금만 달려 보면 알 수 있는데, 컨디션이 좋을 때는 스스로 '몸이 가볍다' 는 느낌과 함께 몸도 마음도 살짝 상기되면서 쉽게 지치지 않고 즐겁게 달릴 수 있다.

필자의 경우는 운동화를 신는 순간부터 오늘은 컨디션이 어떤지, 얼마나 달릴 수 있을지를 직감적으로 알아챈다. 워밍업 조깅으로 트랙을 몇 바퀴 돌거나 스트레칭만 해 보아도 그날의 컨디션이 느껴지고, 대회에 나가서도 출발 후 조금만 달려 보면 오늘 성적이 어느 정도 될지를 가늠할 수 있다. 노련한 선수일수록 자신의 몸이 하는 소리를 예민하게 감지한다. 달리기를 하면 몸에 대한 직관이 생겨 몸의 변화에 예민해지기 때문이다.

그렇다면 몸이 지금 어떤 상태인지를 어떻게 알 수 있을까? 몸을 면밀하게 살피는 것, 몸의 상태를 감지하고 변화를 예민하게 느끼는 것도 연습이 필요하다. 그리고 연습을 하면 할수록 점점 자신의 몸, 그날의 컨디션을 판단하는 감각이 살아난다. 한마디로 몸이 하는 얘기라면 아무리 작게 속삭이는 소리라도 크게 들을 수 있는 귀가 열리는 것이다. 필자는 은퇴한 지 8년이 넘었지만 지금도 몸에 관해서는 굉장히 예민한 편이다. 그러다 보니 몸에 잘 맞는 운동과 음식이 무엇인지 잘 알고, 그것에 관해서는 최대한 까다롭고 철저하게 챙길 수가 있는 것이다.

무슨 운동이든 운동을 하면 몸에 대한 직관이 생긴다. 그 중에서도 특히 달리기는 자기 몸에 더욱 집중하게 해 주는 운동이다. 달릴 때 팔 다리가 어떻게 움직이는지, 얼마나 뛰면 숨이 차는지, 지금 어떻게 호흡을 하고 있는지, 어디가 아프고, 어디가 시큰거리는지, 그런 세부적인 몸 상태에 집중하다 보면 자기 몸에 대해 더 잘 알게 되고 직관도 생겨 몸을 더욱 소중히 여기게 된다. 부모님에게 받은 몸을 소중히 여기는 것, 자신에게 주어진 몸을 최대한 건강하고 아름답게 가꾸는 것은 우리 모두에게 주어진 중요한 의무이자 과업이 아닐까?

나도 왕년에… 라는 생각은 위험하다

나이를 세는 방법은 여러 가지이다. 태어난 날짜로부터 세는 물리적인 나이가 있는 반면 몸의 운동능력과 체력, 유연성 등을 종합적으로 판단해서 진단하는 신체나이라는 것도 있다(정신수준을 판단하는 정신연령이라는 것도 있지 않은가).

주변을 둘러보면 나이는 50대이지만 몸은 30대인 사람도 있고, 반대로 나이는 30대인데 몸은 50대인 사람도 있다(사실 전자는 쉽게 찾아볼 수 없지만 후자는 흔히 볼 수 있다). 선천적으로 천하무적 강건 체질을 타고난 것도 무시할 수 없는 요소이겠지만, 그런 사람들은 대체로 몸을 소중히 여기고 적절한 운동으로 잘 가꾸고 단련시키는 사람들이다. 운동은 신체 시계를 거꾸로 돌릴 수 있다.

나이를 물어보는 사람들에게 필자는 농담반 진담반으로 23살(92년 바르셀로나 올림픽에서 금메달을 땄을 때 필자는 23살이었다)이라고 말한다. 그 이유는 지금도 신체나이가 23살이기 때문이다. 그때가 필자에게는 선수로서 전성기라고 할 수 있었는데, 10년이 훨씬 더 지난 지금도 여전히 그때와 같은 체력을 유지하고 있다고 자부한다. 그리고 이런 체력에 관한 자신감은 평소 일상생활에서도 정신적인 자신감으로 연결된다.

하지만 달리기를 너무 쉽게 생각하고 과도한 자신감을 보이는 것은 문제이다. 사실 중장년층의 남자들치고 왕년에 육상을 해 보지 않았다는 사람이 없을 정도이다. 특히 자동차가 많지 않았던 5, 60년대는 물론이고 70년대까지도 시골에서 어린시절을 보낸 사람들은 매일 3~5km씩 떨어진 초등학교까지 걸어가거나 달려가곤 했다. 거의 20~30년 넘게 운동을 안 하고 지내다가도 그때 논둑길을 달리던 생각만 하고, '마음 같아서는 지금 당장 풀코스 마라톤 대회라도 나갈 수 있을 것 같다'며 나이와 체력을 잠시 잊고 무리하는 경우 문제가 생긴다.

  물론 요즘 아이들에 비하면 어린시절에 그렇게 열심히 달렸던 어른들은 운이 좋은 것이라고 할 수 있다. 매일 5km씩 걷거나 달렸으면 얼마나 몸이 단단해졌겠는가? 그 세대의 사람들은 달리기를 해야만 했던 좋은(?) 환경에서 자

황 영 조 의   마 라 톤   토 크 **Talk**

_ 오늘부터 마라톤 선수?

  아침에 동네를 한 바퀴 달렸다고 해서 오늘 당장 마라톤 선수가 되는 것은 아니다. 달리기, 즉 러닝에는 조깅과 마라톤이 모두 포함되지만 이 둘은 엄연히 다른 것이다.

  신체역학에서 분류하는 달리기의 종류는 장거리 · 중거리 · 단거리로 크게 3가지인데, 그 중 마라톤은 장거리 도로경주로 42.195km를 달려서 순위를 겨루는 육상경기를 말한다. 풀코스의 절반인 21.0975km를 뛰는 하프코스 마라톤은 하프마라톤이라고 부르고 10km는 단축마라톤, 5km는 건강달리기로 구분하는 것이 정확하다.

  올림픽에서 우리나라의 마라톤 우승은 1936년 베를린 올림픽에서 고故 손기정 선생님이 일장기를 달고 우승하셨던 것과 필자가 92년 바르셀로나 올림픽에서 우승했던 것 두 차례이다. 56년 만에 한국 마라톤의 오랜 숙원을 풀었다는 평가를 받고 있고 개인적으로도 무척 영광으로 생각하고 있다.

  조깅 *Jogging* 은 완주緩走다. 말 그대로 천천히 달리는 것을 말한다. 초보자는 보통 100m를 50초에서 1분 정도로 달릴 수 있는 속도로 천천히 달리는 것이 좋다.

랐기 때문에 체력도 강건해졌고, 덕분에 무슨 일이든 인내와 끈기로 버틸 수 있는 정신력을 가지게 되었는지도 모른다. 그때까지만 해도 사람들의 삶에서 걷고 달리는 일, 몸을 움직이는 일이 많았기 때문에 운동이 생활의 일부이자 생활 그 자체였다. 아침저녁 멀리 떨어진 학교까지 걷거나 달려가는 것을 전혀 이상하게 생각하거나 힘들다고 여기지 않았고 그저 그게 당연한 것으로 생각했으니 말이다(필자도 초등학교를 다닐 때, 왕복 6km가 넘는 거리를 6년간 매일 걷고 달렸다). 하지만 '나도 왕년에…'라는 생각으로 나이를 잊고 대책 없이 청춘을 과시하는 일은 위험하다. 그러다 다치게 되는 경우가 의외로 많다.

왕년의 실력만 믿고 달리다 다치는 경우도 문제지만 운동량이 부족한 요즘 아이들도 문제가 심각하다. 학원버스가 문 앞에서 문 앞으로 배달(?)해 주고, 걸어서 10분이면 갈 수 있는 학교도 엄마들이 차로 데려다 주는 상황이니 요즘 아이들은 너무 편하고 쉬운 것에만 길들여져서 체력은 물론 정신력도 약해져 있는 것 같다. 이렇게 일상생활에서의 운동량 자체가 턱없이 부족한 편안한 환경에서 과연 세계적인 육상 선수가 나올 수 있을까? 체육인의 한 사람으로서 이런 우려까지 생길 정도이다. 비유가 좀 이상할지 모르겠지만 아프리카의 아이들은 아직도 씩씩하게 들판을 걷고 달리며 자라고 있다.

즐겁게 달리자, 펀런과 마라닉

필자가 아는 사람 중에 이런 사람이 있었다. 달리기광이자 마라톤교 열성 신도인 그는 체력이 허락하는 한 거의 모든 대회에 출전했으며 선수들도 혀를 내두를 만큼 엄청난 시간과 에너지를 훈련에 투자하곤 했다. 그러다 보니 주말에는 늘 대회나 과도한 훈련으로 기력을 모두 써 버리고 거의 자학에 가까울 만큼 지치도록 에너지를 소모했다. 평일에도 아침저녁으로 훈련을 하느라 낮에 직장에 가서는 온종일 약 먹은 닭처럼 퍼져 있거나 사우나에 가서 휴식(?)을 취하곤 했다. 이처럼 운동으로 생활에 활력이 생기고 건강이 좋아지는 것이 아니라 오히려 일상생활에 지장을 줄 만큼, 그야말로 목숨 걸고 달리기 연습을 하는 것은 결코 바람직한 모습이 아니다(이런 사람들은 회사에도 사회에도 도움이 안 된다).

무엇보다 자신의 라이프스타일에 맞는 훈련을 해야 한다. 단순히 몸에 무리가 가지 않는 수준으로 달리는 거리와 시간, 운동강도를 조절하라는 것이 아니다. 일상과 업무, 라이프스타일에 맞게 운동하라는 것이다. 운동을 직업적으로 하는 사람도 아닌데 운동 때문에 일상생활에 지장이 생기거나 업무에 방해가 된다는 것이 말이 되는가? 필자가 늘 강조하는 것이지만 선수가 아닌 다음에야 운동은 건강하고 활력이 넘치는 몸을 만들어서 업무와 일상을 좀더 즐겁고 활기차게 꾸려나가기 위한 것이면 족하다.

요즘 아마추어 마라톤의 추세는 펀런 *funrun* 이다. 말 그대로 '즐거운 달리기' 이다. 마라닉 *maranic* 이라는 말도 많이 쓰고 있는데, 마라톤 *marathon* 과 피크닉 *picnic* 을 합쳐서 소풍을 가듯이 재미있게 달리자는 이야기이다. 마라닉을 즐기는 사람들은 배낭에 먹을 것과 마실 것을 조금씩 담아가지고 다니면서 하이킹을 하듯이 두 발로 달려서 먼 곳까지 다녀오곤 한다. 목표지점까지 천천히 달려가는 것인데 중간에 배가 고프면 싸 온 음식도 먹고, 목표지점에 가서는 시원한 그늘에서 책도 읽고 휴식도 취하는 달리기 소풍이라고 보면 된다. 해외에 나가거나 낯선 곳으로 여행을 갔을 때 이런 마라닉은 또 다른 즐거움이다. 필자의 경우에도 해외에 나가거나 여행을 가면 차가 많지 않은 아침시간에 가벼운 조깅으로 숙소 근처를 1시간 정도 구석구석 발로 달려서 구경을 하곤 한다. 차가 다닐 수 없는 뒷골목, 사람 냄새가 물씬 나는 곳을 직접 밟아 보면 이런저런 사람 구경도 하고 지역의 문화나 분위기, 사람들이 살고 있는 진솔한 모습까지 그 도시의 진면목을 볼 수 있어서 무척 재미있다. 깨끗하고 말끔할지는 모르지만 포장만 화려한 '관광코스'가 아니라 허술해 보이고 정돈은 잘 안 된 것 같아 보이더라도 사람들의 사는 모습까지 볼 수 있으니 그야말로 진정한 여행의 즐거움을 느낄 수 있다.

경쟁에서 승리하는 것도 좋고 대회에 나가 1등을 하는 것도 좋지만 그보다 먼저 생각해야 할 것은 즐거운 마음으로 안전하게 달리는 것이다. 이것이 바로 이 책의 주제이다.

욕심을 버린 빈 공간에 여유가 들어온다

앞에서도 말했지만 훈련은 정직하다. '노력이 없으면 얻는 것도 없다'라는 평범한 진리처럼 달리기 훈련 역시 계속적인 반복훈련을 통해 서서히 체력을 기르고 건강한 몸을 만드는 것이 선행되어야 한다. 하지만 욕심만 앞서서 기록단축을 지상목표로 삼고 무리하게 자주 경기에 출전하거나, 체력은 생각하지도 않고 자신에게 맞지 않는 과도한 훈련을 하다 보면 일상생활이 무너질 수도 있다.

우리나라 사람들의 문제점으로 빠지지 않고 지적되는 대표적인 특성, 냄비근성은 특히 마라톤 주자들에게는 최악이다. 마라톤은 단 몇 분 몇 초 만에 끝나는 단거리 경주가 아니다. 2시간 이상 길게는 5시간이 넘는 긴 시간 동안 끊임없이 거리와 싸우고 코스와 싸우며, 포기하고 싶은 내면의 유혹을 단호하게 물리치고 달려가는 것이 마라톤이다. 거리는 마라톤인데 마음은 단거리인 사람들에게 사고가 생기는 것이다. 마라톤을 준비하고자 한다면 마음자세도 마라톤 모드로 바꾸자. 짧은 시간에 많은 것을 얻으려는 욕심을 버리자는 이야기이다. 즐기기 위해서 달리기를 한다고 마음먹으면 자연히 욕심을 버리고 대신 여유를 챙길 수 있을 것이다.

물론 처음에는 다들 느긋한 마음으로 '자기와의 싸움', '인생의 진정한 도전'을 운운하며 시작하지만, 점점 달리는 거리가 늘어나고 어느 정도 달리기에 자신감도 붙고, 게다가 옆에 경쟁자까지 등장하면 '꾸준히', '천천히'를 외치던 초심은 어느새 멀리 사라져 버리기 일쑤다. 10km를 달리면 하프코스를 달리고 싶어지고, 하프코스 마라톤을 완주하고 나면 풀코스를 달리고 싶어지는 것이다. 풀코스를 5시간에 들어오는 사람은 4시간에 들어오고 싶고, 4시간에 들어오는 사람은 3시간에 들어오고 싶은 것이 사람 마음이다. 거리를 늘리고 기록을 단축하는 게 왜 잘못이냐고 반문하겠지만, 훈련이나 연습 없이 마음만 앞서서 더 먼 거리를 더 빠르게 달리려는 욕심을 부리면 문제가 생기는 것이다. 하늘을 찌르는 자신감만으로 무리하게 도전하고, 그러다 보면 그 도전이 부상으로 귀결되는 안타까운 일이 생긴다. 자기도 모르게 과도한 훈련을 하게 되고 오버트레이닝으로 인한 심각한 부상 때문에 달리기를 그만두어야 하는 상황까지 간다. 물론 프로 선수들은 경쟁자를 의식하고 경기에서 승리하기 위한 전략을 짜고 혼신을 다해 달리지만 그들은 운동이 직업이니까 그러는 것이

▲ 달리기를 시작하면 인생이 새롭게 보인다.

당연하다. 달리는 것이 직업인 그들도 경기가 끝나고 나면 경쟁이나 승부로 인한 신체적, 정신적 스트레스를 충분한 휴식으로 완전히 회복하는 시간을 갖는다. 하물며 일반인이 그렇게 과도한 훈련으로 자신을 극한으로 몰고 가면서 몸과 마음을 혹사시키는 것은 바람직하지 않다.

자신감 충전! 에너지 업!

독일의 외무장관 요슈카 피셔는 110kg이 넘는 거구였지만 1년 만에 75kg이 되었다. 자그마치 37kg이나 체중을 줄인 것이다. 세 번째 이혼으로 절망과 좌절의 나날을 보내던 그가 삶의 위기를 새로운 전환으로 바꿀 수 있었던 비결은 바로 달리기였다.

달리기를 하는 사람들은 다들 단단하면서도 날씬하고 탄력 있는 몸을 가지고 있다. 달리기를 꾸준히 하게 되면 주체할 수 없는 배도 들어가고, 처지고 늘어진 옆구리 군살도 보기 좋은 복근으로 바뀌며 온몸에 생기가 넘친다. 일단 신체적인 컨디션이 좋아지고 외모에서도 자신감이 생기면, 생활에 활력과 에너지가 가득 찬다. 규칙적인 운동을 하는 사람이라면 누구라도 그렇다. 체력이 있어야 정신력이 생기고, 정신력이 있어야 집중력도 생기는 법, 모든 것의 기본이라고 할 수 있는 체력에서 남들보다 뒤쳐지지 않으니 자연스럽게 모든 일에 적극성이 생기고 끈기와 근성도 따라오는 것이다. 몸이 건강하다는 이야기는 일상이 건전하다는 이야기이고, 그런 사람은 마음가짐도 누구보다 올바르고 고결하다. 결국 몸이 변하면 정신도 변하고 삶도 변한다는 것이다. 그러니 몸이 건강하다는 것 하나만으로도, 달리는 사람들은 무한한 가능성을 가진 셈이다.

사실 나이가 들수록 사람들은 꿈을 접고 가능성을 눌러가며 삶과 타협해 나간다. 거기에 체력적인 한계에까지 부딪히면 더 많은 것을 포기하고 떠나 보내게 마련인데, 자신의 현재 위치와 이제까지 이루어 놓은 것들을 돌아보면서 더욱 의기소침해지는 것이다. 그런 인생의 무기력증에서 가뿐하게 탈출할 수 있는 것이 바로 달리기이다. 달리기를 시작하면 인생이 새롭게 보이기 시작할 것이다.

앞에서도 말했지만 마흔이 넘은 나이에 달리기를 시작한 요슈카 피셔의 경우도 그렇다. 그의 책을 보면 알 수 있듯이 그가 달리기를 통해서 얻은 것은 비단 군살 없고 탄탄한 몸매, 훨씬 젊어 보이는 외모가 전부는 아니었다. 벼랑 끝에 내몰린 것과 같은 총체적인 삶의 위기와 파경에 이른 결혼생활과 무질서한 생활로 인한 고도비만으로 정신력까지 급격하게 쇠약해졌을 때, 달리기를 통해서 나락으로 떨어지던 인생의 방향을 180도 바꾸었던 것이다. 인생도 비즈니스도 강건한 체력이 밑바탕이 되어야 한다. 가능성과 희망이 무한히 펼쳐진 인생의 정점이 10년이라면 그 10년을 30년으로 연장시킬 수 있는 것이 바로 마라톤이기도 하다.

92년 바르셀로나 올림픽에서 필자는 정신력까지 바닥나는 경험을 맛보았다. 37km 지점 즈음 끔찍했던 몬주익 언덕에서 일본의 모리시타 선수와 결정적인 승부의 순간을 기다리며 엎치락뒤치락하던 상황이었다. 날씨는 뜨겁고 체력은 완전히 고갈되었으며 다리에는 감각도 없어진 상태로 고통스럽게 버티던 중이었고, 승부근성이 남다른 필자조차도 차라리 모리시타 선수가 먼저 치고 나가서 이 길고 지루한 승부를 끝내주길 바랐을 정도였다. 하지만 정신력까지 바닥나는 느낌이 든 순간 정신이 번쩍 들었다. 아무것도 남아 있지 않은 것 같았던 그 순간 이를 악물고 앞으로 달려 나갈 수 있었던 것은 그날 그 경기를 지켜봐 준 온 국민의 열화와 같은 지지와 성원 덕분이 아니었을까?

달리기 전에
반드시 알아야 할 것들

신발부터 자세, 호흡, 장소까지 러너가 알아야 할 모든 것

- 워킹부터 시작
- 시작을 위한 준비, '나' 유심히 관찰하기
- 목표를 세우고 계획을 짜고 일지를 쓰자
- 발은 이렇게 땅을 박차고 나간다
- 초보도 프로도 자세부터 바로 잡자
- 가장 편안하게 느껴지는 자연스러운 호흡
- 나에게 맞는 운동화를 찾아라
- 날씨에 맞는 최적의 옷차림
- 달릴 장소를 찾아서
- 날씨와 기온, 계절에 따라 다르다
- 나는 어떤 단계의 주자일까?
- 즐겁게 달리기 위한 조언

워킹부터 시작

이른 아침이나 느지막한 저녁에 집 근처 학교 운동장에 나가 보자. 운동장을 빠른 걸음으로 활기차게 걷고 있는 사람들이 요즘 들어 부쩍 늘어났다. 본격적인 달리기를 시작하기 전에 기초체력을 강화시키는 훈련으로 누구나 부담 없이 시작할 수 있는 좋은 운동이 바로 걷기이다. 여기서 말하는 걷기는 어슬렁거리듯이 천천히 걷는 것이 아니라 빠른 속도로 씩씩하게 걷는 것을 말한다. 파워워킹 혹은 피트니스 워킹이라고 부르기도 하는데, 이런 빠른 걷기는 달리기에 버금갈 만큼 심박수도 올려 주고 칼로리 소비량도 크기 때문에 운동효과가 좋다.

걸어야 산다

워킹은 지구력을 향상시키고 심폐기능도 좋아지게 만들어 준다. 골밀도가 높아지기 때문에 골다공증 예방에도 무척 좋은 운동이며 골반과 엉덩이를 비롯한 하체가 전반적으로 튼튼해진다. 제대로 된 자세가 몸에 배도록 익힌다면 척추와 골반의 균형을 잡고 평소의 걸음걸이 습관도 올바르게 고칠 수 있다. 그리고 척추가 바로 서고 자세가 교정되면 온몸에 균형이 잡히는데, 그렇게 되면 몸 전체의 순환이 활발해지고 혈액 속의 콜레스테롤 수치와 해로운 중성지방의 비율도 낮아진다. 뿐만 아니라 발바닥에 계속 자극을 주면 두뇌 활동도 활발해지고 기억력도 좋아진다. 비만환자나 골격이 약한 노인들의 경우는 물속에서 걷는 것도 좋다.

다리는 쭉 뻗고 팔은 활기차게

파워워킹을 할 때는 평소의 걸음걸이와는 달리 무릎을 의식적으로 약간 더 위로 들어 올리며 걸어야 한다. 그렇다고 해서 부자연스럽게 보폭이 넓어지면 안 된다. 다리는 앞으로 쭉쭉 뻗으면서 등과 허리를 펴서 상체를 반드시 곧게 세우고, 팔도 달리기를 할 때처럼 팔꿈치를 90도 정도 구부려 씩씩하게 흔들어 주어야 운동효과가 커진다. 실제로 다리를 쭉 뻗으면 보폭이 늘어나며 성큼성큼 걷게 되지만, 파워워킹을 할 때는 보폭을 늘리는 것보다 보율을 높여 종종걸음으로 빨리 걷는 게 운동효과가 더 크기 때문에 짧고 빠른 걸음으로 활기차게 걷는 것에 초점을 맞춘다.

턱을 가슴 쪽으로 살짝 당긴 채 시선은 20~30m 앞을 바라보며 상체를 반듯하게 세우고 배에 약간 힘을 준다. 팔동작은 달릴 때와 비슷한데, 주먹을 가볍게 쥐고 위에서 볼 때 ∧자 모양으로 가슴 앞에서 모아지도록 앞뒤로 흔들어 준다. 팔이 몸통과 너무 많이 떨어지지 않도록 주의한다. 팔을 씩씩하게 앞뒤로 흔들면 크게 힘들이지 않고도 걷는 속도를 빠르게 할 수 있다.

착지의 정답

착지할 때는 발뒤꿈치부터 발 가운뎃부분, 발 앞부분 순서로 바닥을 디뎌야 한다. 발뒤꿈치부터 닿은 후 발가락 끝으로 땅을 차는 기분으로 걸어야만 종아리 근육이 단련된다. 착지할 때의 발 모양도 주의해야 하는데, 평소 발끝이 밖으로 벌어지는 팔자걸음을 걷는다거나 반대로 안짱걸음으로 걷는 습관이 있다면 두 발이 나란히 11자 모양으로 지면에 놓이도록 연습해서 고치도록 한다. 걷기에서부터 좋은 자세를 몸에 익히면 달릴 때도 올바른 자세로 달릴 수 있다. 파워워킹은 1km를 8~9분 정도에 가는 속도가 적당한데, 처음 해 보는 사람은 다소 빠르게 느껴질지도 모르지만, 그 정도의 속도로 걸어야 심박수가 130~160회 사이로 올라갈 수 있다. 물통을 들고 나가서 20분에 한 번씩 물을 마시도록 하고, 적어도 1주일에 2~3번, 30~40분 이상 걸어야만 운동효과를 볼 수 있다.

더 오래 더 안전하게

걷는 속도는 빠르게 걷기와 천천히 걷기를 적절히 섞어서 병행하는 것이 좋다. 그래야 장시간 걸어도 관절에 큰 부담 없이 편안하고 즐겁게 걸을 수 있다.

자세만 제대로 몸에 익혀도 운동효과는 크게 달라진다. 평소에 걷는 것만 생각하고 워킹을 쉽게 생각하면 안 된다. 반드시 발에 잘 맞는 편안한 조깅화를 신어야 하며 워킹 전후에 잊지 말고 워밍업 스트레칭과 쿨링다운 스트레칭을 해 주어야 한다. 특히 기초체력이 많이 부족한 사람이나 체중이 많이 나가는 고도 비만환자, 관절이 약한 사람이라면 준비운동과 정리운동을 더욱 철저하게 해야 한다. 걷기를 통해서 꾸준히 기초체력을 쌓고 근력을 다지면 어렵지 않게 달리기 연습 단계로 넘어갈 수 있을 것이다. 달리기 훈련을 처음 시작하는 사람의 경우, 달리기를 하지 않는 날(1주일에 3번 정도)은 30분 이상 빠른 걸음으로 워킹을 하면 큰 도움이 된다.

시작을 위한 준비, '나' 유심히 관찰하기

운동을 하려고 마음먹은 사람들은 자신들이 생각하고 있는 목표나 현재 가지고 있는 운동능력, 경제적인 여유나 시간적인 여유, 혹은 직업이나 생활여건 등을 종합적으로 고려해서 운동종목을 선택한다. 이 책을 선택해서 여기까지 읽어 온 독자라면 그런 고민을 거쳐 마라톤이라는 운동을 선택했을 것이다. 달리기는 바로 이 대목에서 진가를 발휘한다. 가벼운 차림에 운동화만 한 켤레 있으면 언제 어디서나 즐겁게 할 수 있는 운동이기 때문이다. 누구와 함께 할 수도 있고 혼자서 해도 좋다. 그리고 유산소 운동의 대표적인 운동이므로 체중조절과 스트레스 해소에도 그만이다.

운동을 시작하기 전에 우선 '나의 하루'를 돌이켜 보자. 언제 자고 언제 일어나며 어디서 무슨 음식을 어떻게 먹는가, 술은 얼마나 마시고 담배는 얼마나 피우며 하루에 걷는 시간은 얼마나 되는가. 직장이나 가정에서 활동하는 운동량도 생각해 본다. 제대로 된 운동계획을 세우려면 이렇게 스스로도 깨닫지 못했던 단순한 버릇부터 고질적인 습관까지 모든 것을 총체적으로 고려해야 한다. 기상시간과 취침시간도 들쑥날쑥하고, 식사도 아무 때나 그리고 아무것으로나 대충 때우는 생활이라면 곤란하다. 게다가 1주일에 7일은 술로 보내고 담배 없는 세상에서는 단 30분도 살 수 없다면 운동을 시작하기 전에 총체적인 건강진단(그리고 인생진단)부터 다시 받아 보는 것이 좋겠다. 운동을 시작하면 무절제한 생활도 건전하게 바로 잡을 수 있다. 물론 그러려면 꾸준히 운동을 하겠다는 개인의 의지가 무척 중요하다.

운동을 위해서 하루에 1시간도 여유를 만들 수 없다고 핑계를 대는 것은 말이 안 된다. 이제 아름다운 몸, 활기찬 육체는 부와 성공의 척도이며 자산이자 브랜드이다. 그래서 '운동은 이제 선택이 아니라 필수사항'이 되었다. 요즘 같은 세상에 바쁘지 않은 사람이 어디 있는가? 세상에서 가장 바쁠 것 같아 보이는 사람들은 오히려 매일 꾸준히 달리고 있다. 미국의 연예인 오프라 윈프리는 달리기로 100kg에서 33kg을 감량하고 67kg이 되었으며 94년에는 마라톤 풀코스를 완주하기도 했다. 미국의 국정을 책임지는 조지 부시나 빌 클린턴도 마라톤을 한다. 일본의 소설가 무라카미 하루키는 16년이 넘게 하루에 1시간씩 조깅을 하고 있는데 그 역시 누구보다 바쁜 생활을 하고 있지만 '달리기를 하기 위해서 하루를 아예 23시간이라 생각하고 산다'고 한다.

앞에서 언급했듯이 운동을 시작하기 전에 가급적 종합건강검진을 받아 보는 것이 좋다. 물론 이제까지 달리기를 해 왔던 사람들도 해마다 정기적으로 혈압과 심전도를 측정하고 흉부 X레이를 촬영하는 등의 검사를 받아 보는 것이 좋다. 달리는 방법에 대해서 '그냥 뛰면 되지'라고 생각하는 사람들처럼, 몸에 대해서 '아픈 데도 없는데 그냥 뛰면 되지'라고 생각하는 사람들도 많은 것 같다. 절대로 달리기를 하면 안 되는 사람도 있는데 그런 사실을 무시하고 달리는 사람들이 문제다.

달리기는 심박수를 분당 70~180회까지 증가시키고 수축기 혈압도 120~180회까지 증가시키기 때문에 심장과 혈관에 큰 부담을 주는 운동이다. 심장에 부담이 커지게 되면 고혈압이나 심장병 등 순환기계통의 질환을 가진 사람들에게는 위험할 수 있다. 약한 심장이 이러한 부하를 견디지 못하게 되면 최악의 경우 달리는 도중 심장이 장애를 일으키거나 정지해서 돌연사로 이어질 수 있다. 가족 중에 심장병 환자가 있거나 달릴 때 왼쪽 가슴, 어깨, 팔에 통증, 혹은 압박감이 느껴지는 사람도 반드시 검사를 받아야 한다.

여성들의 경우 현기증을 자주 느끼거나 종종 기절을 하는 사람, 빈혈이나 천식이 있거나 운동을 하면 심하게 숨이 차는 사람, 당뇨병 때문에 인슐린 주사를 맞고 있는 사람도 특별히 주의해야 한다.

　지나치게 몸무게가 많이 나가는 고도 비만환자는 관절이나 근육부상의 위험이 크다. 이런 사람들은 달리기 같은 격렬한 운동이 아닌 수영이나 걷기와 같은 관절에 무리를 주지 않으면서 강도가 낮은 운동부터 조심스럽게 시작하는 것이 좋다. 골다공증이나 관절염, 관절통증과 같은 정형외과적인 질환을 가진 사람들 역시 마찬가지이다. 미국에서는 40세 이상의 남자와 50세 이상의 여자, 10년 이상 흡연자, 20년 이상 전혀 운동을 하지 않은 사람들의 경우, 몸에 특별한 질병이 없다 하더라도 달리기를 시작하기 전에 반드시 의사의 상담을 받으라고 권장하고 있다.

　운동부하검사라는 것도 있다. 운동부하검사는 운동상태를 관찰하면서 평상시 안정상태에서 발견할 수 없는 이상증상이나 질병유무를 체크할 수 있는 검사이다. 운동이라는 스트레스 상황에서 몸이 견딜 수 있는 운동강도와 최대산소섭취량을 측정할 수 있다. TV에서 간혹 검사장면이 나오기도 하는데, 러닝머신(정확한 명칭은 트레드밀 *treadmill*) 위에서 호흡을 체크하는 기구를 입에 물고 달리면서 맥박수와 호흡, 심장의 운동, 폐활량 등을 체크하는 것이다. 운동하는 동안 폐와 심장에 문제가 발생할 가능성은 없는지, 운동을 견디는 능력은 얼마나 되며 최대산소섭취량은 어느 정도인지를 다 알 수 있다. 그것을 바탕으로 정해진 시간 동안 운동효과가 얼마나 되는지를 알 수 있다.

　근육은 사용하지 않으면 반드시 쇠퇴한다. 왕년에 빛났던 전적을 너무 과신했다가는 큰일 날 수도 있다(과거에 선수로 활동했던 사람들조차 운동을 그만둔 이후 무리하게 달리다가 큰 부상을 당하는 경우가 있다). 중요한 것은 천천히 꾸준히 달리겠다는 여유와 인내심이며 과욕을 부리지 않겠다는 다짐이다. 의지가 탱천한(?) 초보자들이라면 더 천천히, 더 짧은 거리를, 더 자주 달리는 것이 좋다. 보다 중요한 것은 달리는 동안에 자신의 몸 상태와 움직임을 면밀히 관찰하는 것이다. 컨디션이 별로 좋지 않은 날이나 운동을 하고 싶지 않은 날은 몸에 무언가 문제가 있다는 신호이므로 몸이 하는 말을 유심히 듣고 달리는 거리나 시간, 속도를 줄여 부상 없이 안전하게 연습하는 것이 현명하다.

목표를 세우고 계획을 짜고 일지를 쓰자

자신의 체력과 운동능력, 몸 상태에 대해 잘 알았다면 이제 목표를 세우자. 달리기를 통해서 진정으로 얻고 싶은 것이 무엇인지 차분히 생각해 볼 시간이다. 그리고 그 목표가 과연 자신의 능력이 닿는 범위 안에서 실현가능한 것인지 이미 달리기를 하고 있는 주변사람들에게 조언을 구해 보는 것도 좋다. 목표는 가능한 구체적이고 눈에 보이는 결과를 측정할 수 있는 것으로 정해야 한다. '훌륭한 러너가 될 거야' 라든가 '달리기로 살을 빼겠다' 와 같은 것이 아니라 '내년 4월에 하프코스를 완주한다' 라거나 '달리기로 한 달에 2kg씩 5개월간 체중을 줄여 70kg이 된다' 와 같이 달성여부를 쉽게 알 수 있고 운동의 성과를 측정할 수 있는 구체적인 목표가 좋다. 목표가 명확해지면 더욱 구체적이고 실질적인 계획을 세울 수도 있고, 그 계획을 지속적으로 점검하면서 스스로에게 동기를 부여할 수도 있다. 그렇게 목표를 정했다면 책상 앞이나 일지의 맨 앞표지 등 시선이 자주 가는 곳에 잘 보이도록 크게 써 둔다.

훈련을 시작하는 날, 즉 디데이*D-Day*를 정하자. 기억하기 좋은 특별한 날이나 생일, 결혼기념일처럼 개인적으로 기념할 만한 날도 좋다. 시작할 날짜를 정하고 1주일 단위로 주간 계획을 세운다. 이 책의 3부와 4부에서 필자가 제시하는 '14단계 황영조식 훈련 프로그램' 도 각 단계가 1주일 단위로 구성되어 있다. 5km부터 10km, 하프코스, 풀코스까지 자신에게 맞는 훈련단계를 참고해서 계획을 짜 보자.

물론 계획을 완벽하게 지키면 더할 나위 없이 좋겠지만, 간혹 몸이 아플 수도 있고 아니면 계획 자체가 자신이 가진 운동능력에 비해 너무 어렵다거나 힘들어서 맞지 않을 수도 있다. 신체적으로나 정신적으로 부담이 크다거나 일상생활에 지장을 줄 정도로 지키기 어렵다면 무리해서 계획을 밀고 나갈 필요는 없다. '상황에 맞게 계획을 수정할 수도 있다'는 사실을 잊지 말고 유연성을 발휘해 보자. '반드시 해야만 한다'고 지나치게 자신을 닦달하고 괴롭히면 무슨 일이든 좋은 결과가 나올 리 없지 않은가. 일단 강압적인 의무감이나 부담감이 생기기 시작하면 재미도 없어지고 의욕도 사라진다. 특히 운동은 몸의 안전과 직접 관련된 것이므로 무리하면 크게 다칠 수도 있다. 필요에 따라 목표를 수정할 수도 있지만 그렇다고 목표 자체를 소홀히 여기고 있으나마나한 것으로 생각해서는 안 되겠다.

무엇보다도 필자가 특별히 권하고 싶은 것은 일지 쓰기다. 일지 쓰기는 모든 러너들에게 굉장히 큰 도움이 된다. 매일 얼마나 뛰었는지, 기분은 어땠는지 차근차근 기록해 두면 나중에 실력이 얼마나 향상되었는지, 체력이 얼마나 좋아지고 있는지를 확실하게 알 수 있다. 뿐만 아니라 심리적으로 지치거나 지겨워질 때 몇 주, 혹은 몇 달 전의 일지를 다시 펼쳐 보면서 스스로를 격려할 수도 있고 다시 처음 시작했을 때의 마음으로 돌아갈 수도 있다. 일지의 앞표지에 붙어 있는 목표를 보면 처음 목표를 정했을 때의 굳은 결심이 다시 떠오르고 의지가 솟아올라 밖으로 나가 달리고 싶어질 것이다.

일지라고 해서 뭔가 대단한 것을 기록하라는 것은 아니다. 우선 기본적인 훈련사항, 즉 날짜·시간·날씨·장소(코스)·거리·함께 달린 사람이 누구였는지, 그리고 달리는 동안의 기분이나 컨디션, 체중을 적어 두고 누군가에게 설명을 하듯이 그날의 훈련상황을 간략하게 기록해 두면 된다. 너무 많은 것을 자세하게 기록하려고 욕심을 내다 보면 일지기록에 부담을 느껴 하루이

[일지 작성의 예]

			200×년 ×월 ×일
시간	AM 6:00~7:10	**장소**	××공원
코스	호수길	**거리**	5km
날씨	10℃, 맑음	**체중**	78kg
컨디션	⑤ 중 하	**심박수**	안정 시(기상 시) : 60
훈련 내용	워 밍 업 : 스트레칭 5분 + 걷기 5분 본 훈 련 : 호수길 5km 코스 조깅 속도로 뜀 　　　　　(20분 달리기 + 5분 걷기 + 15분 달리기) 쿨링다운 : 걷기 5분 + 스트레칭 5분 체력훈련 : 윗몸일으키기 30회 + 팔굽혀펴기 20회		
특기 사항 및 반성	○○와 함께 달렸음. 왼쪽 발바닥 가운데가 조금 아픈 느낌. 일찍 일어나기가 조금 힘들었지만, 어제보다 수월하게 달렸고 금세 컨디션이 회복되었음.		
목표	×월 ×일까지 체중을 2kg 줄인다. ×월 ××마라톤 대회에서 10km를 완주한다.		

틀 만에 포기할 수도 있다. 처음부터 너무 자세히 기록하려고 하지 말고 우선 일지쓰기가 습관이 될 때까지는 최소한의 기본 정보만 간략하게 남겨도 좋다. 훈련을 거듭하다 보면 체력이 좋아지고 실력이 향상되고 있는 느낌이라든지 추가적으로 기록해야 할 것들이 계속 눈에 띌 것이다. 지난번 달렸을 때와 어떤 점이 달라졌는지, 오늘은 어떤 느낌을 받았는지, 몸 상태가 어떠했는지, 혹은 즐거웠던 일은 무엇이었는지 일지를 쓰면서 좀더 자세하게 훈련을 되돌아보는 것이다.

선수생활을 할 때, 필자 역시 하루도 빠뜨리지 않고 일지를 썼다. 가끔은 쓰기 싫은 날도 있었지만, 절대 빼먹지 않기 위해 노력했다. 하루나 이틀이 지나더라도 꼭 다시 기억을 되살려 일지를 썼다. 당시 열심히 기록해 둔 일지는 지도자 생활을 하고 있는 지금도 굉장히 중요한 자료로 사용되고 있다. 자신을 알지 못하면 남도 알지 못한다고 했던가. 선수생활을 하면서 나날이 있었던 일들, 겪었던 부상들을 다시 되돌아보며 선수지도에 큰 도움을 받고 있다. 일지는 한마디로 러너 자신의 역사와 같은 것이다.

언제 어디가 아팠는지, 훈련량이 어떤 식으로 얼마나 증가하고 있는지를 매일매일 추적해 볼 수 있기 때문에 일지를 보면 부상의 징후도 미리 알 수 있다. 그래서 일지를 꾸준히 쓰는 사람은 부상의 원인도 쉽게 찾을 수 있다. 더욱 자세히 쓰고 싶다면 심박수를 체크해서 기록해 두는 것도 좋고, 운동을 시작한 이후 운동시간 이외의 일상생활에서 신체리듬이 어떻게 변했는지를 관찰하고 기록하는 것도 좋다. 가령 식욕이 좋아졌다거나, 불면증이 사라졌다거나 하는 신체변화 같은 것 말이다. 훈련했던 거리를 그래프 모양으로 그려 보거나, 거리 당 시간기록을 한눈에 들어오도록 자료화시켜 두면 어느 정도 발전했는지 더욱 쉽게 확인할 수 있기 때문에 스스로에게 격려도 되고 운동에 대한 의지도 커질 것이다. 정 일지 쓸 시간이 없다면 탁상용 달력이나 거실 벽에 걸린 달력에 훈련한 날 위에 커다랗게 표시를 하고 그 아래에 달린 거리와 시간, 장소만이라도 기록해 두자.

발은 이렇게 땅을 박차고 나간다

발은 전신의 요약이자 제2의 심장이다. 자그마치 52개의 뼈와 60개의 관절, 214개의 인대, 38개의 근육으로 복잡하게 구성된 정교한 신체 부위이며, 걸음을 옮길 때 받은 압력을 이용해서 피를 심장까지 끌어올려 주기 때문이다. 발을 보면 건강이 보인다고 할 정도로 발은 중요한 부분인데, 특히 러너들에게 발은 가장 중요한 부위라고 해도 과언이 아니다. 따라서 더욱 소중하게 여기고 아껴야 한다.

장거리 달리기를 할 때 발은 뒤꿈치가 지면에 먼저 닿고, 발의 중간부분에서 앞부분으로 닿는 면이 이동한다. 새끼발가락에서 엄지발가락 쪽으로 이동하면서 추진력을 얻어 도약하는 것이다. 100m 달리기와 같은 단거리 달리기의 경우는 보폭을 최대한 넓게 하면 발의 앞부분만으로 착지한 후 지면을 차고 나가는데, 장거리 달리기의 경우는 발뒤꿈치부터 착지한 후 발전체가 땅을 차고 나가는 동작이 반복된다.

발이 지면을 차고 나갈 때는 발목도 바깥쪽으로 구부러진 후 다시 안쪽으로 구부러지는데, 발목이 바깥쪽으로 구부러지는 것을 외전 *supination*이라고 하고 안쪽으로 구부러지는 것을 내전 *pronation*이라고 한다. 발이 지면에 닿기 전에는 발목이 약간 바깥쪽으로 구부러진 외전상태이고, 지면에 발을 내딛는 순간에는 발목이 약간 안쪽으로 구부러지는 내전상태가 된다. 그리고 나서 다시 지면에 닿은 발이 땅을 차고 도약할 때는 외전현상이 일어난다.

▲ 동작 1_가장 먼저 발뒤꿈치가 지면에 닿는다.　　▲ 동작 2_발 가운데 부분이 지면에 닿는다.　　▲ 동작 3_마지막으로 발 앞부분으로 지면을 차고 나간다.

일반적으로 내전현상은 착지할 때 발목과 무릎의 충격을 완화시켜 주는 발목의 자연스러운 동작이라고 볼 수 있지만 발목이 안쪽으로 심하게 구부러지는 과회내*over-pronation* 현상은 관절부상으로 이어질 수도 있기 때문에 위험하다. 보통 여성들의 경우 과회내현상이 많이 일어난다.

근육과 뼈, 관절, 인대와 같은 우리 몸의 근골격계는 스스로를 방어하기 위해 운동에서 오는 충격을 효과적으로 흡수하는 좋은 충격흡수제 역할을 한다. 발이 땅을 차고 나가며 달릴 때도 몸이 받는 충격을 발목과 무릎이 효과적으로 흡수하는 것이다. 가령 달릴 때 무릎을 구부리는 동작이나, 착지할 때 내전현상과 외전현상이 번갈아 나타나는 발목의 움직임 역시 효과적으로 충격을 흡수하고자 하는 몸의 자연스러운 방어동작이라고 할 수 있다.

농구나 배구처럼 격렬한 점프가 많은 운동의 경우 한 번 점프할 때마다 몸무게의 4~7배가 넘는 강한 충격이 무릎과 발목에 가해진다. 그 정도는 아니지만 달리기 역시 달리는 내내 무릎과 발목에 몸무게의 2.5~3배의 하중으로 계속해서 충격이 가해진다. 장시간 동안 그런 충격을 반복적으로 관절에 주게 되면 관절은 미세한 마모와 조직손상으로 피로한 상태가 된다. 그리고 회복할 시간도 없이 계속해서 관절의 피로를 가중시키면 몸의 충격흡수 기능이

_ 발바닥 피로 확실히 푸는 법

러너에게 발은 무척 중요한 부위이다. 발은 피로가 많이 쌓이는 곳이라서 더욱 소중히 다루고 아껴야 한다. 발 마사지에 대한 다양한 정보가 많은데, 매일 할 수 있는 손쉬운 방법 몇 가지만으로도 발의 피로를 확실하게 풀 수 있다. 다음과 같은 몇 가지를 따라해 보자.

먼저 따뜻한 물과 찬 물을 준비하고 각각 2분씩 번갈아가며 발을 담근다. 이것만 두세 번 해 보아도 피로가 풀리는 기분이 들 것이다. 그리고 나서 젖은 발을 닦을 때 타월을 바닥에 깔아 놓고 올라서서 발가락으로 타월을 조금씩 잡아 본다(만화영화 주인공 코난처럼). 발가락 운동도 하면서 발근육의 긴장을 풀고, 쓰지 않는 근육들도 운동시켜 주는 것이다. 물기를 닦고 나면 브러쉬 빗이나 안마도구같이 돌기가 있는 것으로 발바닥을 가볍게 두드려 준다. 발 전체의 혈액순환이 잘 되면서 시원한 느낌이 들 것이다. 이와 함께 발바닥 중간의 아치 부분을 강약을 조절해 가며 엄지손가락으로 눌러 주기를 반복하며 뒤꿈치에서 발가락 쪽으로 쓸어 올려 주는 것도 좋다.

필자가 추천하는 발바닥 마시지는 두 사람이 함께 하는 것인데, 한 사람은 두꺼운 이불 위에 엎드려 눕고 파트너가 발바닥의 아치를 밟아 주는 것이다. 무척 시원해서 선수들도 서로서로 자주 해 주는 마사지다(더욱 효과적인 발마사지 법은 6부를 참고하기 바란다).

제대로 작동하지 않을 수도 있다. 그렇게 되면 관절과 근육에 충격이 고스란히 전달되고 흡수되어 부상으로 이어지게 된다. 그래서 달리기를 할 때는 워밍업 스트레칭을 통해 무릎과 발목의 관절을 충분히 부드럽게 풀어 주어야 하며 신발 역시 충격흡수가 잘 되는 쿠션이 좋은 러닝화를 신어야 한다.

초보도 프로도 자세부터 바로 잡자

마라톤은 장거리를 장시간 같은 자세로 달리는 것이다. 같은 자세를 계속해서 반복해야 하기 때문에 최소한의 에너지를 사용하면서 경제적으로 달릴 수 있는 능력, 즉 효과적인 에너지 사용능력을 키워야 한다. 즉, 가급적 에너지를 아끼면서 몸에 주는 충격을 최소화시키는 자세가 유리하다. 좋은 자세는 쓸데없는 에너지 낭비를 막고 더 안전하게 달릴 수 있도록 도와 주기 때문에 이상적인 달리기는 좋은 자세에서 나온다고 해도 과언이 아니다. 물론 좋은 자세로 계속 달리려면 기본적으로 강인한 기초체력이라는 밑바탕이 있어야 하기 때문에 튼튼한 몸만들기가 우선이다.

앞에서도 얘기했지만 장거리 달리기를 할 때는 발뒤꿈치―발 가운데―발 앞부분 순서로 부드럽게 착지해야 한다. 오랫동안 달리다 보면 엄청난 하중이 발목과 무릎에 집중되고 그러다 보면 관절에 부상을 입기 쉬운데, 걷기에서 달리기로 옮겨가는 듯이 자연스럽게 발뒤꿈치부터 지면에 닿도록 착지를 해야만 몸이 받는 충격을 최대한 줄이고 에너지 소모를 최소화시킬 수 있다.

다리의 움직임도 마찬가지인데, 무릎을 의식적으로 많이 올리면 다리에 무게가 더 많이 실리게 되므로 발목과 무릎에 부담이 커진다. 무릎을 약간 올려주면 피치가 살아나서 속도가 붙기 때문에 선수들의 경우에는 속도를 낼 때 의식적으로 무릎을 올려 준다. 하지만 일반인의 자세와 선수의 자세는 엄연히 다르다는 것을 잊지 말자. 장거리를 달릴 때는 몸의 상하 움직임이 적으면 적을수록 관절에 부담이 적어지므로 성큼성큼 달려 나가는 스트라이드 주법이 아니라 가능한 보폭을 줄여서 가볍게 종종거리며 달리는 피치 주법이 좋다. 발과 무릎은 일직선상에 있도록 하고 양쪽 발과 무릎이 서로 쓸리거나 부딪치지 않도록 주의한다. 착지를 할 때는 두 발이 나란히 11자로 놓이도록 유의한다.

팔동작 역시 에너지 소모를 최소화시키는 것에 유의해서 자연스럽게 흔든다. 어깨에 힘을 빼고 팔꿈치를 60~70도 정도, 즉 ∨자로 구부려서 팔을 어깨라는 옷걸이에 걸어둔 것처럼 편안하게 몸 전체의 균형을 잡아 주면서 자연스럽게 앞뒤로 흔든다. 의식적으로 팔을 힘차게 흔들면 에너지 소모가 너무 커져 쉽게 지친다. 선수들의 경우 레이스 후반에 속도를 높일 때 팔동작을 크게 해서(팔치기라고 한다) 속도를 내는데, 속도훈련을 충실히 해 왔기 때문에 그것이 가능한 것이다. 팔은 등 뒤쪽에서 밀어 주듯이 자연스럽게 움직여

황영조의 마라톤 토크 Talk

_ 달릴 때 적당한 보폭은 어느 정도일까?

빨리 달리려면 보폭을 넓게 하는 것이 좋을까 아니면 보폭을 좁히더라도 발을 빨리빨리 움직이는 것이 좋을까? 발이 움직이는 빈도를 보율이라고 하는데, 1초 동안 몇 보 움직였는가를 말하는 것이다. 잘 달리기 위해서는 보폭과 보율의 조화가 중요하다. 보폭을 너무 길게 해서 성큼성큼 달리다 보면 보율이 줄어들기 때문에, 일정한 보폭을 유지해야만 보율을 증가시키면서 달릴 수 있다. 하지만 보율을 증가시킨다고 무조건 속도가 빨라지는 것은 아니다. 자신의 능력에 맞게 보폭과 보율을 조절해야 한다.

일반적으로 키가 큰 사람들은 보폭이 크므로 더 빨리 달릴 것 같지만, 실제로 그것을 증명하는 증거는 없다. 장거리 달리기의 경우 키와 보폭, 다리 길이 사이에는 상호관계가 거의 없다는 연구결과가 보고 된 바 있다.

세계적인 마라톤 선수들의 평균 신장은 약 168~172cm 내외로, 키가 그다지 크지 않다. 키가 큰 사람은 달릴 때 상하 움직임이 커지기 때문에 키가 작은 사람보다 에너지 소모가 커져서 불리하다. 그래서 키가 큰 주자들은 30km 지점을 넘어가면 뒤처지기 쉽다.

[마라톤 주자와 단거리 주자의 자세 및 피치 비교]

◀▲ **마라톤 주자**
마라톤 주자는 에너지를 아끼면서
몸이 받는 충격을 최소화시키는 자세가 좋다.

▶ **단거리 주자**
단거리 주자는 순간적
인 폭발력이 중요하기
때문에 큰 동작으로
달린다.

야 그 반동으로 몸이 자연스럽게 앞으로 나간다. 전체적으로 힘을 빼고 긴장을 풀어야 한다.

팔과 몸통 사이에는 주먹 하나 정도가 들어갈 정도만 살짝 벌리고, 팔이 몸통 옆에서 왕복운동을 할 때는 위에서 보았을 때 앞뒤로 흔들리는 모양이 11자 모양이 아니라 ∧자를 그리는 듯이 흔들어야 한다. 즉 양손이 가슴 앞에서 주먹 두 개 정도가 들어갈 정도의 간격으로 살짝 모아지도록 흔드는 것이다. 달릴 때 팔이 벌어지면 벌어질수록 어깨에 힘이 많이 들어가기 때문에 좋지 않다. 팔을 의식하지 않을 수 있을 정도로, 어깨에 가볍게 걸어 둔 것처럼 다리의 움직임에 맞춰 균형을 잡아 준다. 어깨 역시 긴장을 풀고 몸통이 좌우로 흔들리지 않도록 반듯하게 정면을 향하게 한다. 손은 편한 대로 하고 달리면 되지만 일반적으로 가볍게 주먹을 쥐는 것이 좋다. 손바닥을 펴서 세우거나 주먹을 너무 세게 쥐면 팔과 어깨에 힘이 많이 들어가기 때문에 달릴 때 더 지친다.

마라톤은 중심운동이기 때문에 팔과 다리가 최대한 중심에서 멀어지지 않도록 해야 하며 몸의 어느 부위든 긴장을 풀고 편안한 자세로 달리는 것이 에너지 소모를 최소화시키면서 경제적으로 그리고 안전하게 달릴 수 있는 좋은 자세이다.

상체는 반듯하게 세우거나 5~10도 정도 앞으로 기울이는 것이 좋다(선수들은 달리는 속도가 빠르기 때문에 일반인들보다 가슴을 더 내밀어 상체를 앞으로 기울인 자세로 달린다). 가장 나쁜 자세는 상체가 뒤로 젖혀진 자세인데, 상체가 뒤로 꺾이면 자세가 흐트러지면서 균형도 사라지고 힘도 훨씬 더 많이 든다. 힘이 많이 들면 몸의 무게중심이 아래로 쏠리게 되고, 그러다 보면 다리가 무거워져 오래 달릴 수가 없다. 이것은 육체적으로 지쳤다는 표시일 뿐만 아니라 심리적으로도 자신감을 잃은 상태, 경기를 포기했다는 뜻이라고 해석할 수 있다.

발

발뒤꿈치가 가장 먼저 지면에 닿는다. 발뒤꿈치, 발바닥 가운데, 그리고 마지막으로 발 앞부분이 지면을 차고 나가면서 달리게 된다. 새끼발가락에서부터 엄지발가락 쪽으로 차고 나간다는 느낌으로 발을 디딘다. 발뒤꿈치에서 앞쪽으로 밀어 주듯이 중심을 옮겨가면 양발이 마치 저절로 굴러가듯 자연스럽게 앞으로 나아가게 될 것이다. 공룡 발걸음처럼 쿵쿵거리지 않도록 하고 몸이 공중에 떠 있기라도 하듯이 가볍고 경쾌하게 착지하도록 한다. 잘못된 자세로 착지하게 되면 발과 다리에 더욱 많은 충격을 주어 쉽게 피로해지고 부상

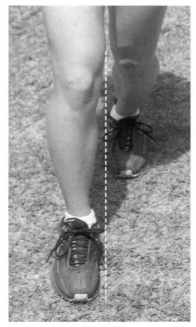

▲ 발은 11자 모양이 되어야 한다.

을 당하기 쉽다. 잘못된 착지 때문에 발바닥이나 발등에 통증이 올 수도 있다. 두 발은 팔자걸음이나 안짱걸음이 되지 않도록 나란히 11자로 착지한다.

다리

다리를 저을 때 튀어 오르듯이 무릎을 높이 올리는 것은 에너지 소모가 너무 크다. 무릎은 너무 높이 들어올리지 말고 편안하고 자연스럽게 올리도록 한다. 발을 앞으로 뻗을 때 역시 무릎을 완전히 펴지 말고 조금 구부려 충격을 줄이도록 하고, 착지할 때도 무릎을 살짝 구부려야 충격을 최소화시키면서 몸의 중심을 자연스럽게 반대편 다리로 옮길 수 있다. 위아래로 통통 튀는

스프링처럼 움직이지 않도록 주의한다(선수들의 경우 속도를 높여야 할 때 의식적으로 무릎을 올린다).

▲▶
무릎은 너무 높이 들어올리지 말고
편안하고 자연스럽게 올리도록 한다.

팔

팔은 몸 전체의 균형을 잡아 주는 역할을 하므로 옷걸이에 걸어 놓은 듯이 자연스럽게 흔드는 것이 좋다. 허리 옆에서 가볍게 앞뒤로 흔드는데, 흔드는 모양은 위에서 볼 때 ∧자 형태가 되는 것이 좋다. 의식적으로 너무 힘차게 흔들지 않도록 주의하자. 팔을 앞뒤로 세게 흔들면 추진력이 생기면서 스피드가 올라가는데, 선수가 아닌 한 과도한 팔동작은 에너지 소모만 극대화시켜 금세 지치게 만든다(물론, 짧은 시간 동안 짧은 거리를 달리는 훈련을 할 때는 훈련량을 늘리고 운동효과를 높이기 위해서 일부러 팔동작을 크게 할 수도 있다). 옆에서 보았을 때 팔이 흔들리는 각도가 90도 이하의 범위에서 일정하게 유지되는 것이 좋다. 그래야만 어깨에 부담이 줄어들고 피로도 적다. 팔과 몸통 사이는 주먹 하나가 들어갈 정도가 적당하며 몸 전체의 무게중심을 허리 위쪽에 둔다는 느낌을 가져야 가볍게 달릴 수 있다. 주먹은 달걀 하나를 손에 쥔 듯이 자연스럽게 오므려서 살짝 쥔다. 아프리카 선수들의 경우 팔동작이 특히 좋은데, 이것은 기록과도 연결된다. 최대한 에너지를 아끼면서 팔이 있는 듯 없는 듯 가볍게 흔드는 것이 좋다.

▲ 동작 1_주먹은 가볍게 쥐고 팔꿈치가 펴지지 않도록 주의한다. 팔과 어깨는 힘을 빼고, 어깨에 걸어놓은 듯한 자세로 가볍게 흔든다.

▲ 동작 2_팔을 앞뒤로 흔들 때는 ∨자 모양으로 앞에서 약간 모아지도록 한다.

등과 어깨

턱을 가슴 쪽으로 살짝 잡아당기면서 호흡하기에 가장 편안한 상태로 고개의 각도를 조절하고 시선은 전방 10~20m 앞을 본다. 시선을 너무 먼 곳에 두면 눈이 피로해질 수도 있다. 반대로 너무 가까운 곳을 보거나 발밑을 보게 되면 목이 아프거나 목과 연결된 등근육이 피로해져서 달리기에 집중할 수 없다.

상체는 전체적으로 곧게 펴고 살짝 앞으로 기울여야 하는데, 등이나 어깨가 구부러진 상태로 뛰게 되면 정강이나 허리, 등근육에도 통증이 생길 수도 있다. 어깨 역시 긴장을 풀고 힘을 뺀 상태에서 좌우로 심하게 흔들리지 않도록 하고 반듯하게 앞을 향하도록 한다. 상체가 뒤로 젖혀지면 팔동작도 어색해지고 발뒤꿈치로 착지하는 것도 어려워지므로 고개와 상체가 뒤로 젖혀지지 않도록 각별히 주의해야 한다.

▲ 상체는 곧게 펴고 살짝 앞으로 기울인다.

가장 편안하게 느껴지는 자연스러운 호흡

달리는 동안 우리 몸에는 많은 양의 산소가 필요하다. 그래서 호흡이 무엇보다 중요한데, 그래서 그런지 초보자들은 달리는 동안 어떻게 숨을 쉬어야 하는지에 대해 어렵게 생각하는 경향이 있다. 어떤 호흡이 마라톤을 할 때 가장 좋은 호흡일까? 답은 간단하다. 달리는 중에 호흡을 크게 의식하지 않을 수 있을 만큼 편안하고 자연스러운 호흡이 가장 좋은 호흡이다.

페이스가 느리면 호흡이 편안해지고, 페이스가 빨라지면 호흡도 가빠지는 것이 당연하다. 또한 같은 페이스로 달려도 금세 숨이 차는 사람과 그렇지 않은 사람 등 개인차가 있게 마련이다. 즉, 각자 가진 산소섭취능력이 모두 다르므로 모든 사람들에게 똑같은 방법으로 호흡하라고 가르치는 것은 무리이다. 일반적으로 허허하하, 즉 2번 들이마시고 2번 내쉬는 호흡이 장거리 달리기의 기본호흡이라고 알려져 있지만 자신에게 맞지 않는다면 그것을 무리하게 따를 필요는 없다. 결론은 특별한 호흡법에 억지로 맞추려 하지 말고 상황에 맞게 최대한 편안한 호흡을 하라는 것이다. 들숨과 날숨의 리듬이 의식되지 않을 만큼 자연스럽게 이어질 때 호흡의 효율도 가장 높다.

처음에는 달리는 동안 스스로 어떻게 호흡하고 있는지 자신의 호흡을 유심히 관찰해 본다. 남들이 하는 호흡법을 따라해 보는 것도 좋다. 그러다 보면 어떤 식으로 호흡해야 달릴 때 가장 편안하게 느껴지는지 알 수 있을 것이다.

간혹 입으로 숨을 쉬면 입이 마른다고 생각해서 입을 꾹 다물고 코만 열고 호흡하는 사람이 있는데, 그렇게 하면 산소를 최대한 많이 들이마실 수 없기 때문에 별로 좋지 않다. 입을 자연스럽게 벌린 상태로 코와 입 모두 이용해서 숨 쉬는 것이 좋다. 들이마실 때는 최대한 많은 양의 공기를 마시는 것이 중요하고 내쉴 때는 최대한 빨리 내쉬는 것이 중요하다.

어느 정도 달리기 연습을 하다 보면 페이스가 빨라지더라도 많은 양의 산소를 받아들일 수 있는 자신만의 호흡법을 터득하게 될 것이다. 그러면서 폐활량과 몸이 받아들일 수 있는 최대한의 산소량도 늘어나는 것이다. 처음부터 호흡법을 지키려고 신경 쓰다 보면 오히려 달리기 리듬이 깨져 힘들어질 수 있다. 가장 좋은 것은 팔과 다리부터 심장과 폐까지 온몸의 움직임이 일치되는 자연스러운 달리기 리듬을 갖는 것이다. 평소 복식호흡으로 길고 깊게 호흡하는 것을 연습해 두면 달리는 동안 더 많은 공기를 들이마시는 데에 도움이 된다. 얕은 호흡은 호흡을 자주 하더라도 폐까지 도달하는 신선한 산소가 적기 때문이다.

나에게 맞는 운동화를 찾아라

신발에는 아낌없이 투자하라. 필자가 달리기를 하고 있는 사람들 혹은 시작하려는 사람들에게 가장 강조해서 이야기하는 것이 바로 신발에 투자하라는 것이다. 달리기에서 신발은 가장 중요한 장비이다. 발에 잘 맞는 좋은 신발은 오랫동안 안전하게 달리기 위한 필수장비이다. 부상방지를 위해서도 충분히 투자할 만한 가치가 있다.

달리기를 하는 동안 발은 몸무게의 2.5~3배의 하중을 견디어야 한다. 70kg의 사람이라면 280kg의 무게가 달리는 동안 계속해서 위에서 아래로 내리 찧는 것이나 마찬가지이다. 게다가 1km를 달릴 때 발은 지면을 약 1,000번 이상 쿵쿵(?)거린다. 짧게는 5km 건강달리기에서 길게는 100km 울트라마라톤에 이르기까지, 이토록 발은 혹사당하는 것이다. 그래서 러너들에게 발은 가장 소중하고 고마운 부위이고 그만큼 발을 보호하는 신발의 선택도 신중해야 한다. 훌륭한 선수들의 좋은 자세라는 것도 결국은 발에 집중되는 하중을 최소화시키는 자세라고 할 수 있다.

선수들이 신는 마라톤화의 경우는 무게를 줄이는 것이 관건이다. 선수들은 최대한 가벼우면서도 발에 오는 충격을 잘 분산시키는 마라톤화를 고른다. 신발 전문가들에 의하면 신발 무게가 80g 감소할 때마다 1분 30초~2분 정도까지 기록을 단축시킬 수 있다고 한다. 그래서 많은 회사들이 경량화와 충격분산에 집중해서 가볍고 튼튼한 신소재 개발에 열을 올리고 있다. 실제로 무게가 133g밖에 안 되는 마라톤화도 있다. 필자가 올림픽에 출전했을 때 신었던 신발도 무척 가벼운 기능성 마라톤화였는데 지금은 강원도 삼척 '황영조기념공원' 내에 위치한 기념관에 전시되어 있다.

필자는 96년 동아일보 마라톤 대회에 출전했다가 26km 지점에서 발바닥이 찢어지는 부상을 입었다. 계속 달릴 수가 없어서 절뚝거리는 다리로 끝까지 완주했던 기억이 지금도 생생하다. 그런 사고 역시 발에 잘 맞지 않는 신발 때문에 벌어진 일이라고 할 수 있다. 이렇게 신발은 기량을 향상시키는 데에 도움을 주기도 하지만 반면 큰 부상을 초래할 수 있다는 사실을 숙지하고 반드시 신중하게 선택해야 한다.

달리기용 신발은 무조건 가볍다고 좋은 것도 아니고 비싸다고 좋은 것도 아니다. 모든 사람에게 잘 맞는 최고의 신발, 혹은 '신발의 정답'이라는 것도 없다. 주자의 발 모양이나 몸무게, 체형에 따라 달라지고, 달리는 속도와 거리, 장소, 시간, 계절, 노면에 따라 꼭 맞는 신발은 달라질 수 있다. 필자의 경우 선수 시절에는 50켤레 정도의 신발을 가지고 그날의 컨디션과 날씨, 장소, 훈련방법, 훈련 파트너에 따라 바꿔 신기도 했다(비슷한 수준의 선수와 함께 훈련할 때는 파트너가 어떤 신발을 신었는지도 신경 썼다).

그렇다면 어떤 신발이 좋은 신발일까? 러닝화를 고를 때 반드시 체크해야

황 영 조 의 마 라 톤 토 크 Talk

_ 러닝화의 종류

• 스태빌러티 *Stability* 러닝화

쿠션기능이 좋은 신발로 안정성이 탁월하다. 몸무게가 보통인 사람에게 적당하며 일반적으로 가장 많이 신는 러닝화이다. 충격흡수 기능을 높이기 위해서 쿠션이 많이 들어간 신발이라고 보면 되는데, 이런 신발은 발이 신발 속에서 쉽게 좌우로 움직일 수 있어서 달릴 때 불안정해질 수가 있다.

• 모션 컨트롤 *motion control* 러닝화

신발 속에서 발이 많이 움직이는 사람들은 그런 점을 보완하기 위해서 좀 딱딱하고 내구성이 좋은 소재를 사용한 모션 컨트롤 러닝화를 신어야 한다. 발목이 안쪽으로 구부러지는 과회내 현상을 최소화시켜 주기 때문에 발 앞부분이 좁거나 내전현상이 과도하게 나타나는 사람에게 적당하다. 또한 몸무게가 많이 나가거나 평발인 사람에게도 적당한 신발이다.

• 트레일 *trail* 러닝화

산악 마라톤을 하는 사람들이 산에서 신고 달릴 수 있도록 만든 튼튼한 러닝화이다. 미끄러짐을 방지할 수 있도록 밑창에 특수 처리가 되어 있고 발가락을 움직일 공간이 넉넉한 편이다.

• 경기용 마라톤화

선수들이 경기에 출전할 때 신는 신발이기 때문에 무게가 굉장히 가볍다. 하지만 무게가 가벼운 대신 일반인이 신기에는 쿠션기능과 안정성이 부족하다. 일반 조깅용이 아니므로 아마추어 러너에게는 적합하지 않다.

할 몇 가지를 알아보자(초보자라면 '마라톤화'라고 하지 말고 '러닝화'라고 부르자). 러닝화의 역할은 달리는 동안 발을 보호하는 것이다. 당연한 얘기지만 맨발로 달리는 것보다 신발을 신고 달리는 게 좋으니까 신는 것이다. '맨발의 아베베'라고 불리는 에티오피아의 아베베 선수처럼 맨발로 달리는 흑인 선수들도 있지만 아베베가 아닌 한 우리나라 사람들이 딱딱한 지면을 맨발로 달리는 것은 무척 위험하다. 사실 흑인들은 태생적으로 발꿈치 아래를 받치고 있는 지방층이 동양인이나 백인보다 두껍고, 자라 온 환경에 따라 어린시절부터 맨발 생활에 익숙한 경우가 많아서 그렇게 달릴 수도 있는 것 같다.

장거리를 오랫동안 안전하게 달리려면 발목과 무릎을 비롯해서 허리와 목, 어깨까지도 신발의 보호를 받아야 한다. 그래서 쿠션이 좋은 러닝화가 반드시 필요하다는 것이다. 아직 관절과 인대가 강하게 단련되지 않은 초보자에게는 더더욱 충격흡수 기능이 좋은 신발이 필요하다. 하지만 무조건 쿠션만 푹신푹신하다고 해서 좋은 신발은 아니다. 같은 초보자라 하더라도 발의 모양이나 달리는 자세는 천차만별이므로 사람마다 잘 맞는 신발은 모두 다르다.

신발을 고를 때는 우선 매장에 가서 직접 여러 가지를 신어 보고 충격흡수가 잘 되는지, 발이 신발 속에서 잘 고정되는지, 밑창은 유연하게 구부러지는지, 신었을 때 편안한 느낌이 드는지와 같은 사항에 유의해서 고르면 된다. 또한 달릴 때는 체온이 많이 올라가고 땀도 많이 나므로 통풍이 잘 되는지도 살펴보는 것이 좋다. 무엇보다 신발을 신었을 때 '앗! 이게 바로 내 신발이다!' 하는 느낌이 드는 신발이 있다. 여러 가지를 신어 보고 가장 편안하게 느껴지면서 발에 꼭 맞는 신발을 찾도록 한다. 잘 안 맞는 신발을 신게 되면 일단 발과 다리가 피곤해지고 달리기 싫어진다. 편안하고 마음에 꼭 드는 러닝화를 구입하면 아마 볼 때마다 신고 나가서 달리고 싶어질 것이다(필자의 경우 러닝화를 연습용과 시합용으로 구분하는데 시합용은 구입해서 한 번 발에 맞춰 놓은 후

_ 초보자 러닝화 사기

어느 정도 달리기를 해 본 사람은 자신에게 맞는 신발이 어떤 것인지 잘 알고 있기 때문에 러닝용품점에 가서 신발을 고를 때도 별다른 갈등(!) 없이 고를 수 있을 것이다. 하지만 초보자들의 경우는 전적으로 판매직원의 추천을 믿고 따르거나 별다른 정보 없이 마음이 끌리는 대로 아무거나 고르게 마련이다(아무리 말려도 색깔과 디자인만 보고 신겠다고 우기는 사람도 있다고 한다). 아직 관절과 근육이 달리기에 익숙해지지 않은 초보자는 쿠션기능에 중점을 두고 러닝화를 골라야 한다. 마음은 벌써 풀코스를 완주한 마라토너이겠지만 초보자라면 우선 마음을 가라앉히고 냉정하게 일반 러닝화(선수용 마라톤화가 아니다)를 선택해야 한다.

일반적으로 신발을 고를 때는 발 길이와 폭, 발등의 높이, 발바닥 안쪽 아치의 높이를 고려해서 선택한다. 발바닥의 아치가 적당해야 발뒤꿈치에서 발가락 앞쪽으로 힘이 골고루 분산되어 달릴 때 발의 피로가 적고 부상의 위험도 적다(아치가 없는 발, 즉 평발인 사람은 그래서 오래 걷거나 오래 달리면 발이 쉽게 피로해지는 것이다).

비싸다고 무조건 좋은 것도 아니고 최신 모델이라고 좋은 것도 아니다. 반드시 신어 보고 걸어 보고 뛰어 보면서 발에 잘 맞는지 꼼꼼히 살펴보도록 한다. 일반적으로 러닝용 양말을 신고서 발가락을 편하게 꼼지락거릴 수 있도록 앞부분이 1cm 정도 여유가 있는 편안한 사이즈를 선택하고, 오전시간보다는 발이 약간 커지는 저녁시간에 신발을 사러 가는 것도 발에 잘 맞는 신발을 구입하는 요령이다.

자기 발에 잘 맞는 신발을 찾기는 참 힘들다. 같은 회사에서 나온 같은 모델, 같은 사이즈의 똑같은 신발 두 켤레를 사더라도 신어 보면 느낌이 다르다. 좋은 신발을 만나는 것도 러너에게는 큰 행운이라고 할 수 있다.

대회 때만 신고, 연습용은 훈련과 장소에 따라 다양하게 바꿔 신었다).

　발에 편안하게 잘 맞고 앞부분에 5mm 정도의 여유가 있어야 달리는 중에 발이 부어도 조이는 느낌이 없다. 필자의 경우, 평소에는 265mm를 신지만 시합용은 255mm, 연습용은 260mm를 신는다. 선수들은 발에 딱 맞는 신발을 신고 시합에 출전한다. 빠른 스피드를 내기 때문이다. 하지만 연습용 신발의 경우 5mm 정도의 여유가 있어야 한다. 신발이 턱없이 클 경우 발의 힘을 받는 부분이 달라지기 때문에 부상으로 연결된다. 그리고 너무 오래 신다 보면 처음과는 달리 쿠션기능이 떨어져서 발을 잘 보호할 수 없으므로 주기적으로 신발을 새것으로 바꿔 주어야 한다.

날씨에 맞는 최적의 옷차림

　몸의 컨디션도 중요하지만 쾌적하게 달릴 수 있는 좋은 장비가 세팅되어야 더욱 즐겁게 달릴 수 있다. 멋진 복장은 자신감도 높여 주고 보는 사람도 입는 사람도 즐겁다. 이왕 달리려고 나왔다면 어설픈 차림에 자신감 없는 모습으로 달릴 게 아니라 마라톤 선수처럼 프로답게 보이는 것이 좋지 않을까? 프로로 활동하는 스포츠 스타들이 마치 경쟁이라도 하듯이 튀는 옷차림을 하거나 독특한 패션감각을 과시하는 것도 일종의 자기만족이자 주위의 시선을 집중시키려는 의도이다.

　기온이 낮은 겨울철에는 차가운 바람으로부터 근육을 보호해야 하기 때문에 따뜻하고 가벼운 옷이 필요하다. 요즘은 품질이 뛰어난 기능성 소재의 좋은 옷이 많이 나와서 선택의 폭도 넓어졌다. 안에는 얇은 옷, 중간에는 가볍고 따뜻한 보온성 소재, 바깥에는 바람을 막는 방풍의, 즉 윈드브레이커나 윈

드재킷을 입는 것이 좋다. 몸에 착 달라붙는 레깅스나 타이즈를 속에 입는 것도 좋다. 선수들도 겨울철 훈련을 할 때는 타이즈 같은 것을 속에 입고 겉에는 긴소매 유니폼을 입는다. 방수와 발수기능이 좋은 소재로 만든 트레이닝복(흔히 땀복이라고 부르는 운동복)을 겹쳐 입기도 한다(혹한기의 경우에는 여기에다 무릎까지 내려오는 긴 파카를 입기도 한다).

그리고 모자나 장갑, 마스크, 목도리 등도 반드시 챙겨야 한다. 손이나 목, 얼굴이 찬바람에 노출되면 달리는 중에 자기도 모르게 동상을 입을 수도 있기 때문이다. 낮은 기온에 찬바람을 맞으며 달리는 것도 모자라 달리면서 흘린 땀이 마르기까지 하니 자기도 모르게 급격하게 체온이 떨어질 수도 있다. 따라서 가볍고 따뜻한 차림에 모자와 마스크, 장갑 등으로 머리, 손, 목과 같이 체온손실이 큰 몸의 말단부위를 보호해 주어야 한다.

겨울에는 해가 짧기 때문에 어두운 곳에서 달리는 경우가 많은데 특히 어두컴컴한 새벽에 차가 다니는 도로에서 달리면 교통사고의 위험이 크다. 그런 경우 가급적 밝은 색이나 불빛에 잘 반사되는 형광색 옷을 입고, 야광띠, 야광밴드를 착용하는 것이 안전하다.

봄이나 가을은 달리기 적당한 기온과 좋은 날씨가 계속되기 때문에 특별히 옷차림에 신경 쓰지 않아도 쾌적하게 달릴 수 있다. 하지만 기온이 크게 올라가는 한여름에는 무조건 체온을 밖으로 내보내는 시원한 차림으로 달려야 한다. 달리는 것 자체로도 몸에서는 열이 많이 나는데, 기온까지 높은 상태라면 열사병뿐만 아니라 탈수증의 위험이 도사리고 있다. 따가운 햇볕으로부터 머리가 뜨거워지는 것을 막고 얼굴이 타는 것도 막으려면 통풍이 잘 되는 소재로 된 챙이 달린 모자를 쓰는 것이 좋고, 장시간 햇볕에 노출되는 눈을 보호하기 위해서는 스포츠 선글라스도 착용하는 것이 바람직하다.

옷은 땀을 배출하는 기능이 가장 중요한데 쿨맥스 *Coolmax* 소재의 옷은 습기를 빠르게 배출시키고 잘 마르기 때문에 여름철 운동복으로 적당하다. 면 소재의 옷은 땀을 잘 흡수하기는 하지만 쉽게 마르지 않고 습기를 밖으로 잘 배출시키지 못하기 때문에 달리는 동안 땀에 젖어 무거워진 옷을 입고 달려야 한다. 게다가 땀에 젖은 옷은 몸에 달라붙거나 팔다리에 감기기 때문에, 달릴 때 무척 불편하다. 100% 면 소재 옷은 피하는 것이 좋다.

옷의 안쪽도 꼼꼼하게 살펴서 바느질의 마무리가 잘 되어 있는지, 솔기가 도드라지게 튀어나오지는 않았는지 살펴본다. 솔기가 제대로 처리되지 않은 옷을 입으면 겨드랑이나 허벅지 안쪽의 살갗이 솔기에 쓸릴 염려가 있다(살갗이 벗겨진 상태에서 땀까지 흐르면 굉장히 쓰리고 아프다).

양말은 발과 신발 사이에서 발을 보호해 주는 역할을 한다. 달리는 동안 발에는 열도 많이 나고 땀도 많이 나기 때문에 땀을 잘 흡수하고 빨리 배출시켜 주는 양말이 좋은 양말이다. 옷과 마찬가지로 100% 면양말보다는 합성섬유가 섞인 기능성 소재 양말이 좋다. 발목 윗부분을 살짝 덮는 길이로 발목이 너무 조이지는 않는지 살펴본다. 발바닥 쪽이 두껍게 짜여진 쿠션 보강용 양말부터 일반 러닝용, 마라톤용, 물집 방지용까지 여러 가지가 있다. 초보자는 일반 러닝용 양말을 신으면 된다.

달릴 장소를 찾아서

이제 발에 잘 맞는 좋은 신발과 폼 나는 복장까지 구비했다. 그렇다면 집 근처에 달릴 만한 좋은 장소가 있는지 물색해 보자. 집 주변에 학교가 있다면 학교 운동장도 좋다(특히 초보자라면 관절에 부담을 덜 주는 운동장의 흙길이 좋다). 근처에 넓은 공원이 있다면 분명히 공원 내에 산책로나 조깅코스가 있을 것이고 강이나 개천 옆에는 자전거 도로와 함께 보행자 도로가 있게 마련이다. 휴일날 동네를 돌아보고 가까운 곳에 한적한 인도가 있는지 찾아보자. 사람들로 북적대지 않으면서 거리도 어느 정도 확보할 수 있는 곳이 좋다. 지나치게 복잡한 골목길이나 경사가 너무 심한 오르막길은 피하도록 한다. 집 근처를 둘러보며 자신만의 조깅코스를 만들어 보자(자동차를 이용해서 대략 거리를 측정해 볼 수도 있다).

달리기를 사랑하는 사람들에게 '좋은 동네'의 판단기준은 오로지 좋은 조깅코스가 있느냐 없느냐이다. 외국의 경우도 가까운 곳에 좋은 조깅코스가 조성된 넓은 공원이 있는 집이 비싸다고 한다. 언제라도 운동화 끈을 묶고 달려 나갈 수 있는 가까운 조깅코스, 달릴 수 있는 장소가 가까우면 시간도 절약되고 에너지도 절약된다. 다른 사람들은 어디에서 달리는지 알고 싶다면 살고 있는 집 주변의 마라톤 동호회에 가입해서 정보를 얻는 것이 가장 빠르고 정확한 방법이다. 찾아보면 주위에 달릴 만한 곳은 얼마든지 있다. 선수들의 경우에도 동하계 훈련을 위한 훈련장소를 선정할 때 좋은 기후도 중요하지만 여러 가지 훈련을 모두 할 수 있는 시설이나 다양한 코스가 잘 조성되어 있는 곳을 선택한다. 장소에 따라 달리는 느낌은 다 다르기 때문에 컨디션에 따라 장소를 바꿔가면서 훈련하는 것도 좋다. 바쁘다는 이유로 늘 같은 장소에서만 달리면 쉽게 지루해지고 훈련도 재미없어진다. 진짜 마니아들은 우리나라 각 지역, 각 지방을 다니면서 좋은 곳을 찾아서 달리기도 한다. 해외 대회까지 원정을 가는 사람도 굉장히 많다. 그렇게까지 할 수는 없더라도 훈련장소에 변화를 주면서 달리다 보면 기분도 좋아지고 분위기도 새로워져 더욱 즐겁게 달릴 수 있을 것이다.

포장 도로

달리기 인구가 늘어나면서 서울을 비롯한 대도시에는 주택가에도 조깅코스가 많이 조성되어 있다. 풀뿌리 마라톤의 메카라고 불리는 한강변이나 올림픽공원, 석촌호수, 일산 호수공원, 상암동 월드컵공원 등지에도 달리기 좋은 코스가 많이 있다. 한적한 동네 도로나 강변 조깅코스는 거리 연습을 할 때 지루하지 않게 달릴 수 있다.

도로를 달리다 보면 경사진 곳도 있는데, 달리기가 어느 정도 익숙해진 사람이라면 어느 정도 경사가 있는 곳에서 강도를 높여 훈련하는 것도 좋다. 하지만 내리막길이나 오르막길은 관절에 무리를 줄 수 있기 때문에 초보자들에게는 적당하지 않다(특히 내리막길에서 빨리 달리는 것은 관절에 큰 부담을 준다).

▲ 포장 도로
가장 쉽게 찾아볼 수 있는 연습장소이다.

▲ 강변 조깅코스
지루하지 않게 거리 연습을 할 수 있다.

운동장과 트랙

근육이나 관절이 아직 단련되지 않은 초보자들은 딱딱한 아스팔트 도로나 콘크리트 도로에서의 훈련이 자칫 위험할 수도 있다. 달리기가 어느 정도 익

▲ 일반 운동장
초보자들은 딱딱한 아스팔트보다 운동장의 흙길이 좋다.

▲ 트랙 운동장
스피드를 높이는 인터벌 훈련은 트랙에서 하는 것이 좋다.

숙해질 때까지는 경사가 없고 평평한 운동장에서 흙길을 밟으며 달리도록 한다. 초보자라면 불규칙한 경사가 있거나 노면이 울퉁불퉁한 도로보다는 학교 운동장의 평평한 흙길이 좋다.

집 근처에 트랙 경기장이 있다면 훈련하기 더욱 좋다. 육상경기가 열리는 경기장의 트랙은 충격을 흡수하는 우레탄 재질로 되어 있는데, 특히 요즘은 우레탄 트랙 운동장이 많아지고 있는 추세여서 이용가능한 곳도 많다. 집 근처에 트랙 운동장이 있다면 반드시 그곳에서 훈련해 보자. 특히 스피드를 높이는 인터벌 훈련을 할 때는 트랙이 좋다. 오차가 없는 거리이므로 가장 정확하게 데이터를 뽑고, 단계별 훈련성과도 제대로 판단할 수 있다. 필자는 보통 마라톤 스쿨을 열 때 가급적 트랙에서 연습을 시킨다. 평탄하고 고른 지면이라는 장점도 있지만, 우레탄 트랙이 충격을 흡수해 주기 때문에 초보자도 안전하게 달릴 수 있다.

해변과 크로스컨트리

중급자 이상이라면 모래사장에서 달리는 것도 근력을 강화시키는 데에 좋다. 아마 처음에는 굉장히 힘들게 느껴질 것이다. 선수들도 해변 모래사장에서 속도훈련을 하는데, 모래 위를 달리는 것은 평소 운동장이나 도로에서 달릴 때보다 세 배 이상 힘이 들기 때문에 평소에 달렸던 거리의 1/3만 달려도 운동량은 더 많고 하체의 근력도 크게 강화된다.

크로스컨트리는 오르막길과 내리막길, 잔디 등이 모두 혼합된 코스로 다양한 노면과 경사를 연습할 수 있다. 부상당하지 않도록 조심하기만 하면 산길을 달리는 것도 무척 좋은 훈련이다(하지만 산길의 내리막길은 관절에 부담도 크고 위험하므로 주의해야 한다. 특히 체중이 무거운 사람들은 더욱 조심해야 한다). 이때는 여러 가지 주법을 이용해서 전신의 다양한 근육을 골고루 발달시킬 수 있도록 훈련하는 것이 좋다.

크로스컨트리는 오르막과 내리막의 경사가 다양하기 때문에 올라갈 때는 근

▲ 모래사장
모래 위를 달리면 평소 운동장 훈련의 세 배 이상 훈련할 수 있다.

▲ 크로스컨트리
다양한 경사와 노면을 경험할 수 있어서 근력훈련과 스피드 훈련을 동시에 할 수 있다.

력이, 내려갈 때는 변화주를 응용한 스피드 훈련이 가능하다. 필자가 선수시절 가장 많은 시간을 보냈던 훈련장소가 바로 산, 크로스컨트리 코스였다. 지금도 선수들에게 크로스컨트리 훈련을 많이 권하는데, 일반인 중에서도 어느 정도 수준이 높은 사람들, 서브스리에 들어가는 수준이거나 근력·관절·인대 등 몸의 모든 기능이 달리기에 익숙한 사람들에게 좋은 훈련이 될 것이다. 일반 도로에서 달릴 때 사용하는 근육은 거의 비슷한데 반해서 크로스컨트리는 평소 사용하지 않던 근육들까지 사용하게 되므로 훈련효과가 더욱 크다.

잔디밭

평탄하고 고른 잔디 운동장을 맨발로 달리는 것도 즐겁게 달리기 위한 좋은 방법이다. 선수들은 관절을 강화시키기 위해서 잔디 훈련을 하는데, 고른 잔디와 적절한 경사가 있는 넓은 골프장을 이용해서 훈련을 하곤 한다. 잔디에서 오래 달리면 다리가 뻣뻣해지는 느낌이 들 정도로 종아리와 허벅지 근

▲ 잔디 운동장
근력을 키워 주고 발목을 강하게 만들어 준다.

▲ 잔디에서 언덕 훈련
적절한 경사가 있는 골프장은 언덕 훈련을 하기에 좋다. 경사의 각도에 따라 훈련효과가 다르다.

육에 피로가 많이 쌓이는데, 그만큼 잔디훈련은 하체의 근력을 키워 주고 특히 발목을 강하게 만들어 준다.

초보자라면 울퉁불퉁하고 경사진 공원의 잔디보다는 완만하고 평탄한 축구장 같은 잔디 운동장이 좋다. 고르지 못한 노면에서 달릴 때는 부상 위험이 크기 때문에 조심해야 하지만 축구장 같은 고른 잔디는 초보자들에게 권할 만한 좋은 훈련장소이다.

러닝머신

요즘은 러닝머신이 굉장히 많이 대중화되었다. 헬스클럽의 러닝머신에서 달리는 사람도 많아졌고, 홈쇼핑 채널마다 러닝머신을 판매하는 쇼핑호스트들도 구슬땀을 흘리며 달리기에 여념이 없다. 선뜻 구입하기에는 부담스러운 고가의 운동기구이지만 건강과 다이어트가 전 국민 아니 전 세계인의 초관심사가 되어서 그런지 과거에 비해 러닝머신을 구입하는 가정도 많아지고 있다.

다양한 주변환경을 경험하거나 계절을 느낄 수는 없지만 날씨나 기온의 영향을 받지 않고 꾸준히 연습할 수 있다는 점에서 러닝머신도 좋은 훈련장소이다. 필자 역시 러닝머신을 자주 이용하는 편인데, 한겨울이나 한여름에도 기온이나 날씨에 상관없이 달릴 수 있다는 것이 가장 좋은 점이다. 비 오는 날 비를 맞으며 달리지 않아도 되고, 한겨울에 미끄러운 빙판길에서 넘어져 다칠 위험도 없다(그래서 날씨 탓을 할 수 없게 되므로 운동을 빼먹을 핑계를 최소한 하나는 줄일 수 있다). 게다가 요즘 나오는 러닝머신들은 야외 훈련과 비슷하게 환경을 조성해서 달릴 수도 있다. 경사를 조정해서 언덕훈련을 할 수도 있고 속도를 조절해서 인터벌 훈련이나 템포런 훈련을 하는 것도 가능하다. 계기판을 보며 달리는 페이스를 측정할 수 있고 정확한 거리와 시간도 알 수 있다. 뿐만 아니라 방해물 없이 차분하게 달리기에 집중할 수도 있고, TV를

▲ 러닝머신
날씨의 영향을 받지 않고 꾸준히 연습할 수 있다.

보거나 음악을 들으면서 달리면 지루하지도 않다. 러닝머신에서 달린다고 해서 운동효과가 적은 것도 아니다.

또 한 가지 좋은 점은 거울에 비친 자신의 모습을 보면서 스스로 자세를 교정할 수 있다는 점이다. 하지만 전동식이든 수동식이든 벨트가 돌아가므로 위에 올라섰을 때 넘어지지 않도록 조심해야 하고 주변에 어린 아이가 있다면 안전사고에 특히 유의하도록 한다. 러닝머신에서 달릴 때도 야외에서와 마찬가지로 워밍업 스트레칭과 쿨링다운 스트레칭을 정확한 동작으로 꼼꼼히 해 주어야 한다. 갑자기 빠른 속도로 달리면 다칠 위험이 있으므로 처음에는 걷기부터 시작하다가 천천히 속도를 높인다.

날씨와 기온, 계절에 따라 다르다

추운 겨울, 특히 새벽에 달릴 때에는 주의할 점이 많다. 기온이 5도 이하이고 비나 눈이 오거나 바람이 불 때, 평소 운동을 별로 하지 않았던 초보자라면 더욱 준비운동에 신경 써야 한다. 워밍업이 제대로 되지 않은 상태에서 갑자기 찬바람을 맞게 되면 심장마비나 심근경색과 같은 끔찍한 일이 벌어질 수도 있고 손과 얼굴, 귀, 코와 같은 말단부위에 동상이 걸릴 수도 있다.

의욕만 앞세워서 무리하게 달리지 말고 워밍업 스트레칭을 충분히 한 후 찬바람으로부터 근육을 보호할 수 있는 가볍고 따뜻한 옷을 잘 챙겨 입고 달려야 한다. 보통 겨울철에는 얇은 옷을 여러 겹 입는 것이 보온에 효과적인

데, 달릴 때도 마찬가지이다. 특히 달리는 도중 땀을 많이 흘리면 체온이 급격하게 떨어질 수 있으므로 안쪽에는 땀을 잘 배출하는 소재로 된 옷을 입고 그 위에 보온성이 좋은 옷을 입어 준다. 면 종류보다는 울이나 폴리프로필렌, 폴리에스텔과 같은 합성섬유가 좋다. 바깥에는 바람을 막을 수 있는 윈드브레이커나 트레이닝복을 입는다. 특히 눈이 올 때는 눈이 녹아서 옷에 흡수되면 굉장히 추워지므로 장갑이나 마스크 모자를 반드시 착용하고 양말도 두꺼운 것을 신어야만 동상을 예방할 수 있다(특히 머리와 손 부위는 체온이 가장 많이 손실되는 부위이다). 달리다 보면 빙판길도 많으므로 신발의 바닥이 너무 닳지 않았는지 잘 살펴보아야 한다. 또한 신발을 너무 꽉 조이면 동상에 걸릴 위험이 커지므로 운동화 끈은 약간 느슨하게 묶는다. 달리는 거리보다 달리는 시간에 초점을 두고 느린 페이스로 천천히 출발하는 것이 좋다.

여름철에 달릴 때 가장 주의해야 할 것은 바로 시원한 옷차림과 수분섭취이다. 짧은 팬츠와 통풍이 잘 되는 셔츠는 필수이고 머리와 얼굴을 햇빛으로부터 보호해 주는 챙이 있는 모자나 선글라스도 착용하는 것이 좋다. 피부가 햇볕에 과도하게 노출되지 않도록 주의하며 자외선 차단제를 발라서 피부를 보호한다. 가만히 있어도 땀이 줄줄 흐르는데 소위 땀복이라고 부르는 통기성 없는 소재의 트레이닝복을 입고 더 많은 땀을 뽑아내겠다(?)는 발상은 굉장히 위험한 생각이다. 체온이 과도하게 올라가면 뇌에 치명적인 손상을 주어 목숨까지 잃을 수 있다.

날씨가 더울 때는 근육에서 생긴 열을 빨리 피부 밖으로 배출해야 하기 때문에 근육이 더욱 피로해진다. 몸속의 열을 피부로 실어 나르려고 피부로 가는 혈액량이 증가하게 되는데, 그러다 보면 심박수도 함께 증가하게 된다. 피부를 식히기 위해 피부로 가는 혈액의 양이 증가하다 보면 근육으로 가는 혈액이 감소하게 되고, 그만큼 운동능력도 떨어질 수밖에 없다. 평상시 훈련보다 페이스를 줄이고 거리도 적절하게 조절해서 무리하게 달리지 않도록 주의한다. 뜨거운 한낮을 피하고 가급적 아침 일찍 혹은 선선한 저녁 시간에 달리도록 한다.

나는 어떤 단계의 주자일까?

이 책에서 필자가 제안하는 훈련법은 3부와 4부에 걸쳐 5km와 10km, 하프코스와 풀코스 마라톤 4가지로 나누어져 있다. 한 가지 당부하고 싶은 것은 여기에 나온 훈련방법과 스케줄이 대한민국 국민 누구에게나 맞는 절대적인 것은 아니라는 점이다. 다만 가장 바람직한 훈련 프로그램의 모델을 제시한 것이므로, 우선은 자신의 상태를 냉정하게 평가하고 면밀히 체크한 후에 자신에게 맞게 적용시켜 보는 것이 바람직하다.

5km 단계는 처음 입문하는 사람을 위한 훈련이다. 일반인이 참가하는 마라톤 대회에서 가장 짧은 코스가 5km 건강달리기이며, 특별히 아픈 곳이 없는 사람이라면 사실 별다른 연습 없이도 완주할 수 있는 거리이다. 달리다가 힘들면 걷고, 걷다가 다시 기운내서 달리고 하는 식으로 가다 보면 대체로 늦어도 1시간 이내에 완주할 수 있다. 선수들의 경우 보통 5km를 15분 정도에 들어오는데, 세계최고기록을 세운 케냐의 폴 터갓 *Paul Tergat* 선수의 페이스를 분석해 보면, 그는 5km를 14분 49초대에 들어올 수 있는 속도로 꾸준하게 42.195km를 달렸던 셈이다. 일반인은 선수들의 기록의 2배 정도인 30분을 목표로 생각할 수 있다. 1km를 6분 정도에 달리는 페이스라고 생각하면 5km를 30분 안에 완주하는 목표가 크게 무리한 것은 아닐 것이다.

훈련을 열심히 해서 5km를 편안하게 30분 안에 들어올 수 있다면 10km 단계로 올라갈 수 있다. 10km 훈련은 5km에서 지구력을 좀더 키우고 거리를 늘리는 것이다. 하지만 10km 훈련부터는 자신에게 맞는 적당한 페이스를 꾸준히 유지하는 훈련도 함께 해야 한다. 10km를 처음부터 끝까지 고른 페이스를 유지하며 잘 달릴 수 있다면 풀코스까지 바라볼 수 있게 된다.

10km를 1시간 이내에 들어올 수 있는 실력이 되었다면 하프코스 단계로 올라간다. 하프코스부터는 진정한 마라톤이라고 부를 수 있을 만큼 고통스럽고 어려운 도전인데, 이제부터는 단순히 완주만을 목표로 하는 것이 아니라 인터벌 훈련으로 기록을 향상시키는 훈련을 병행한다.

하프코스를 2시간 이내에 들어온다면 풀코스에 도전해도 된다. 풀코스 마라톤에 도전하는 사람은 서브스리 같은 기록에 연연하기보다는 42.195km를 끝까지 걷지 않고 달렸다는 것, 완주 자체에 긍지와 자부심을 가지는 것이 바람직하다. 너무 자주 풀코스 마라톤 대회에 나가서 몸을 혹사시키거나, 과도한 훈련에 매달리는 것은 좋지 않다.

즐겁게 달리기 위한 조언

처음부터 필자가 계속 강조하고 있는 것은 즐거운 달리기이다. 즐겁지 않으면 몰입할 수 없다. 흠뻑 빠지지 않으면 꾸준히 연습할 수도 없고 당연히 실력 향상도 더딜 수밖에 없다. 그렇다면 어떻게 해야 즐겁게 달릴 수 있을까?

좋은 사람과 함께 달려라

싫은 사람과 함께 있으면 아무리 좋은 곳에서 재미있는 것을 보고 맛있는 것을 먹는다 하더라도 소화도 안 되고 마음도 불편하지만, 좋아하는 사람과 있을 때는 무엇을 해도 즐겁다. 달리기도 마찬가지이다. 가족이나 친구, 애인, 이웃사람도 좋다. 달리기의 즐거움을 모르는 사람이라면 더더욱 달리기의 세계로 전도(!)해야 할 것이다. 주변에 함께 달릴 사람이 없다면 동호회에 가입해서 동호인들과 달리는 것도 좋은 방법이다. 바야흐로 동호회 전성시대, 함께 달리면서 친해지기도 하고 유용한 정보도 나눌 수 있을 것이다.

좋아하는 사람과 함께 달리면 평소에 하지 못했던 이야기를 할 수도 있고 함께 땀 흘리면서 더욱 깊고 끈끈한 정을 나눌 수 있다. 비록 아마추어이지만 서로에게 코치 역할도 해 주면서 목표도 점검해 주고 자세나 훈련방법의 문제점도 지적해 줄 수 있다.

에너지를 모두 써버리지 말라

늦깎이 마라톤 선수가 될 생각이 아니라면 언제나 머릿속에 '즐겁게 달린다' 는 생각을 담고 달리자. 페이스를 꾸준히 유지하면서 자신이 가진 최대 운동능력의 60~70% 정도만 사용하는 범위 내에서 편안하게 달려야 한다. 몸이 가지고 있는 에너지를 모두 다 써버리면 신체적으로, 뿐만 아니라 심리적으로도 지치게 되고 자칫 부상으로 이어질 수도 있다. 그러다 보면 부상과 과훈련이라는 악순환이 습관으로 자리 잡을 수도 있다.

오늘만 날이 아니다! 내일도 모레도 즐겁게 달리기 위해서는 적당히 절제할 줄을 알아야 한다. 에너지를 다 써버리기 전에 달리기를 멈추자. 하다 보면 절제라는 것이 쉬운 것은 아니지만 매일 즐겁게 달리기 위해서는 반드시 필요한 사항이다(오히려 달리기를 오래 한 사람들일수록 '절제' 라는 것이 어렵다는 것을 실감할 것이다). 조금 더 달릴 수 있는 상태에서 멈추자. 그러면 내일은 더욱 즐겁게 달릴 수 있다.

좋은 장소에서 폼 나게 달리자

초보자라도 매일 같은 운동장에서 똑같은 코스만 달리면 지루할 수밖에 없다. 강변이나 쾌적한 공원으로 나가 보자. 집 근처에 달리기 좋은 한적한 도로를 물색해 보는 것도 기분전환에 좋을 것이다. 아스팔트길이나 콘크리트길 같은 딱딱한 노면에서 달릴 때는 충분히 스트레칭을 해서 몸을 풀어 주고 쿠션이 좋은 신발을 신는 것도 잊지 말아야 한다.

그리고 이왕이면 좀더 멋있는 차림으로 밖에 나가자. '스포츠는 폼'이다 (여기서 '폼'은 경기나 시합에서의 올바른 자세를 뜻하는 말로 해석할 수도 있다). 멋진 장비를 갖추면 그만큼 운동이 즐거워질 수 있다는 이야기이다. 일단 멋지게 입고 나가면 사람들의 시선이 집중되므로 달리는 자세에도 더욱 신경 쓰게 되고 아마 기분도 좋아질 것이다. 멋진 차림은 운동에 대한 동기를 부여하는 데 결코 무시할 수 없는 요소이다(하지만 주위사람들의 눈살을 찌푸리게 한다거나 도시미관을 해칠(?) 만큼 튀는 복장은 곤란하겠다).

PART 3

5km와 10km 도전, 초보 러너 준비 땅!

초보자를 위한 황영조식 훈련 프로그램 1~7단계

- 누구든지 시작할 수 있다
- 시작하는 사람들이 꼭 알아야 할 것들
- 훈련의 키포인트는 휴식
- 이상적인 훈련의 정답, 4훈 3휴
- 기초체력 훈련은 이렇게
- 초보 러너 준비 땅! 5km 도전 황영조식 훈련 프로그램 1~4단계
- 달리기의 재미가 느껴진다! 10km 도전 황영조식 훈련 프로그램 5~7단계
- 7단계를 마쳤다면

누구든지 시작할 수 있다

　걸을 수 있는 사람이라면 누구나 결승선을 밟을 수 있다. 5km 혹은 10km를 걸어서 가든 달려서 가든 일단 어떻게든 가기만 하면 되니까 말이다. 하지만 완주完走라는 것은 말 그대로 끝까지 누구의 도움도 없이 완전하게 '달려서' 가는 것이다. 마라톤의 경기규칙은 '코스를 이탈해서는 안 된다'와 '반드시 자력으로 완주해야 한다'라는 것 두 가지이다. 걷고 싶고 주저앉고 싶고 길에 누워 버리고 싶은 유혹을 모두 이겨내는 것, 끝까지 포기하지 않고 자기 힘으로 달리는 것을 의미한다. 자신에게 맞는 적당한 페이스로 끝까지 안전하게 달리는 것, 그것이 바로 우리가 목표로 삼아야 할 좋은 레이스이자 바람직한 완주라고 할 수 있다(인생길도 그렇게 달려가야 할 것이다).

　페이스에 대해서는 앞에서도 말했지만 자신에게 맞는 페이스를 유지할 수 있으면 누구나 끝까지 '달려서' 결승선을 통과할 수 있다. 초보자 훈련의 주안점은 좋은 자세가 몸에 배도록 하는 것과 페이스를 유지하는 능력을 키우는 것이다. 물론 기초체력을 착실히 쌓는 것도 동시에 이루어야 할 과제이다.

　일반인의 경우 일단 체력이나 근력, 유연성이 선수들과는 다르므로 훈련 프로그램도 선수들과는 다르다. 게다가 달리는 것이 직업은 아니므로 직장생활과 일상생활에 지장을 주지 않는 범위 내에서 부담 없이 즐길 수 있는 훈련을 해야 평생 즐겁게 달릴 수 있다. 체력과 컨디션에 맞춰 즐기면서 달리면 된다. 달리는 것이 직업이 아니라는 사실이 얼마나 큰 축복인지 일반인들은 아마 잘 모를 것이다(뿐만 아니라 달릴 수 있는 건강한 몸을 가졌다는 사실만으로도 얼마나 기쁘고 행복한 일인가).

아무리 바쁜 사람이라 해도 하루에 1시간의 여유를 만드는 것이 어렵다고 엄살 부릴 수는 없을 것이다. 보는 것도 아니고 안 보는 것도 아닌 채로 TV를 켜 놓고 멍하게 보내는 시간이나 목적도 없이 웹서핑을 하면서 버리는 시간처

황 영 조 의 마 라 톤 토 크 Talk

_ 근육은 용도에 따라 생김새가 다르다

최고의 스피드로 장시간 지치지 않고 달릴 수 있다면 더할 나위 없이 좋겠지만, 하느님은 공평하서서 스피드가 빠른 사람은 지구력이 부족하고 지구력이 뛰어난 사람은 스피드가 떨어진다(스피드와 지구력을 모두 갖춘 '달리기 기계'가 있다면 아마 사람이 아닐 것이다). 그래서 지구력이 강점인 사람은 장거리 선수가 되고 스피드가 강점인 사람은 단거리 선수가 된다.

단거리용 근육은 굵고, 장거리용 근육은 길쭉한 모양이다. 순간적인 파워는 굵은 근육에서 나오는데, 단거리 선수들의 경우 굵고 짧은 동글동글한 근육으로 한 번에 큰 힘을 쓴다. 하지만 그런 파워를 오래 유지할 수는 없기 때문에 장거리 달리기에는 부적합하다. 반면 가늘고 긴 근육을 가진 장거리 선수들은 지구력, 즉 계속해서 꾸준히 가는 능력이 탁월하다. 마라톤 선수들의 외모가 가늘고 긴 것도 바로 이런 장거리용(?) 근육이 발달했기 때문이다. 달리기는 씨름처럼 무게를 버티는 근력이 아니라 탄력이 필요한 근력을 만드는 운동이라서 골격이 단단해질 뿐만 아니라 관절의 유연성도 키울 수 있다.

럼 일상을 가만히 돌아보면 이렇게 저렇게 버려지는 시간이 꽤 많다. 아무리 생각해도 너무나 '바쁘고 비싼' 사람이라 낮이나 저녁에는 1시간도 시간여유가 없다면 아침에 1시간 일찍 일어나면 된다. 이른 아침 1시간 달리기로 갑갑한 삶에 숨통이 탁 트이는 경험을 할 수 있을 것이다. 처음 시작하는 사람은 시간이 없다, 날씨가 춥다, 달릴 곳이 마땅치 않다 등등 핑곗거리 찾기에 바쁘지만, 달리기의 즐거움을 조금만 맛보면 이야기가 달라진다. 1시간이라도 여유가 생기면 운동화를 신고 냉큼 달리러 나갈 궁리만 하게 되니 말이다. 한번 빠지면 쉽게 벗어날 수 없는 것이 바로 달리기의 세계이다.

이런 달리기의 장점들을 모두 자기 것으로 만들려면 달리기를 삶의 한 부분으로 만들어야 한다. 밥을 먹고 잠을 자는 것처럼 달리기도 엄연히 지켜야 할 일상생활의 한 부분으로 생각해야 한다는 것이다. 하고 싶을 때는 하고 하기 싫을 때는 하지 않는 것이 아니라, 눈뜨자마자 화장실에 가는 것처럼 노력하지 않아도 무의식적으로 운동시간이 되면 운동화 끈을 묶고 달려 나가도록 만들어야 한다.

달리기를 하기 위해서는 세 가지 용기가 필요하다고 하는데, 첫번째는 일상에서 주로에 나설 수 있는 용기이고 두번째는 주로에서 끝까지 포기하지 않고 달려서 완주할 수 있는 용기, 그리고 마지막은 다시 일상으로 돌아갈 수 있는 용기가 그것이다. 우리의 목표는 달리기를 통해서 일상생활을 더욱 즐겁고 활기차게 만드는 것이다. 달리기로 더욱 탄탄하고 재미있는 인생을 꾸려가기 위한 활력과 에너지를 자가발전하는 것이다. 앞에서도 누누이 강조했지만 몸을 쓰고 에너지를 소모하는 달리기가 아니라 몸을 건강하게 만들고 에너지와 힘을 빵빵하게 충전하는 자가발전 운동이 되어야 한다.

시작하는 사람들이 꼭 알아야 할 것들

기록을 단축시키기보다 거리를 늘려라

달리는 것이 어느 정도 몸에 익숙해질 때까지는 '기록단축'보다 '거리 늘리기'에 신경을 써야 한다. 시간을 정해 놓고 그 시간 동안 달리는 것을 시간 주라고 하는데, 일단 거리를 채워야 한다는 부담이 줄어들기 때문에 처음 달리기를 시작하는 사람에게 알맞다. 힘이 들면 속도를 줄여서 천천히 달리면 되니까 꾸준히 계속하는 데에도 부담이 적다.

5km나 10km를 목표로 훈련하는 초보자들의 경우, 기록단축을 목표로 속도훈련을 하기에는 무리가 있다. 끝까지 쉬지 않고 달릴 수 있도록 지구력을 키우는 거리훈련이 먼저 이루어져야 한다. 처음에는 기대만큼 오래 그리고 먼 곳까지 달릴 수 없겠지만 절대 조급해 하거나 실망하지 말자. 지구력은 달리는 거리에 비례해서 향상되는 것이기 때문에 초보자는 훈련의 주안점을 달리는 속도가 아니라 달리는 시간 혹은 거리에 두어야 한다. 대개 운동을 시작한 지 6~8주가 지나면 몸이 반응을 보이기 시작하는데, 체력이 향상되는 느낌과 함께 체중도 서서히 줄어들고 몸이 한결 탄탄해지면서 지구력과 근력이 향상되어 달릴 때도 좋은 컨디션을 유지하면서 더욱 가볍게 달릴 수 있을 것이다.

처음부터 무리하게 너무 멀리까지 달릴 필요는 없다. 편안한 속도로 30~60분 정도 중간에 멈추지 않고 달릴 수 있을 때까지만 달리면 된다. 주간 훈련계획을 세울 때는 전 주 훈련량의 5~10%를 넘지 않는 범위 내에서 시간을 늘리는 것이 바람직하다. 지난주까지 15분밖에 못 달리던 사람이 이번 주부터 50분씩 달리겠다고 하면 안 된다는 말이다. 세상만사 과욕이 패망의 선봉이듯, 욕심은 부상의 지름길이라는 사실을 잊지 말자. 다치지 않고 안전하게 달리려면 여유 있는 마음자세와 절제력이 필수다. 절제력을 기를 수 있다는 점이야말로 달리기 훈련이 가진 최대의 미덕이 아닐까?

좋은 자세를 몸에 익혀라

초보자들이 특히 유의해야 할 것은 처음부터 좋은 자세가 몸에 배도록 연습해야 한다는 것이다. 차근차근 훈련을 반복하면서 무릎과 발목 관절을 강하게 단련하고, 기초체력을 키우면서 다리를 비롯한 폐와 심장의 근육까지 튼튼하게 만들어가는 시기라고 보면 된다. 심폐기능이 좋아지고 올바른 자세가 몸에 익숙해지면 달리기에 어느 정도 자신감이 붙을 것이고 그렇게 되면 5km 정도는 금방 잘 달릴 수 있게 된다.

5km나 10km에 도전하는 초보자들은 아직 몸이 만들어지지 않은 상태라서 풀코스 마라톤 준비에 비하면 훈련량도 적고 훈련의 강도도 상당히 낮은 수준이다. 달리기와 친해지고 천천히 체력을 기르는 걸음마 단계이므로 기본기를 다지는 데 집중하자.

걷기와 달리기를 반복하는 1단계에서부터 올바른 자세를 익히는 데에 집중적으로 신경 써야 한다(풀코스를 달리는 사람이라 하더라도 좋은 자세 유지에 항상 신경 써야 한다). 처음 시작하는 사람들은 걷기와 달리기를 반복하는 것만으로도 금세 숨이 차고 땀이 날 것이다. 기초체력이 부족한 사람일수록 그런 현상은 심한데, 이런 사람들은 등산이나 자전거 타기, 수영과 같은 운동을 병행하여 체력을 키우는 것이 좋다. 매일 같은 코스를 돌거나 운동장을 달리는 것이 지루해지면 산이나 강으로 나가서 기분전환도 하고 상체근력과 전신의 균형감각, 유연성을 키워 보자.

비만인은 더욱 주의하라

같은 초보자라 하더라도 체중에 따라 주의사항이 달라진다. 몸이 가벼운 사람들은 달리는 동안 발목과 무릎에 실리는 체중의 부담이 적기 때문에 부상위험도 적다. 그래서 훈련량이 좀 많아도 다시 정상으로 회복되는 속도가 빠르고 실력도 금세 향상되는 것이다. 하지만 체중이 많이 나가는 사람은 근육과 관절에 가해지는 무게의 부담이 훨씬 크기 때문에 같은 양의 훈련을 해도 가벼운 사람에 비해 더욱 심하게 조직이 손상된다. 게다가 나쁜 자세를 고치지도 않고 무리한 훈련까지 강행할 경우 더욱 심각한 부상을 입게 된다. 그래서 비만인 사람은 달리기를 시작할 때 더욱 신중해야 한다.

이미 오래 전부터 우리나라도 사회적으로 비만의 심각성을 깨닫고 비만을 병으로 인식하게 되었지만, 비만은 달리기의 가장 큰 적이다. 이런 경우 달리기부터 시작하는 것보다는 우선 수영이나 워킹으로 체중을 서서히 줄여가면서 근육과 골격을 강화시키고 기초체력을 어느 정도 키우고 나서 본격적인 달리기 훈련을 시작하는 것이 좋다. 달리기 훈련 역시 걷기와 달리기를 적절하게 섞어서 몸에 무리가 가지 않도록 훈련계획을 짜고 조심스럽게 시작해야 한다.

하루걸러 한 번, 1주일에 4회

음식도 조금씩 자주 먹는 것이 좋은 것처럼, 운동도 조금씩 자주 하는 것이 좋다. 한 끼에 1주일 치 밥을 다 먹을 수 없듯이 운동도 1주일 치를 하루에 다 할 수 없다. 그리고 그렇게 하는 운동은 전혀 효과가 없다. 평소 활동량이 많지 않은 직장인이나 학생이라면 1주일에 3일 훈련은 조금 모자라고 5일 훈련은 조금 많으므로 주당 4회 훈련이 가장 적당하다(시간 여유가 많은 사람들의 경우 훈련량을 적절히 조절해서 매일 하거나, 하루의 훈련을 아침저녁으로 나누어서 하는 것도 좋다). 투자한 시간과 노력에 비해 운동효과를 생각해 보면 매일 하는 것 보다는 격일로 운동하는 것이 좋은데, 그것은 바로 회복시간의 차이 때문이다. 하루걸러 운동을 하면 매일 하는 것에 비해 근육 손상을 회복할 시간이 2배인 셈이므로 연습량을 늘려도 충분히 소화해 낼 수 있다. 근육과 관절을 다시 운동할 수 있는 상태로 회복시킬 시간이 있기 때문이다. 따라서 같은 양의 훈련을 매일 한다면 회복시간이 짧다는 것을 감안해서 훈련량을 잘 배분하고 훈련의 강도를 낮춰 몸에 무리가 가지 않도록 해야 한다.

라이프스타일에 맞게 계획 세우자

훈련량을 적절히 배분해서 스케줄을 짜는 것도 중요하지만 현재 몸 상태와 체력 상태를 고려하는 것이 우선이다. 성별, 나이, 몸무게, 병력과 같은 기본적인 사항은 물론이고 직업이 무엇이며, 하루 활동량은 얼마나 되는지, 체력과 라이프스타일은 어떤지 종합적으로 고려해서 스케줄을 짜도록 한다. 강도를 낮추고 훈련량을 줄여서 매일 할 것인가 약간 강도를 높여 이틀에 한 번씩 할 것인가를 정한다. 그런 것이 바로 전문가의 상담과 코칭이 필요한 사항이다. 고된 육체노동을 하는 사람과 평범한 주부의 훈련 스케줄이 같을 수 없고, 날씬한 20대 여대생과 고도비만인 50대 직장인의 훈련이 같을 수 없다. 그래서 개개인의 체력과 운동능력을 진단해 주고 그에 알맞은 적절한 스케줄을 짜 주는 유능한 코치가 필요하다는 것이다. 뿐만 아니라 훈련 스케줄을 짜는 것은 계절, 운동시간, 운동장소, 목표(기록이냐 완주냐)에 따라 천차만별이므로 상황을 정확하게 파악하고 면밀하게 계획을 세우는 것이 중요하다. 날씨, 컨디션, 파트너는 기본이고 신발과 복장에 이르기까지 훈련 프로그램을 짜는 데에는 고려해야 할 변수들이 너무나 다양하다. 마라톤이라는 운동이 얼마나 과학적이고 섬세하며 전문적인 운동지식이 필요한 것인지 알 수 있을

_ 조깅은 웃으면서 달릴 수 있는 스마일 페이스로

조깅은 천천히 달리는 것을 말한다. 그리고 조깅은 함께하는 것이지 경쟁하는 것이 아니다. 아마 조깅시합이나 조깅경기를 한다는 소리는 못 들어 보았을 것이다. 경쟁하거나 승부를 내는 것이 아니므로 긴장을 풀고 즐겁게 달리는 것에 초점을 맞춘다.

조깅을 시작할 때는 빠른 속도로 걷다가 달리기로 자연스럽게 넘어가는 것이 좋다. 조깅은 페이스를 지키는 것이 중요한데 빨리 달릴 수 없어서 느리게 달리는 것이 아니라, 잘 달리는 사람도 조깅을 할 때는 조깅 페이스에 맞춰서 달리는 것이다. 헉헉거리지 않고 옆 사람과 대화를 할 수 있을 정도의 속도가 적당하며 가슴을 펴고 팔은 자연스럽게 흔들어 준다.

조깅을 시작하는 초보자들은 거리주가 아니라 시간주로 훈련을 하는 것이 좋다. 어느 정도 달리기에 익숙해지는 단계에 오르면 목표거리까지 달릴 수 있는 체력과 유연성이 생기겠지만 그전까지는 정해진 시간 동안 컨디션에 맞춰 능력껏 달려야 부상 없이 즐겁게 달릴 수 있기 때문이다. 조깅 시간은 너무 무리하게 늘리기보다는 주당 5~10% 정도씩 늘리는 것이 좋다. 조깅 전후에는 물을 충분히 마시도록 하고 스트레칭도 정확한 동작으로 철저하게 해 준다.

것이다.

필자가 이 책에서 제안하는 훈련 프로그램 역시 모든 사람에게 절대적으로 적합한 것은 아니다(개개인을 위한 상황별 훈련 프로그램은 수백 아니 수천만 가지도 넘을 것이다). 일반적인 훈련 프로그램의 사례이자 모범답안으로 안전한 훈련의 포인트를 잡아 주는 것이 그 목적이라고 할 수 있다.

조심스럽게 단계 올라가기

훈련 프로그램을 작성할 때 고려해야 할 요인은 크게 4가지라고 생각할 수 있다. 하루에 몇 km(혹은 몇 분) 달릴 것인가, 어떤 페이스로 달릴 것인가, 1주일에 몇 회 훈련할 것인가, 전체적인 훈련기간은 어느 정도인가 하는 것이다. 달리는 거리와 강도는 개개인의 운동능력을 고려하여 차근차근 늘려나가는 것이 바람직하고, 훈련 횟수는 최소한 주 3회 이상 해야 운동효과가 있다.

건강하고 혈기왕성한 20대 청년이라면 3단계 훈련부터 시작하고 싶을지도 모르겠다. 하지만 아무리 운동능력이 좋은 사람이라 하더라도 이제까지 규칙적으로 다른 운동을 해 오지 않았다면, 반드시 1단계 훈련부터 차근차근 올라가야 한다. 단계를 올라갈 때는 자신의 상태를 잘 관찰하고 충분히 반복 훈련한 후 올라간다. 그리고 당연한 이야기지만 만만해 보인다고 마음대로 단계를 건너뛰어서도 안 된다. 초보자 훈련의 마지막 단계는 10km와 하프코스를 잇는 중간단계라고 할 수 있는 7단계인데, 7단계의 마지막 훈련인 90분 달리기를 편안하게 할 수 있어야 3부를 졸업하고 하프코스와 풀코스를 준비하는 4부로 넘어갈 수 있다.

초보자 훈련의 주안점은 달리기를 위한 기초체력 쌓기이다. 즉 '몸만들기'에 집중하며 근육과 관절을 튼튼하게 만들어 풀코스까지 달릴 수 있는 '장거리 달리기용' 몸을 만드는 것이다. 처음부터 기초체력을 튼튼히 다져놓지 않으면 달릴 수 있는 거리가 늘어나고 오래 달리게 되더라도 기록을 단축하거나 실력을 향상시킬 수 없다. 그래서 1~7단계 훈련은 달리기라는 구조물의 주춧돌이자 기본바탕이 되는 중요한 훈련이다.

훈련의 키포인트는 휴식

선수시절 사람들이 마라톤 훈련을 몇 시간 정도 하느냐고 물으면 필자는 24시간 훈련한다고 대답했다. 잠자는 시간도 달리기 위한 훈련이고, 쉬는 시간도 달리기 위한 훈련이고, 먹는 시간도 달리기 위한 훈련이었다. 먹는 것도, 잠자는 것도, 쉬는 것도 모두 다 훈련이라고 생각했기 때문에 먹는 것도 철저하게 가려서 먹고 쉬는 것도 철저하게 쉬곤 했다.

하지만 선수가 아닌 아마추어 러너들은 하루 24시간을 선수들처럼 훈련을 위해 보낼 수는 없다. 직장에 가서 일을 해야 하고 가정생활도 해야 하기 때문에 계속해서 체력을 소진시키며 운동을 하거나, 충분히 쉬지 않고 몸을 혹사시켜서는 안 된다. 아무리 운동을 열심히 해도 제대로 쉬지 않으면 체력은

황 영 조 의 마 라 톤 토 크 Talk

_ 오늘 피로는 오늘 푼다!

필자의 경우 운동을 하든 일상생활에서 몸을 움직이든 '오늘 피로는 오늘 푼다!' 라는 좌우명을 가지고 산다. 몸을 아끼는 가장 좋은 방법은 '쓴 만큼은 반드시 쉰다' 는 것이다. 잠을 푹 잔다거나, 사우나를 하거나, 마사지를 받거나, 방법은 여러 가지이다. 운동으로 몸을 썼다면 쓴 만큼 회복에 최선을 다해야 한다. 자신에게 가장 잘 맞는 회복방법을 찾아내고 그 방법으로 최대한 효과적으로 쉬어야만 다음날 다시 즐겁고 집중력 있는 운동을 할 수 있기 때문이다.

마라톤을 하는 사람들은 특히 철분이나 칼슘이 부족한 경우가 많기 때문에 영양제나 비타민 보충제를 먹는 것도 좋다. 몸에 맞는 영양제와 올바른 식습관 역시 휴식을 돕는 중요한 요소이기 때문이다.

떨어지고 몸은 축나게 되는 것이다.

필자가 선수들에게 가장 강조해서 이야기하는 것 역시 휴식이다. 훈련도 중요하지만 언제 어떻게 쉴 것인가에 따라 다음 훈련의 성과가 판가름난다. 쉬어야만 하는 가장 적당한 순간을 놓치지 않고 찾아서 쉬는 것, 적절한 순간 적절하게 쉬는 것이 중요하다. 결국 휴식이 없으면 효과적으로 다음 훈련을 할 수 없으므로, 휴식은 훈련의 키포인트라고 할 수 있다.

휴식에는 운동을 전혀 하지 않고 완전히 쉬는 것과 가벼운 조깅이나 워킹으로 몸을 약간 움직여 주는 것이 있다. 물론 일반인과 선수들은 휴식의 개념도 다를 수밖에 없다. 선수들에게는 강도 높은 훈련을 마친 후 2시간 정도 조깅을 하는 것이 휴식이 될 수 있지만, 보통 사람들에게 2시간 조깅은 휴식이 아니라 강도 높은 훈련이다. 완전휴식이라고 하면 말 그대로 아무것도 하지 않고 쉬는 것으로 숙면을 취한다거나 편안한 자세로 명상을 하는 것과 같은 진정한 휴식을 말한다. 단순히 운동을 하지 않는 것, 쇼핑을 하거나 영화를 보고 친구들을 만나는 일상생활은 완전휴식이라고 할 수 없다.

필자의 경우는 타고난 체력 덕분에 소모된 체력을 굉장히 빨리 회복하는 편이다. 선수시절 남들보다 더 많은 훈련을 할 수 있었던 것도 빠른 회복력 덕분이었다. 그리고 휴식도 훈련의 일부라고 생각하고 꼭 쉬어야 하는 적당한 순간 철저하게 쉬는 것을 중요하게 생각했다. 이렇게 회복력이 강한 사람들은 짧은 휴식만으로도 금세 피로를 풀고 다시 강한 훈련으로 돌아갈 수 있지만 일반인의 경우는 개인차도 크고 각각의 몸 상태나 체력이 모두 다르기 때문에 휴식과 훈련을 조절하는 데 세심하게 주의를 기울여야 한다.

이상적인 훈련의 정답, 4훈 3휴

운동을 습관으로 만들자! 이른 아침이든 늦은 밤이든 운동시간을 정했다면 그 시간에는 무조건 몸을 움직이는 습관을 들여야 한다. 처음에는 힘들겠지만 조금만 익숙해지면 몸이 저절로 운동을 찾게 될 것이다. 정해진 시간에 규칙적으로 몸을 움직이는 것, 그것만 익숙해져도 생활이 바로잡히고 운동효과가 나타난다. 규칙적인 운동은 규칙적인 생활로 연결되고 규칙적인 생활리듬은 건강한 삶으로 이어진다. 길게 보면 인생 전체가 달라지는 것이다.

이 책에서 제안하는 황영조식 훈련 프로그램은 주 4회 훈련을 기본으로 만들어진 주단위 계획이다. 화 · 수 · 금 · 일요일은 훈련, 월 · 목 · 토요일은 휴식을 기본으로 하는 '4훈 3휴'의 원칙은 일반인들에게 가장 이상적인 훈련 스케줄이라고 할 수 있다. 운동의 효과를 얻으려면 실제로 최소한 주 3회 이상의 훈련이 필요한데, 그렇다고 학교나 직장에 다니는 사람이 주 5회 이상, 즉 1주일 내내 훈련을 한다는 것은 현실적으로 쉽지 않다. 그리고 훈련의 효과 면에서나 근육형성의 효율 면에서나 일반인이 주 5회 이상 훈련을 한다는 것은 시간당 효율로 따져 보아도 투자한 시간에 비해 그다지 좋은 성과를 거둘 수 없다. 선수들처럼 기초체력이 월등히 좋은 사람들은 매일 훈련을 해도 소기의 성과를 효과적으로 거둘 수 있지만 아직 체력이 다져지지도 않은 초보 러너에게 그렇게 많은 양의 훈련을 시킨다는 것은 몸에 과중한 부담만 줄 뿐 효과도 크지 않다. 근육을 만드는 데에는 적절한 휴식이 필수인데, 주 5회 훈련을 하는 경우 휴식기간이 줄기 때문이다. 결론적으로 일반인에게 가장 이상적인 훈련횟수는 주 4회 훈련이라고 할 수 있다. 일상생활과 달리기 훈련을 병행하기에 모자라지도 넘치지도 않고, 근육을 키우고 체력을 단련하는 데에도 가장 적절하다.

각 단계의 프로그램 구성을 보면 알 수 있겠지만 주단위 훈련에도 강약의 균형이 있다. 황영조식 훈련 프로그램은 1주일 중 4일이 훈련인데, 훈련을 하는 4일 동안 모두 같은 내용의 훈련을 하는 것은 아니다. 휴식과 훈련으로 전체 스케줄에 강약을 주듯이 주간훈련에도 강약을 적절하게 조절하여 체력단련과 실력향상의 운동효과를 높였다. 뿐만 아니라 운동을 하는 사람도 지루함을 느끼지 않을 것이다. 훈련일인 화·수·금·일요일 중 화요일과 금요일은 강도가 낮은 훈련을 하고 수요일과 일요일은 강도를 조금 높인 훈련을 한다. 화요일과 금요일 훈련은 강도 높은 훈련을 위한 휴식이며, 강한 훈련을 연결시켜 주는 중간 단계의 훈련이라고 생각하면 된다.

시간적으로 여유가 있고 마음의 부담도 적은 일요일에는 각 단계의 훈련 중 가장 강도 높은 훈련을 하게 된다. 일요일 훈련은 그 주의 훈련을 마무리하는 의미도 있지만, 1주일간의 훈련성과를 스스로 측정하는 날이기도 하다. 일요일 달리기를 무리 없이 편안하게 할 수 있다면 다음 단계로 넘어가도 된다.

휴식일에는 달리기 대신 가벼운 산책을 하는데, 이때 산책은 단순히 시간을 때우기 위한 산책이 아니라 전날의 강도 높은 훈련에서 소모한 관절과 근육의 미세한 손상을 회복하고 다음 훈련을 위해 몸의 컨디션을 편안한 상태로 만들어 다음날 더욱 잘 달릴 수 있도록 하는 것이다. 휴식은 훈련의 키포인트, 적당한 운동 후 적당한 순간 휴식을 취하는 일은 훈련 이상으로 중요하다.

기초체력 훈련은 이렇게

기초체력의 중요성은 아무리 강조해도 지나치지 않는다. 달리기는 상체의 근육을 특별히 단련시키는 운동은 아니기 때문에 전체적으로 균형 있는 발달을 위해서는 상체근육과 함께 복근을 단련시키는 훈련이 반드시 필요하다. 특히 풀코스 마라톤의 경우 레이스 후반부에는 팔동작을 통해서 스피드를 내기 때문에 지치지 않고 끝까지 잘 달리려면 상체의 근육이 튼튼해야 한다. 그리고 몸통이 튼튼해야만 몸이 받는 충격을 계속해서 견딜 수 있기 때문에 몸의 중심과 균형을 가장 먼저 잡아 주는 곳인 복근도 단련해야 한다. 실제로 복근이 강해지면 에너지 소모도 줄어들고 달리는 자세도 한결 좋아진다.

서킷 트레이닝 *Circuit Training*이란 여러 종류의 운동을 빠르게 이어서 하면서 다양한 근육을 운동시키는 트레이닝 방법이다. 자신의 체력에 맞게 몇 가지 운동을 정해서 1분씩 혹은 30초씩 이어서 할 수 있도록 프로그램을 짜면 된다. 가령 계단 오르내리기(1분) → 앉았다 일어서기(30초) → 하프스쿼트(덤벨을 양손에 쥐고, 1분) → 팔굽혀펴기(30초) → 윗몸일으키기(30초) → 다리 들어올리기(30초)와 같이 종목과 시간을 정해서 쉬지 않고 이어서 한다.

서킷 트레이닝은 훈련을 하지 않는 날이나 시간이 없어서 짧은 시간 동안 집중적으로 강도 높은 운동을 하고 싶은 날 하는 것이 좋은데 처음 해 보는 사람에게는 무척 힘들게 느껴질 수도 있다. 근육이 적은 여성들의 경우 달리기와 함께 웨이트 트레이닝과 같은 무산소 운동도 병행해서 근육을 만드는 것이 좋은데, 그래서 서킷 트레이닝은 여성들에게 더욱 필요한 운동이다.

팔굽혀펴기, 윗몸일으키기, 오래매달리기, 계단오르내리기, 하프스쿼트 등의 운동을 평소 시간이 날 때마다 틈틈이 해 보자. 헬스클럽에서 하는 웨이트 트레이닝도 이런 기초체력 강화훈련이라고 볼 수 있는데, 부상 없는 안전한 달리기에 더없이 좋은 짝꿍이다. 같은 훈련을 하더라도 기초체력이 좋은 사람은 훈련의 성과가 더욱 좋다. 다음과 같은 몇 가지 간단한 동작을 따라해 보자.

[기초체력 훈련]

▲▶ **윗몸일으키기**
윗몸일으키기는 복근을 강화시켜
준다.

▲▶ **양팔로 땅짚고 걸어가기**
보조자가 뒤에서 다리를 잡아 주면, 양팔로 앞으로 걸
어간다. 상체와 어깨를 강화시킨다.

◀▲ **다리 차 올리기**
똑바로 선 자세에서 양팔을 위로 뻗어 손뼉을 친 다음 아래로 내리면서 한쪽 다리를 힘껏 차 올린다. 양쪽 다리를 번갈아가며 올린다. 전신 운동으로 좋다.

▲ **누워서 다리들기1**
혼자서 할 때는 20도와 60도 정도를 번갈아가며 반복해서 양다리를 들어 올린다. 다리를 내릴 때 발이 지면에 닿지 않도록 주의하고 복근이 당겨지는 느낌이 들어야 한다.

▼◀ **누워서 다리들기2**
다리를 차올리면 보조자는 다리를 잡았다가 살짝 팅기듯이 아래로 밀어 준다. 마찬가지로 다리를 내릴 때 발이 지면에 닿지 않도록 주의한다. 하복근이 강화된다.

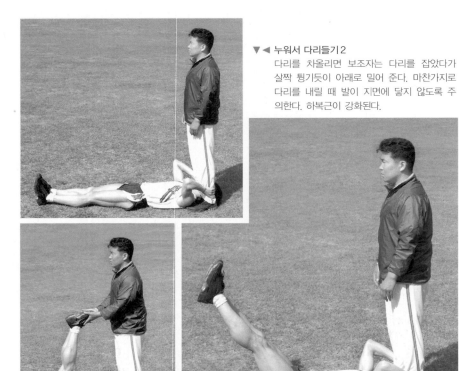

▲ **누워서 다리들기 3** _보조자의 발목을 잡고 누워서 양쪽 번갈아가며 30도 정도 다리를 들어 올린다.

▼▶ **스쿼트**
발뒤꿈치 아래 5~10cm 정도의 물건을 받치고 스쿼트 자세를 한다. 발은 어깨너비로 벌리고 팔은 뒷짐을 진 다음 상체를 낮추며 무릎을 구부린다. 이때 허리는 쭉 편다.

◀▲ 발목강화운동
계단이나 지지대에 발 앞부분으로
딛고 서서 발뒤꿈치를 올렸다 내렸
다 반복한다. 발목을 강화시켜 주는
운동이다.
전신의 근력을 강화시키는 데 좋다.

▼▶ 제자리뛰기
제자리에서 힘껏 뛰어 오른다.

◀ 상체들기
보조자는 발목을 잡고, 팔은 뒷짐을 진 상태에서 가슴과 배, 상체를 위로 올려 뒤로 당긴다. 복근을 키우는 데 좋다.

▲ 다리뻗기 1
두 팔로 상체를 지지하고 다리를 앞뒤로 뻗은 상태에서 양쪽으로 넓게 벌리며 한쪽 다리를 앞으로 뻗는다. 좌우를 반복한다. 유연성을 높이고 하체 근력을 향상시킨다.

◀▲ **다리뻗기 2**
두 팔로 상체를 지지한 상태에서 한쪽
다리를 뒤로 뻗는다. 좌우를 반복한다.

◀▲ **오리걸음**
쪼그려 앉아 오리걸음을 걷는다. 다리
근력을 강화시키는 데 좋다.

◀▼ **팔굽혀펴기**
팔굽혀펴기는 어깨와 팔근육을 강화
시킨다.

◀▲ 물구나무서기

물구나무서기는 달리는 동안 아래로 몰린 혈액을 상체로 순환시켜 준다. 한꺼번에 두 다리를 올리면 다칠 위험이 있으므로, 한 다리 먼저 위로 힘껏 차올린 후 물구나무를 선다. 내려올 때도 마찬가지로 두 다리를 동시에 내리지 말고 한쪽씩 천천히 내린다.

[짝체조]

▶ **마주보고 어깨 누르기**
마주보고 서서 어깨를 잡고 허리를
구부린다. 충분히 스트레칭이 되도
록 서로 어깨를 눌러 준다.

◀ **등 대고 업어 주기**
서로 등을 대고 선다. 양팔은 서로 팔짱을 끼고 한 사람이 상대
편을 업는다. 업는 사람은 근력을 키울 수 있고, 업히는 사람은
스트레칭 효과가 있다.

▶ **옆구리 늘려 주기**
서로 발을 붙이고 나란히 선다. 안쪽
손은 안쪽 손끼리, 바깥쪽 손은 바깥
쪽 손끼리 팔을 위로 뻗어서 잡는다.
바깥쪽 발을 밖으로 넓게 옮기면서,
허리를 구부려 옆구리를 늘려 준다.

초보 러너 준비 땅!
5km 도전 황영조식 훈련 프로그램 1~4단계

 5km 훈련은 달리기를 처음 해 보는 사람을 위한 훈련이다. 자신의 실력을 테스트해 볼 수 있는 단계이기도 하다. 젊은 사람일수록 그리고 몸무게가 가볍고 기초체력이 좋은 사람일수록 쉽게 단계를 올라갈 수 있을 것이다.

 다시 한번 강조하지만 몸이 하는 소리에 예민하게 귀를 기울여야 한다. 힘들다고 느껴지면 절대 무리하지 말자. 적당한 단계를 몇 주 정도 반복해서 하다 보면 그 단계가 편안하게 느껴질 정도로 익숙해질 것이고 충분히 연습했다면 아마 다음 단계로 넘어가도 많이 힘들지 않을 것이다. 통증이 느껴진다거나 일상생활에 지장이 있을 정도로 피곤하다면 무리하게 강행하지 말고 앞 단계로 돌아가서 운동량과 훈련강도를 낮춰야 한다.

 5km를 달리기 위한 초보자 훈련은 '4훈 3휴', 즉 1주일에 4일 훈련을 기본 원칙으로 총 4단계로 구성되어 있다. 1단계 훈련은 40~50대 여성이나 노인, 어린이도 쉽게 할 수 있는 훈련이므로 체중이 좀 많이 나가는 사람도 무리 없이 따라할 수 있다. 5km와 10km의 중간 연결단계인 4단계에서는 중간에 쉬지 않고 60분 정도 달리는데, 그 정도의 훈련이 5km에 도전하는 초보자가 최종적으로 달성해야 할 목표이자 과제라고 할 수 있다.

 다이어트를 위해서 달리기를 시작한 사람들에게는 조금 실망스러운 얘기겠지만, 5km 훈련 정도로는 체중이 쉽게 줄지 않는다. 체력이 서서히 단련되는 단계이므로 '달리기만 하면 살이 빠지겠지'라고 생각한 사람은 조금 실망할 수도 있다(오히려 식욕이 좋아져서 평소보다 많이 먹게 될 것이다). 하지만 10km 단계로 올라가면 이야기가 달라진다. 어느 정도 기초체력도 만들어진 상태이므로 나날이 체력이 좋아지고 있다는 것이 느껴지는 단계이기 때문이다. 5km는 준비운동이라고 생각하자. 조금만 더 달리면 탄탄하고 날씬하고 멋진 몸을 가질 수 있다. 5km에서 충실히 기초체력 훈련을 하고 10km에서 장거리용 몸을 만들면 하프코스 혹은 풀코스를 달리는 날도 멀지 않았다.

사람마다 체력이나 운동능력에 차이가 있으므로 각 단계를 반복하는 횟수는 모두 다르다. 운동능력이 뛰어나서 한두 주 정도만 훈련해도 단계를 끝낼 수 있는 사람이 있는가 하면 그렇지 않고 여러 주를 반복해서 훈련해야 하는 사람도 있다. 하지만 절대 조급하게 생각해서는 안 된다. 빨리 단계를 마치고 다음 단계로 올라가고 싶겠지만, 기본 실력을 키우지 않고 그저 단계만 끝내는 것은 아무런 의미가 없다. 각 단계의 테스트라고 할 수 있는 일요일 훈련을 편안하게 마칠 수 있을 정도로 실력이 향상될 때까지 여러 주 반복해서 훈련하도록 한다.

_ 트랙, 거꾸로 돌아볼까?

트랙에서 육상선수들이 달리는 것을 보면 언제나 반시계방향으로 도는 것을 알 수 있다. 하다못해 동네 초등학교엘 가 보아도 누가 시킨 것도 아닌데, 약속이라도 한 듯이 사람들은 모두 반시계방향으로 운동장을 돌고 있다. 왜 사람들은 모두 반시계방향으로 도는 걸까?

답은 오른발잡이가 많이 때문이다. 오른발잡이는 왼쪽방향으로 돌 때 더 잘 달릴 수 있다(반대의 경우인 왼발잡이들에게는 불리한 것이다). 어느 손을 더 잘 쓰느냐에 따라 오른손잡이나 왼손잡이가 나눠지듯이 다리도 오른발잡이와 왼발잡이로 나눌 수 있는데(축구선수들이 어떤 발로 공을 차는지 유심히 살펴보면 알 수 있을 것이다) 달릴 때도 오른발잡이와 왼발잡이가 차이가 난다. 오른발잡이는 오른쪽다리를 많이 이용하므로 왼쪽다리를 축으로 사용하여 왼발에 체중을 더 많이 싣게 된다. 실제로 두 개의 저울을 나란히 놓고 다리 한쪽씩 밟고 올라서 보면 오른발잡이의 경우 왼쪽다리의 무게가 더 많이 나간다.

오른손잡이는 왼발을 축으로 사용하기 때문에 왼쪽(반시계방향)으로 도는 것이 더 쉬운 것이다. 눈을 가리고 앞으로 걸어 보라고 하면 오른발잡이는 왼쪽으로 기울어져 왼쪽으로 휘어져 가고, 왼발잡이는 그 반대이다. 그래서 왼발잡이들에게는 불리하지만 오른발잡이가 많은 이유로 트랙에서는 반시계방향으로 돌게 된 것이다.

마라톤은 단거리나 중거리 경기처럼 트랙을 돌며 달리는 것이 아니라 앞으로 뻗은 반듯한 도로의 직선 코스를 달려야 하는데, 한쪽 방향, 즉 반시계방향으로만 달리면 계속해서 왼발에 부담을 줄 수밖에 없고 양쪽 다리를 균형 있게 단련시킬 수 없다. 불균형적인 부담으로 인해 부상 위험도 커진다. 그래서 선수들은 인터벌 훈련을 할 때를 제외하고는 보통 때 트랙에서 훈련을 할 때는 시계방향과 반시계방향을 골고루 달린다. 학교 운동장이나 트랙에서 훈련을 한다면 반드시 한쪽 방향으로만 계속 달리지 말고 양쪽을 골고루 나누어 훈련하도록 하자.

훈련
스 케 줄

1
단 계

1단계 훈련은 훈련량과 강도가 가장 낮은 훈련이라서 노약자나 비만 어린이, 체중이 많이 나가는 사람도 무리 없이 시작할 수 있다. 달리기를 시작하기 위한 기초체력 향상을 목표로 하며 워킹을 중심으로 훈련을 시작해 보자.

화요일과 목요일 훈련은 비슷한 구성이지만 걷고 달리는 시간에 변화를 준다. 무리하지 않는 범위 내에서 몸 상태와 컨디션에 맞게 달리는 시간은 응용할 수 있다. 일요일 훈련은 약간 피곤함을 느끼는 정도인데, 비교적 강도 낮은 훈련이지만 땀이 충분히 날 만큼 움직여 주어야 한다. 60분 걷기 사이의 10분간의 휴식은 벤치에 앉아서 완전히 휴식을 취하는 것이다.

훈련 스케줄러   *ㅓ:5분, ＋:10분, ＋ㅓ:15분, ＋＋:20분 …

월	산책 및 휴식								
화	스트레칭 및 체조 10분 ＋	걷기 15분 ＋ㅓ	달리기 5분 ㅓ	걷기 3분	달리기 5분 ㅓ	걷기 3분	달리기 5분 ㅓ	걷기 10분 ＋	체조 및 스트레칭 10분 ＋
수	스트레칭 및 체조 10분 ＋	보통걷기 10분 ＋	빨리걷기 15분 ＋ㅓ		보통걷기 5분 ㅓ	기초체력 훈련 15분 ＋ㅓ			체조 및 스트레칭 10분 ＋
목	스트레칭 및 체조 10분 ＋	걷기 15분 ＋ㅓ	달리기 5분 ㅓ	걷기 2분	달리기 10분 ＋		걷기 5분 ㅓ	달리기 5분 ㅓ	걷기 10분 ＋	체조 및 스트레칭 10분 ＋
금	스트레칭 및 체조 10분 ＋	보통걷기 10분 ＋	빨리걷기 10분 ＋	보통걷기 5분 ㅓ	빨리걷기 10분 ＋	보통걷기 5분 ㅓ	빨리걷기 10분 ＋	보통걷기 5분 ＋
토	산책 및 휴식								
일	스트레칭 및 체조 10분 ＋	보통걷기 20분 ＋＋	빨리걷기 30분 ＋＋＋		보통걷기 10분 ＋

_ 달리기 훈련을 처음 시작하는 1단계에서는 걷기와 달리기를 반복한다. 체력이 다져지지 않은 상태이므로 무리하게 달리기보다는 적절하게 '걷고 달리기'를 조절하는 것이다. 걷기에는 '보통걷기'와 '빨리걷기'가 있는데, 보통걷기는 말 그대로 자신의 평소 걸음속도로 걷는 것이고 빨리걷기는 파워워킹이라고 부르는 워킹이다. 2부 앞에서 설명했듯이 빠른 걸음으로 몸을 많이 움직이면서 씩씩하게 걷는 것이다. 속도는 걷는 속도지만 달릴 때처럼 상체를 곧게 펴고 팔을 힘차게 흔들어야 한다. 달리기를 위한 체력단련 단계이므로 걸을 때도 짧고 빠른 걸음으로 운동효과를 높이는 데 초점을 맞춘다. 걷기에서 올바른 자세를 몸에 익혀두면 달릴 때도 바른 자세가 나온다. 신발은 반드시 발에 잘 맞고 쿠션기능이 보강된 조깅화를 신어야 하며 워밍업 스트레칭과 쿨링다운 스트레칭을 철저하게 해야 한다.

총 운동 소요시간 = 66분

총 운동 소요시간 = 65분

총 운동 소요시간 = 72분

총 운동 소요시간 = 65분

휴식(완전휴식)
10분
+

총 운동 소요시간 = 80분

훈련
스 케 줄

2
단 계

1단계가 기초체력을 키우고 걷기에 익숙해지는 단계라면 2단계는 달리기를 시작하기 위해 지면에서 발을 떼는 단계이다. 초보자의 경우 중간에 쉬지 않고 30분간 달리면 관절과 근육에 큰 부담이 된다. 하지만 2단계를 훈련처럼 10분 달리고 5분 걷고 다시 10분 달리는 식으로 걷기와 달리기를 번갈아 하면, 달리는 동안 손상된 관절과 근육이 걷는 동안 회복되기 때문에 부상 없이 달릴 수 있다. 목요일 훈련은 화요일에 비해 달리기 사이의 걷는 시간이 조금 줄어 회복시간이 짧아졌다. 이는 곧 훈련강도가 높아진 것이라고 볼 수 있다.

훈련 스케줄러

*┤:5분, ┼:10분, ┝┤:15분, ┼┼:20분 …

월	산책 및 휴식								
화	스트레칭 및 체조 10분 ┼	걷기 10분 ┼	달리기 10분 ┼	걷기 5분 ┤	달리기 10분 ┼	걷기 5분 ┤	달리기 10분 ┼	걷기 5분 ┤	체조 및 스트레칭 10분 ┼
수	산책 및 휴식								
목	스트레칭 및 체조 10분 ┼	걷기 10분 ┼	달리기 10분 ┼	걷기 3분 ┘	달리기 10분 ┼	걷기 3분 ┘	달리기 10분 ┼	걷기 5분 ┤	체조 및 스트레칭 10분 ┼
금	산책 및 휴식								
토	스트레칭 및 체조 10분 ┼	걷기 10분 ┼	달리기 10분 ┼	걷기 5분 ┤	달리기 10분 ┼	걷기 5분 ┤	달리기 10분 ┼	걷기 5분 ┤	체조 및 스트레칭 10분 ┼
일	스트레칭 및 체조 10분 ┼	걷기 10분 ┼	달리기 15분 ┝┤	걷기 5분 ┤	달리기 10분 ┼	걷기 5분 ┤	달리기 15분 ┝┤		

일요일 훈련을 편안하게 할 수 있으면 40~50분 정도 걷고 달릴 수 있게 되므로 걷기와 달리기를 반복하면서 50~60분 정도에 5km를 완주할 수는 있다.

황 영 조 의   마 라 톤   토 크 Talk

_ 이 프로그램은 시간주로 훈련하는 것을 기본으로 하는데, 일반적으로 초보자는 거리주보다 시간주로 연습하는 것이 좋다. 즉, 목표거리까지 가야 한다는 강박관념 없이 속도가 좀 늦더라도 정해진 시간만 달리면 된다. 목표시간만 지키면 되니까 심적인 부담은 줄어드는 대신 목표를 달성했다는 성취감과 자신감은 커질 것이다. 게다가 일반인의 경우 거리를 정확히 측정할 수 있는 훈련장소(400m 트랙이 있는 운동장이나, 거리가 표시되어 있는 강변의 조깅코스)가 없는 경우가 대부분이므로 시간주로 연습하는 것이 훨씬 쉽게 연습을 할 수 있는 현실적인 방법이다(손목시계만 있으면 된다).

총 운동 소요시간 = 75분

총 운동 소요시간 = 71분

총 운동 소요시간 = 75분

걷기 5분 + 체조 및 스트레칭 10분 +

총 운동 소요시간 = 85분

<table>
<tr><td>훈 련
스 케 줄
3
단 계</td></tr>
</table>

황영조식 훈련 프로그램의 기본은, 훈련량도 많고 훈련강도도 높은 일요일 훈련을 위해서 토요일과 월요일은 반드시 휴식을 취하는 것이다. 토요일은 일요일 훈련 시 최상의 컨디션을 유지하기 위해 쉬는 것이고, 월요일은 지친 몸을 회복하고 원래의 상태로 되돌리기 위한 것이다. 다시 강조하지만 휴식은 훈련의 기본이다. 3단계부터는 같은 5km를 달리더라도 걷기와 달리기를 반복하며 겨우 완주하는 것이 아니라 끝까지 '달려서' 가는 것을 목표로 하는 연습이다. 3단계를 충분히 반복 연습하면 5km를 40분 정도에 완주할 수 있게 된다. 그리고 나면 달리기에 어느 정도 자신감도 생기고 체력도 많이 향상될

훈련 스케줄러 * ┤:5분, ┼:10분, ┼┤:15분, ┼┼:20분 …

월	산책 및 휴식							
화	스트레칭 및 체조 10분 ┼	걷기 5분 ┤	달리기 15분 ┼┤		걷기 5분 ┤	달리기 15분 ┼┤	걷기 5분 ┤	체조 및 스트레칭 10분 ┼
수	스트레칭 및 체조 10분 ┼	보통걷기 10분 ┼	달리기 20분 ┼┼		걷기 5분 ┤	달리기 10분 ┼	걷기 5분 ┤	체조 및 스트레칭 10분 ┼
목	산책 및 휴식							
금	스트레칭 및 체조 10분 ┼	걷기 5분 ┤	달리기 20분 ┼┼		걷기 5분 ┤	달리기 20분 ┼┼	걷기 5분 ┤	체조 및 스트레칭 10분 ┼
토	산책 및 휴식							
일	스트레칭 및 체조 10분 ┼	걷기 5분 ┤	달리기 20분 ┼┼		걷기 10분 ┼	달리기 20분 ┼┼		걷기 10분 ┼

것이다. 일요일 훈련, 즉 20분 달리기를 3번 하는 것이 어렵지 않게 느껴질 만
큼 훈련했다면 4단계로 넘어가 보자.

황 영 조 의 마 라 톤 토 크 Talk

_ **착지할 때** 발목과 무릎을 비롯한 하체에 주는 충격을 줄이려면 보폭을 좁게 유지하면서 종종걸음을 하듯이 달리는 것이 좋다. 앞에서 설명했듯이 보폭이 좁은 피치 주법은 장거리 달리기에 적당하고, 성큼성큼 달리는 스트라이드 주법은 단거리 달리기에 적당하다. 특히 내리막길에서는 보폭을 짧게 유지하며 피치 주법으로 달려야 부상을 피할 수 있다.

어깨는 늘 정면을 향하도록 하며 몸통이 앞뒤로 휘청거리거나 좌우로 흔들리지 않도록 주의한다. 최대한 안정적인 자세를 유지하며 몸이 지면과 수직이 되도록 반듯하게 서는 것이 좋고, 몸의 균형을 잘 잡아야 착지가 부드럽고 가벼워진다. 상체는 5도 정도 앞으로 기울이는 것이 좋다.

총 운동 소요시간 = 65분

총 운동 소요시간 = 70분

총 운동 소요시간 = 75분

달리기		걷기	체조 및
20분		5분	스트레칭 10분
++		┤	+

총 운동 소요시간 = 110분

훈 련
스 케 줄

4
단 계

5km에 도전하는 초보자 훈련은 한 번에 60분 이상 달리지 않는다. 4단계의 훈련을 충실히 반복하면 5km도 잘 달릴 수 있고 달리기의 재미도 알 수 있을 것이다. 4단계의 목표는 걷기와 달리기를 반복하며 5km를 겨우 들어오는 것이 아니라 헉헉거리지 않고 자신만의 페이스를 지키며 여유 있게 결승선까지 달려가는 것이다. 4단계는 5km와 10km 사이를 잇는 중간 단계의 훈련이라고 생각하면 된다.

훈련 스케줄러 * ┤ : 5분, ┼ : 10분, ┼┼ : 15분, ┼┼ : 20분 …

월	산책 및 휴식					
화	스트레칭 및 체조 10분 ┼	걷기 5분 ┤	달리기 40분 ┼┼┼┼		걷기 5분 ┤	체조 및 스트레칭 10분 ┼
수	스트레칭 및 체조 10분 ┼	걷기 5분 ┤	달리기 40분 ┼┼┼┼			걷기 5분 ┤
목	산책 및 휴식					
금	스트레칭 및 체조 10분 ┼	걷기 5분 ┤	달리기 50분 ┼┼┼┼┼			걷기 5분 ┤
토	산책 및 휴식					
일	스트레칭 및 체조 10분 ┼	걷기 5분 ┤	달리기 50분 ┼┼┼┼┼			걷기 5분 ┤

황 영 조 의 마 라 톤 토 크 Talk

_ 1~4단계는 한 단계 한 단계가 마라톤 기초공사이기 때문에 기본기를 단단하게 다져두는 것이 중요하다. 1, 2단계는 한두 주 정도 훈련해 보면 쉽게 끝낼 수도 있겠지만, 3, 4단계 훈련은 여러 주 반복하며 기본체력을 확실하게 다져 놓아야 한다. 특히 5km 훈련과 10km 훈련의 중간 단계인 4단계처럼 중간에 쉬지 않고 50분씩 달린다는 것은 초보자에게 그렇게 만만한 일이 아니다. 일요일 훈련, 즉 50분 정도 달리는 것이 가뿐하게 느껴질 정도로 기초체력이 좋아질 때까지 여러 주 훈련하도록 하자.

총 운동 소요시간 = 70분

체조 및
스트레칭 10분
+

총 운동 소요시간 = 70분

체조 및
스트레칭 10분
+

총 운동 소요시간 = 80분

체조 및
스트레칭 10분
+

총 운동 소요시간 = 80분

달리기의 재미가 느껴진다!
10km 도전 황영조식 훈련 프로그램 5~7단계

10km 코스는 달리기의 즐거움에 서서히 빠지는 사람들을 위한 것이다. 이제 초보자 티를 막 벗고 본격적으로 달리기 시작한 사람들이라면 5km는 조금 부족한 듯하고 하프코스는 좀 부담스럽게 느껴지게 되는데, 그런 사람들이 부담 없이 도전할 수 있는 적당한 거리가 바로 10km 단축마라톤이다. 그래서 우리나라뿐만 아니라 전 세계적으로 10km 단축마라톤 대회에 가장 많은 사람들이 참가하고 있다(미국의 경우도 가장 인기 있는 대회는 10km 대회와 10마일 대회이다). 10km는 5km처럼 금방 끝나버리는 것도 아니고 풀코스 마라톤처럼 장시간 고통스러운 것도 아니라는 점이 매력이다. 풀코스나 하프코스 마라톤처럼 오랜 시간 힘들게 준비하지 않아도 가벼운 마음으로 출전할 수 있으며, 달리고 난 후에도 풀코스처럼 극심한 피로가 남거나 몸에 손상을 주는 것이 아니라서, 빨리 회복하고 정상 생활로 돌아갈 수 있다. 필자 역시 일반인들에게 가장 많이 권하고 있는 종목이 10km이다. 누구나 쉽게 도전할 수 있고 후유증 없이 달리기의 재미를 만끽할 수 있기 때문이다.

그렇다고 해서 10km 단축마라톤을 너무 만만하게 보거나 초보자가 아무 연습 없이 무작정 도전할 수 있는 거리라고 생각해서는 안 된다. 무턱대고 도전한 사람은 같은 10km를 달리더라도 헉헉거리며 힘들게 겨우 달릴 것이고, 체계적인 훈련과정을 성실하게 밟아 온 사람은 주위의 아름다운 풍경도 여유롭게 즐기면서 앞에 가는 사람을 추월하는 재미도 느낄 수 있을 것이다. 마찬가지로 평소에 훈련을 충실히 한 사람들은 대회를 마치고 나서 일상으로 돌아가는 데에도 전혀 문제가 없을 만큼 빠르게 회복할 수 있다.

10km 훈련은 5~7단계까지 3단계로 구성되어 있고 이제부터는 기록을 단

축하는 속도훈련인 인터벌 훈련이 시작된다. 10km와 5km의 중간단계였던 4단계 훈련까지 오면서 어느 정도 기초체력이 향상되고 지구력도 생겼다면 5단계 훈련부터는 속도를 향상시키는 인터벌 훈련과 함께 자신의 페이스를 컨트롤할 수 있는 능력을 키우게 될 것이다.

10km에 도전하는 5~7단계 훈련의 포인트는 수요일 인터벌 훈련과 일요일 시간주이다. 이제까지의 훈련 스케줄을 보면 알 수 있겠지만 화 · 수 · 금 · 일요일 4번의 훈련 중에서도 일요일 훈련은 레이스와 직결되는 가장 중요한 훈련이었다. 5단계부터는 수요일에 인터벌 훈련을 시작하는데, 일요일이 기본훈련이라면 수요일은 기술향상을 위한 특별훈련이다. 나머지 이틀, 즉 화요일과 금요일 훈련은 이 두 가지 훈련을 이어 주는 중간 다리라고 보면 된다.

네 번의 훈련 모두 각각 중요한 의미를 가지고 있으며 각각 유기적인 관계로 적절하게 융합된 형태이다. 즉 수요일 인터벌 훈련의 효과를 제대로 보려면 화요일에 강도가 낮은 훈련을 해 주어야만 하고, 금요일 훈련 없이 토요일 휴식상태에서 일요일 강도 높은 시간주로 넘어가면 훈련도 힘들어지고 부상을 입기도 쉽다. 강도 높은 훈련인 수요일과 일요일 훈련뿐만 아니라 화요일과 금요일 훈련도 그 나름의 의미와 역할이 있으므로 이들을 대충대충 한다거나 빼먹어서는 절대 안 된다. 강도 높은 훈련의 앞뒤 날은 충분히 쉬어야 하기 때문에 목요일과 월요일에는 휴식을 취하는 것이다. 황영조식 훈련 프로그램은 훈련강도와 빈도의 균형을 정교하게 엮어 만든 프로그램으로, 가장 이상적인 구조로 운동과 휴식의 조화를 최적화시켰다. 그러므로 어느 것 하나도 소홀히 해서는 안 된다.

기어가든 걸어가든 오로지 10km 완주만이 목표라면 5단계에서도 가능하다. 하지만 하프코스에 도전하기 위해서는 7단계까지 꾸준히 연습해서 10km를 1시간 안에 들어와야 한다.

훈련
스케줄

5
단계

10km 훈련의 첫 단계인 5단계 훈련부터는 1주일에 1번 인터벌 훈련이 시작된다. 5단계에서는 인터벌 훈련 중에서도 가장 강도가 낮은 200m 인터벌 훈련을 시작하는데, 200m 인터벌 훈련이란 200m는 빠른 속도로 달리고 100m는 걷는 것이다. 그리고 쉬지 말고 다시 조깅속도로 천천히 100m를 달리는 것이다. 이렇게 200m 달리기+100m 걷기+100m 조깅을 1회라고 하고 그것을 5회 반복하는 것이다. 집 근처에 학교 운동장이나 400m 트랙이 있다면 좋겠지만 트랙이 없으면 대략 400m 정도의 거리를 정한 후 그 구간에서 연습한다. 만약 인터벌 훈련을 할 수 없다면 대체 훈련으로 화요일 훈련과 같이 5분

훈련 스케줄러				
*┤:5분, ┼:10분, ┼┤:15분, ┼┼:20분 …				
월 산책 및 휴식				
화 스트레칭 및 체조 10분 ┼	걷기 5분 ┤	달리기 40분 ┼┼┼┼		체조 및 스트레칭 10분 ┼
수 스트레칭 및 체조 10분 ┼	걷기 5분 ┤	워밍업 조깅 30분 ┼┼┼	인터벌 훈련 (200m 달리기+100m 걷기+100m 회복조깅) 5회	
목 산책 및 휴식				
금 스트레칭 및 체조 10분 ┼	걷기 5분 ┤	달리기 50분 ┼┼┼┼┼		체조 및 스트레칭 10분 ┼
토 산책 및 휴식				
일 스트레칭 및 체조 10분 ┼	걷기 5분 ┤	달리기 70분 ┼┼┼┼┼┼┼		

간 걸은 후 40분 달리기를 한다. 인터벌 훈련을 대신 기초체력훈련을 충실히 한다. 5단계의 마무리이자 테스트라고 할 수 있는 일요일 훈련은 가장 강도가 높은 70분 달리기이다. 그 정도면 10km 레이스에 도전해도 될 만한 연습량이다(대개 선수들은 70분 정도 달리면 20km를 달릴 수 있다).

황 영 조 의   마 라 톤   토 크 Talk

_ 어느 정도 달리기가 몸에 익숙해졌다고 해서 워밍업 스트레칭을 빼먹거나 워밍업 조깅을 건너뛰면 절대 안 된다. 인터벌 훈련은 이제까지와는 달리 강도가 높은 훈련이기 때문에 스트레칭을 충분히 해야 하며, 훈련에 앞서 30분 정도 워밍업 조깅도 반드시 해 주어야 한다. 근육을 완전히 덥힌 후 실시해야 부상이 없다. 관절과 근육에 충격을 많이 주는 훈련이기 때문에 훈련 후 마무리 조깅과 쿨링다운 스트레칭도 반드시 잊지 말고 해야 하며 다음날 충분히 휴식을 취해야 한다. 특히 몸무게가 많이 나가는 사람은 훨씬 더 주의를 많이 기울여야 한다.

총 운동 소요시간 = 65분

조깅 10분 +   체조 및 스트레칭 10분 +

총 운동 소요시간 = 65분 + 인터벌 훈련 대체 훈련 = 40분 달리기(화요일과 같음)

총 운동 소요시간 = 75분

체조 및 스트레칭 10분 +

총 운동 소요시간 = 95분

훈련
스케줄

6
단계

6단계에는 인터벌 훈련의 거리를 늘려 300m 인터벌 훈련을 시작한다. 300m 인터벌 훈련은 300m 달리기+100m 회복조 깅을 5번 반복하는 것이다. 200m 인터벌 훈련과 달라진 점이 있다면 100m 걷기가 빠진 셈이다. 기초체력이 부족한 사람은 아무리 인터벌 훈련을 열심히 해도 효과가 없다. 그래서 선수 들도 훈련 중간중간 기초체력 훈련을 부지런히 한다. 3장에 나온 기초체력 훈 련을 잘 따라해 보자. 평소 엘리베이터 대신 계단을 이용한다거나, 틈 날 때마 다 하프스쿼트 연습으로 허벅지의 근력을 키우는 것도 좋은 방법이다. 인터벌 훈련을 할 수 없다면 50분 달리기로 대체한다. 일요일 훈련을 편안하게 할 수

	훈련 스케줄러 * ┤:5분, ＋:10분, ＋┤:15분, ＋＋:20분 …			
월	산책 및 휴식			
화	스트레칭 및 체조 10분 ＋	걷기 5분 ┤	달리기 50분 ＋＋＋＋＋	
수	스트레칭 및 체조 10분 ＋	조깅 (천천히) 30분 ＋＋＋		300m 인터벌 훈련 (300m 달리기+100m 회복조깅) 5회
목	산책 및 휴식			
금	스트레칭 및 체조 10분 ＋	걷기 5분 ┤	달리기 60분 ＋＋＋＋＋＋	
토	산책 및 휴식			
일	스트레칭 및 체조 10분 ＋	걷기 5분 ┤	달리기 80분 ＋＋＋＋＋＋＋＋	

있다면 10km를 70~80분 정도에 달려서 완주할 수 있다. 6단계 훈련을 마치면 10km를 1시간 이내에 들어오는 목표와도 점점 가까워질 것이다.

_ 10km 훈련내용을 살펴보면 5단계 200m, 6단계 300m, 7단계 600m 인터벌 훈련이 들어간다. 사실 이 정도면 그렇게 강도 높은 인터벌 훈련이라고 볼 수는 없다. 물론 개인차가 있으므로 힘들게 느껴지는 사람도 있고 쉽게 느껴지는 사람도 있을 것이다. 보통 10km 대회를 준비하는 고등학교 선수들의 경우, 5,000~7,000m 지속주를 하면서 동시에 1,000m 인터벌 훈련도 병행한다. 기록단축을 위해서 1주일에 3~4회씩 강한 인터벌 훈련을 하는 것이다. 하지만 선수가 아닌 일반인의 경우는 1주일에 한 번만 인터벌 훈련을 해도 속도향상에 큰 도움이 될 것이다.

체조 및 스트레칭 10분 +		총 운동 소요시간 = 75분
조깅 10분 +	체조 및 스트레칭 10분 +	총 운동 소요시간 = 60분 + 인터벌 훈련 대체 훈련 = 50분 달리기(화요일과 같음)

체조 및 스트레칭 10분 +	총 운동 소요시간 = 85분

체조 및 스트레칭 10분 +	총 운동 소요시간 = 105분

| 훈 련
스 케 줄
7
단 계 |
|---|

7단계 훈련은 10km 단축마라톤과 하프코스 마라톤의 중간을 이어 주는 훈련이다. 7단계에서는 600m 달리기+200m 회복 조깅을 5회 반복하는 인터벌 훈련을 시작한다. 7단계 인터벌 훈련의 대체 훈련은 화요일과 같은 50분 달리기이다. 더불어 기초체력훈련에 집중하도록 한다.

일요일 훈련은 90분 달리기인데, 사실 일반인이 중간에 쉬지 않고 90분을 달린다는 것은 결코 쉬운 일은 아니지만, 무리하게 빨리 달리려고 하기보다는 에어로빅 조깅 수준으로 자신의 체력에 맞게 천천히 편안하게 달리는 것에 집중한다. 일요일 훈련은 시간도 많이 걸리고 훈련량도 많으므로 늘 달리던 곳

훈련 스케줄러 * ┤:5분, ┼:10분, ┼┤:15분, ┼┼:20분 …

월	산책 및 휴식				
화	스트레칭 및
체조 10분
┼	걷기
5분
┤	달리기
50분
┼┼┼┼┼		
수	스트레칭 및
체조 10분
┼	워밍업 조깅
30분
┼┼┼	600m 인터벌 훈련
(600m 달리기+200m 회복조깅+10분 조깅)
5회		체조 및
스트레칭 10분
┼
목	산책 및 휴식				
금	스트레칭 및
체조 10분
┼	걷기
5분
┤	달리기
60분
┼┼┼┼┼┼		
토	산책 및 휴식				
일	스트레칭 및
체조 10분
┼	걷기
5분
┤	달리기
90분
┼┼┼┼┼┼┼┼┼		

이나 좁은 학교 운동장에서 하기보다는 한강 고수부지와 같은 강변 혹은 하천변의 조깅코스, 넓은 공원과 같은 달리기 좋은 장소로 이동해서 나가서 달리는 것도 좋겠다. 장소가 달라지면 기분도 새로워지고 힘든 훈련도 즐겁게 할 수 있을 것이다. 이때 익숙하지 않은 딱딱한 도로에서 장시간 달리면 관절에 무리가 될 수 있으므로 쿠션이 좋은 신발을 신는 것도 잊지 말자. 한 가지 더, 비슷한 수준의 친구나 동료와 함께 달리면 더욱 재미있고 시간도 빨리 갈 것이다. 훈련이 없는 월, 목, 토요일에는 틈날 때마다 기초체력훈련을 하는 것이 좋다. 하지만 일요일은 훈련량이 많으므로 훈련 전후, 즉 토요일과 월요일은 적극적으로 충분히 휴식을 취하도록 하자.

체조 및
스트레칭 10분
+

총 운동 소요시간 = 75분

총 운동 소요시간 = 50분 + 인터벌 훈련
대체 훈련 = 50분 달리기(화요일과 같음)

체조 및
스트레칭 10분
+

총 운동 소요시간 = 85분

체조 및
스트레칭 10분
+

총 운동 소요시간 = 115분

7단계를 마쳤다면

　여기까지 훈련을 차근차근 해 왔다면 점차 훈련량과 달리는 거리가 늘어나면서 체력이 좋아지는 것을 느낄 수 있을 것이다. 이 책에서 제시하는 훈련은 한 가지 사례에 불과하기 때문에 모든 사람에게 절대적으로 맞는다고 볼 수는 없지만, 자신만의 프로그램을 만들 때 참고할 만한 사례로 이용하면 좋을 것이다. 단, 훈련 프로그램을 짤 때는 반드시 달리기 경험이 많은 경험자들에게 조언을 구하는 것이 좋고, 장소 · 시간 · 계절 · 신발에 이르기까지 다양한 요소들을 철저하게 분석하고 면밀히 고려해서 계획하도록 한다. 주자의 체력과 신체적 특성, 달리는 장소와 시간, 계절에 따라 다양한 훈련 프로그램이 만들어질 수 있다.

　하지만 아무리 프로그램이 과학적이고 훌륭하더라도 선수의 열정이 없으면 아무 소용없다. 마지못해 억지로 하지 말고 열정을 가지고 달리기를 자기 것으로 만들면 성취감은 더욱 커질 것이다. 각각의 단계를 올라가는 훈련의 목표는 그저 달리는 거리를 늘리고 기록을 단축하는 게 다가 아니다. 훈련단계가 올라가고 실력이 향상되면 건강한 몸과 평온한 마음을 가지게 될 것이고 더 나아가 인생까지 달라지는 것을 느낄 것이다. 달리기 훈련의 목표는 단순히 레이스를 완주하고 기록을 단축하는 것이 아니라 인생 전체가 업그레이드되는 느낌, 단계가 올라가고 실력이 향상되는 성취감과 기쁨을 느끼는 것이다.

　7단계 훈련을 충실히 마쳐 달리기를 자기 것으로 만들었다면, 진정한 마라톤의 세계라고 할 수 있는 하프코스와 풀코스에 도전해 보자. 4부에서 시작되는 8~14단계 훈련은 5km와 10km를 달려온 초보러너들을 진정한 인생의 승리자로 만들어 줄 것이다. 하지만 초보자이든 숙련자이든 기본자세의 중요함을 잊어서는 안 된다. 뿌리가 튼튼한 나무가 바람에 쓰러지지 않듯이 훈련

_ 인터벌 훈련, 지구력에 스피드의 날개를

인터벌 훈련은 빠른 달리기와 느린 조깅을 번갈아 가며 반복하는 것이다. 4단계까지 달리는 시간을 늘려 지구력을 키웠다면(지구력은 달리는 거리와 시간에 비례해서 향상된다) 5단계부터는 그 지구력에 스피드를 붙여주는 훈련을 해야 할 차례이다.

그것이 바로 인터벌 훈련이다. 인터벌 훈련 없이 오랫동안 달리는 연습만 계속하면 꾸준히 오래 달리는 것은 잘 할 수 있지만 속도를 내는 것은 힘들기 때문에 기량은 더 이상 향상되지 않는다. 오랫동안 달리기를 했던 사람이라 하더라도 인터벌 훈련을 하지 않으면, 기록단축 없이 달릴 수 있는 거리만 늘어나고 결과적으로 LSD만 가능하게 되는 것이다.

인터벌 훈련은 속도훈련이므로 궁극적인 목표는 기록단축이다. 이제까지 했던 거리훈련과는 달리 강도가 높은 훈련으로 부상위험이 크기 때문에 더더욱 주의해야 한다. 기초체력이 부족한 사람이나 고도 비만환자는 하면 안 된다. 빠른 달리기와 느린 조깅을 반복하며 강하게 훈련하는 동안 몸의 약한 부분이 계속 공격당하게 되어 부상위험이 더욱 커지기 때문이다.

10km 훈련이 시작되는 5단계는 달리기가 무엇인지도 알게 되고 몸도 서서히 만들어지는 단계이다. 그래서 5단계부터 가장 낮은 인터벌 훈련인 200m 인터벌 훈련을 시작하는 것이다(초보자는 근육부상의 위험이 있기 때문에 100m 인터벌 훈련은 잘 하지 않는다).

훈련의 강도는 심박수가 어느 정도 올라가는가를 측정해 보고 체크하는 게 좋다. 빠르게 달리는 구간에서는 심박수가 올라가고 이어서 걷거나 조깅으로 속도를 낮추는 구간에서는 심박수가 다시 떨어지게 되는데, 자신의 평소 페이스로 달렸을 때 심박수가 140이라면 그 심박수의 ±20 정도, 즉 빠르게 달릴 때는 160, 느리게 달리며 회복조깅을 할 때는 120 정도가 되는 것이 좋다. 이렇게 심박수를 올렸다 낮췄다 반복하면 심폐지구력이 향상된다.

인터벌 훈련을 시작하면 달리기가 더욱 재미있어질 것이다. 이제까지 지루하게 거리만 늘려 훈련해 왔던 것에서 수준이 한 단계 올라가기 때문이다. 끝까지 달려서 결승선을 밟는 것을 목표로 연습했다면, 인터벌 훈련을 시작한 이후로는 기록에도 신경을 쓰기 시작할 것이다. 이제부터는 진정한 러너라고 할 수 있다. 인터벌 훈련에 웨이트 트레이닝이나 등산, 수영, 자전거타기와 같은 크로스 트레이닝으로 체력까지 보강한다면 달리기에 날개라도 달린 듯이 실력이 부쩍 향상될 것이다.

도 기본이 충실하지 않으면 쉽게 한계에 부딪힌다. 기본적인 훈련을 소홀히 한 사람은 일정한 단계까지는 그럭저럭 쉽게 올라갈 수 있을지 모르지만 어느 단계를 넘어서면 정체에 빠져 실력이 잘 늘지 않는다. 냉정하게 판단해서 스스로 기본훈련이 부족하다고 생각되면 성급하게 하프코스나 풀코스 마라톤으로 넘어가지 말자. 젖 먹던 힘까지 온몸의 에너지를 탕진하고 부상까지 감내하면서 겨우겨우 완주하는 것은 별로 의미가 없지 않은가. 완주라는 목표를 허겁지겁 쫓아가기보다는 '달리기'를 내 것으로 만들어 여유롭게 즐기는 것, 그것이 바로 즐거운 달리기의 목표이다. 이제 7단계까지 무사히 마쳤다면 어느새 달리기에 자신감이 붙으면서 '나도 이제 러너다!'라는 생각이 들 것이다. 자, 이제 마라톤의 바다에 풍덩 빠져 보자.

PART 4

하프코스와 풀코스 도전,
내 안의 영웅을 만나다

중급자와 고급자를 위한 황영조식 훈련 프로그램 8~14단계

인생의 가장 빛나는 순간

5km 훈련으로 달리기에 알맞은 몸을 만들고 체력을 단련했다면 10km 훈련에서는 자신에게 가장 잘 맞는 페이스 감각도 찾고 그 감각을 어느 정도 몸에 익혔을 것이다. 그렇다면 이제 진정한 마라톤의 세계로 진입할 단계이다. 보통 10km를 뛰고 나면 자연스럽게 하프코스와 풀코스 마라톤에 욕심이 생기게 마련이다. 풀코스에 도전하기 위해서는 10km를 처음부터 꾸준히 같은 페이스를 유지하며 끝까지 기분 좋게 달릴 수 있어야 한다. 10km 레이스에서 페이스 분배와 페이스의 조절을 충분히 연습한 후 하프코스와 풀코스 마라톤에 도전해 보자.

'가장 중요한 것은 안전하고 즐거운 마라톤' 이라는 사실을 언제나 잊지 말아야 한다. 선수들처럼 기록이나 경쟁을 위한 것이 아니라 스스로의 자신감을 키우고 성취감을 느끼는 것, 함께 달리는 사람들과 화합을 통해 우정을 쌓는 것이 목적이 되어야 한다. 간혹 아마추어 러너들이 달리기 중독에 빠져 선수들보다 더 많은 양의 훈련을 하면서 몸을 혹사시키는 경우가 있는데 이는 무척 위험하고 무모한 일이다.

하프코스를 넘어 풀코스 마라톤을 준비하는 사람들을 보면 대개 무릎과 발목 통증을 달고 산다. 한마디로 '달리는 종합병원'이 되는 것이다. 특히 기록 단축을 지상목표로 삼고 과도하게 훈련하거나, 지나치게 승부에 집착하는 사람들은 스스로 몸에 문제가 있다는 것을 알면서도 연습을 멈추지 못한다. 어릴 적부터 체계적인 훈련으로 유연성과 근력이 단련된 선수도 아니면서 선수들의 트레이닝을 흉내 내거나 잘못된 방법인지도 모르고 무리하게 연습하는 것이 문제이다.

과연 무엇을 위해 달리는가 진지하게 생각해 보자. 목표도 중요하지만 목표달성에 대한 성취감을 느끼는 것을 넘어서서 과도하게 기록에 집착하는 것이 도대체 무슨 의미가 있는가를 생각해 보자. 달린다는 것, 달리겠다는 마음, 완주의 기쁨, 그것만으로도 충분하지 않을까? 즐겁게 달리는 것에 집중하며 욕심 부리지 않고 훈련을 하면 오히려 더욱 안전하게, 부상도 스트레스도 없이 기량이 향상될 것이다.

러너스 하이를 경험하자

러너스 하이Runner's High 때문에 달리기를 그만두지 못한다는 사람이 많다. 출발 후 20~30분 정도 달리다 보면 몸이 풀리는 느낌과 함께 땀이 조금 나면서 팔과 다리의 움직임을 의식하지 않는, 그렇다고 힘이 빠진 것도 아닌 상태가 된다. 머릿속이 하얗게 비고 달리는 본능만 남은 채 기분 좋은 흥분 상태가 유지되는데 이것이 바로 러너스 하이이다. 사실 달리기 자체가 아직 익숙하지 않은 초보자들은 러너스 하이를 경험하기 힘들지만, 어느 정도 거리는 크게 힘들이지 않고 달려갈 수 있는 수준이 되면 경험할 수 있다.

달리는 동안 우리 몸의 모든 기관과 세포에는 신선한 산소가 더욱 원활하게 공급되는데, 그 상태가 어느 정도 지속되면 머릿속에서 베타 엔도르핀이라는 것이 나온다. 이것이 바로 주자에게 행복한 기분을 느끼게 해 주는 생체 호르몬이다.

러너스 하이의 순간에는 의식적으로 페이스를 올리지 않아도 몸이 살짝 뜨는 느낌과 함께 자기도 모르게 페이스가 올라간다. 이때 페이스 조절을 적절히 할 수 있다면 러너스 하이를 오래 지속시킬 수 있다. 처음부터 자기 실력을 고려하지도 않고 앞사람 쫓아가기에만 급급한 초보 주자라면 쉽게 러너스 하이를 느낄 수 없을 것이다. 게다가 러너스 하이를 잠시 느꼈다 하더라도 아직은 자기 몸에 맞는 페이스를 꾸준히 유지하고 컨트롤할 수 없기 때문에 러너스 하이를 지속시키기는커녕 자신의 페이스를 주체하지 못하고 올라가는 페이스에 따라가다가 한계를 넘는 극심한 체력 소모로 말 그대로 펑크 난 타이어처럼 길에 퍼져 버릴 수도 있다.

페이스 컨트롤이 키포인트다

앞에서도 페이스에 관한 이야기를 했지만, 페이스만 잘 조절하면 처음 달려 보는 사람이라도 5km 정도는 쉽게 달릴 수 있다. 유능한 코치가 주자의 몸 상태를 정확하게 판단하고 적절한 페이스를 맞춰 주면 더 먼 거리도 가능하다. 걸을 수 있는 사람이라면 모두 다 달릴 수 있게 만드는 게 노련한 코치이다. 그리고 그 노련함의 비밀은 바로 페이스 컨트롤이다. 부상 없이 오래 안전하게 달릴 수 있는 키포인트는 페이스 조절이라고 할 수 있다.

페이스는 말 그대로 달리는 속도, 경주에서 레이스 전체에 어떻게 힘을 배분하는가를 말하는 것이다. 자동차의 예를 들어 보자. 800cc 경승용차와

4,500cc 대형승용차가 200km/h의 똑같은 속도로 달린다. 어떻게 될까? 경차는 아마 엔진에 과부하가 걸려서 얼마 못 가 고장이 나거나 문제가 생길 것이고, 대형승용차는 비교적 오래 무리 없이 지속적으로 갈 수 있을 것이다. 대형승용차는 빠른 페이스를 유지할 수 있는 능력이 있기 때문이다.

달릴 때 주자도 마찬가지이다. 체력의 뒷받침이 없는 상태에서 자신이 감당할 수 없는 페이스로 달리면 체력 소모가 너무 커져서 쉽게 지쳐 버린다. 경차가 오버페이스로 대형차를 따라가는 것과 마찬가지로 잘못하면 큰 부상으로 연결될 수도 있다.

앞에서 나온 러너스 하이의 순간을 길게 유지하기 위한 비결 역시 페이스 조절이다. 달리다 보면 어느 순간 자기도 모르게 페이스가 올라가게 되는데, 이때 올라가는 페이스를 그냥 따라가지 말고 자신의 페이스대로 계속 유지해야만 지치지 않고 계속해서 달릴 수 있다. 즉 적절한 순간에 적절한 수준으로 페이스를 조절하는 것이다. 기분이 좋다고 해서 자기도 모르게 페이스를 올린 상태로 달리다 보면 체력 안배가 안 되기 때문에 금세 지치고 페이스가 떨어진다. 체력도 좋고 경험도 많아 실력이 뛰어난 주자들은 그 상황에서도 자신의 페이스를 잘 조절할 수 있기 때문에 러너스 하이를 스스로 조절하면서 오래 끌고 갈 수 있다.

선수들의 경우 페이스 조절에 더욱 예민하고 조심스럽다. 400m 트랙을 도는 훈련을 한다면 한 바퀴를 도는 시간을 1초만 앞당겨도 문제가 생긴다. 1바퀴 돌 때 1초만 더 빠르게 달려도 오버페이스가 되어 바로 다음번에 트랙을 돌 때는 2~3초가 늦어지기 때문에 선수들이 가장 경계해야 할 것도 바로 오버페이스이다. 특히 경기에서 오버페이스 하는 선수들은 초반에는 앞서 나갈 수 있을지 몰라도 백이면 백 경기를 망칠 수밖에 없다. 초반에 무리하게 1~2초 당기려고 했다가 후반에서 5~6초 이상 늦어지기 때문이다.

　고등학교 시절, 필자가 출전하는 경기에서는 2등이 1등이라고들 이야기하곤 했었다. 고등학생들의 장거리 경기는 10km 경기인데, 당시 필자는 거의 모든 경기에서 우승을 하곤 했다(당시 기록은 29분 31초대였다). 그런 필자와 함께 레이스에서 경쟁했던 선수들은 쟁쟁한 실력을 가진 선수들도 많았지만 필자를 이겨보려고 무리하게 오버페이스 하다가 5, 6위 밖으로 밀려나는 경우가 비일비재했다. 그래서 오히려 선두를 의식하지 않고, 자기 페이스를 꾸준히 유지하면서 끝까지 실력을 발휘하는 2등 선수가 대단한 것이라고 얘기했던 것이다. 이처럼 경기에서 오버페이스는 무척 위험하다. 처음부터 옆에서 달리는 주자와 경쟁하다가 오버페이스 하게 되면 실력을 제대로 발휘하기 전에 지쳐서 나가떨어지게 된다. 연습과는 달리 경기에서는 회복할 시간이 없다. 회복하는 동안 경쟁자는 자기 페이스를 꾸준히 지키며 이미 저만치 앞서 달려 나가고 있기 때문이다. 그래서 경기 중 초반에 오버페이스를 했다면 그 순간 경기는 끝이라고 판단해도 될 정도이다.

　출발하자마자 앞서 나가는 선수는 별로 좋은 선수가 아니다. 경기 초반에는 나보다 앞에 달리는 사람이 많고, 후반에는 뒤에 달리는 사람이 많은 것이 좋다. 세계적인 선수들은 경기 종반까지 자신의 페이스를 시종일관 고르게 잘 유지한다. 즉 레이스 전체를 처음부터 끝까지 고른 페이스로 끌고 가는 것이 좋은 레이스이며, 이렇게 페이스 조절만 잘 해도 어려운 코스를 쉽게 완주할 수 있다. 좋은 페이스의 비밀은 바로 자신에게 가장 잘 맞는 페이스를 찾고 그 페이스를 꾸준히 유지할 수 있도록 훈련하는 것이다. 물론 그러기 위해서는 지치지 않고 달릴 수 있는 강인한 체력은 기본이고, 서두르지 않는 정신자세도 중요하다. 결국 승패를 결정하는 것은 신중한 자제력이다.

고통은 참되 통증은 참지 마라

강의를 하거나 마라톤 이야기를 할 때 필자가 가장 처음 꺼내는 이야기는 '마라톤은 죽음에서 비롯된 운동이다' 라는 것이다. 승전보를 전하러 40km를 달려간 아테네 병사 피디피데스는 '우리가 승리했다' 는 한마디를 남기고 숨을 거두었다. 마라톤의 기원에 대한 이 이야기는 마라톤에 대해서 별로 관심이 없는 사람들도 대부분 알고 있는 것이다.

비극적인 결말의 주인공 피디피데스의 죽음에서 유래한 마라톤은 인간의 한계를 시험하는 스포츠이고 당연히 42.195km라는 거리를 달려야 하는 레이스는 '죽을 만큼' 고통스럽다. 포기하지 않고 끝까지 완주하려면 분명 굉장한 인내가 필요하다. 하지만 몸이 하는 말을 완전히 무시하고 무조건 참으라는 것은 아니다. 우리는 피디피데스가 아니지 않은가. 고통과 통증을 구별하지 못하고 뛰다가 자칫 심각한 부상을 입고 다시는 뛰지 못하게 되었다는 이야기도 심심치 않게 들려오고 있으며 심지어 사망사고까지 일어나고 있다. 멀고 먼 길을 혼자 달려야 하는 외로움과 고통은 견뎌야 하지만 몸의 아픔, 통증이 있으면 바로 달리기를 멈추고 병원에 가서 치료를 받아야 한다.

달리기는 인간의 가장 기본적인 활동이자 본능적인 움직임이다. 하지만 그렇다고 그저 아무렇게나 달리기만 하면 되는 것은 아니다. 단순해 보이지만 달리기는 온몸의 모든 기관이 총체적으로 협동해야 하는 정교하고 복잡한 운동이고 게다가 같은 동작을 오랫동안 반복해야 하는 운동이므로 그만큼 부상의 위험이나 심각성도 크다.

황영조의 마라톤 토크 Talk

_ 초원을 달리는 동물이 되자

개라고 해서 모든 개가 다 잘 달리는 것은 아니다. 빠른 속도로 오랫동안 잘 달리는 하운드 종 같은 사냥개가 있는가 하면 태생적으로 움직이기를 싫어하는 시추 같은 개가 있다. 사람도 태생적으로 달리기를 잘하는 사람들이 있다. 달리기를 하기에 가장 알맞은 체격조건을 가진 사람들은 바로 아프리카 사람들이다. 초원을 달리며 사냥으로 살아 온 이 사람들과 비교해 보면 사실 나물 캐고 쑥 뜯으며 농경생활을 하며 살았던 우리나라 사람들이 체격조건이나 기본적인 운동능력에 있어서 불리할 수밖에 없다.

실제로 발뒤꿈치뼈 밑에는 1.5~2cm 정도의 지방층이 있는데, 그 지방층은 아시아인이나 백인들에 비해 흑인들이 훨씬 더 두껍다. 그래서 흑인들은 신발을 신지 않고 달려도 발 자체가 유연하고 탄력적이어서 부상 위험이 적다(하지만 지방층이 얇은 우리나라 사람들은 반드시 발을 보호할 수 있는 신발을 신고 달려야 한다).

필자가 만난 아프리카 선수들은 놀라울 정도로 잘 달리는 선수들이 많았다. 사실 경제적으로 어려운 형편에 놓인 아프리카의 일부 가난한 국가의 선수들은 좋은 훈련환경이나 훌륭한 시설은커녕 영양섭취도 충분히 하지 못하는 상황이라서 하루에 한 끼만 먹고 산다는 친구들도 많았다. 하지만 그들은 엄청나게 강한 근력뿐만 아니라 관절의 탄력, 유연성까지 타고나서, 그 타고난 체력을 바탕으로 지치지 않고 계속해서 훈련할 수 있었고 탁월한 기량을 발휘했다. 그런 선수들은 육상 선진국인 미국이나 유럽으로 스카우트되어 가면 6개월 정도만 훈련을 해도 엄청나게 기량이 향상되어 세계적인 선수로 성장하곤 했다.

필자가 세계 대회에서 아프리카 선수들과 시합을 앞두고 함께 연습을 하면서 느낀 것은 '진짜 이 친구들은 사람이 아니구나. 지칠 줄 모르는 동물이구나' 하는 것이었다. 달리기를 잘하려면 가장 동물에 가까운 몸, 가장 동물적인 감각과 체력을 가져야 한다.

심박수를 알면 실력이 쑥쑥

보통 성인의 안정 시 심박수는 70~80회인데, 꾸준히 운동을 해 온 건강한 사람의 경우는 분당 60회 정도이다. 심박수가 최대한 증가한 상태, 즉 최대심박수는 220회에서 자신의 나이를 빼면 알 수 있다(정확한 것은 아니지만 간편하게 계산할 수 있는 방법이다).

달리기를 하면 심장이 두근거리는 느낌과 함께 맥박이 빨라지는 것을 느낄 수 있는데, 보통 이 심박수로 운동의 강도를 판단한다. 즉 빨리 달리면 심박수도 증가하고, 심박수가 증가했다는 것은 곧 운동강도가 높아졌다는 것이다. 운동 시 심박수를 측정하려면 운동을 시작하고 5분 정도 지났을 때 1분 동안의 맥박수를 세어 보면 된다.

심폐기능이 좋은 사람은 같은 페이스로 달리더라도 심박수가 많이 올라가지 않는다. 운동을 통해 심장 근육이 두꺼워지고 튼튼해지면 심장기능도 좋아지게 되는데, 이렇게 강한 심장을 가진 사람은 같은 속도로 달려도 보통 사람들처럼 심박수가 많이 올라가지 않고 낮은 수준으로 일정하게 유지된다. 이는 곧 심장이 한 번 펌프질을 할 때 몸 구석구석까지 더 많은 피를 보낼 수 있다는 이야기이다. 필자의 경우 선수시절에는 안정 시 심박수가 37~38회였다(하지만 운동으로 인해서 심장기능이 강화된 '운동성 서맥徐脈'이 아닌데도 심박수가 40회 이하라면 반드시 의사와 상담해 보아야 한다).

심박수의 변화를 보면 운동을 통한 체력향상을 직접 확인할 수 있다. 흔히 '심폐지구력이 향상되었다'라고 이야기할 때, 심폐지구력이란 폐에 신선한 공기를 담을 수 있는 능력, 산소와 이산화탄소를 원활하게 교환하는 능력, 혈액을 통해서 받아들인 산소와 영양소를 가지고 에너지를 생산하는 근육의 대사능력을 말하는 것이다. 이러한 신체기능들이 종합적으로 향상되면 심폐지

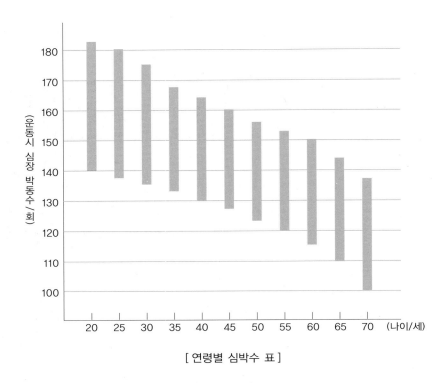

[연령별 심박수 표]

구력이 향상되었다고 말한다. 그렇다면 무조건 강도 높은 운동으로 심박을 최대심박수 수준으로 끌어 올리면 심폐지구력이 향상되는 것일까? 일반적으로 자신의 최대심박수의 60~90% 사이로 운동을 해야 심폐지구력이 향상된다고 알려져 있는데 보통 70~80%를 권장하고 있다. 즉 30세의 사람이라면 최대심박수는 220 − 30 = 190이고 거기에 0.7과 0.8을 곱한 값인 133~152 사이에 심박수를 맞춰서 운동하면 운동효과가 크다는 이야기이다. 이 정도의 심박수라면 약간 숨이 차지만 옆 사람과 대화를 나눌 수 있는 정도이다. 위에 있는 표를 참조해서 나이별로 최고의 운동효과를 얻을 수 있는 심박수의 범위를 알아보자. 체력이 약한 사람이라면 처음에는 최대심박수의 40~60% 수준에서 운동을 시작하고 점점 강도를 높여 가는 것이 좋다.

심박수 측정기를 이용하면 좀더 정확하게 심박수를 체크할 수 있어서 운동 효과를 정확하게 측정해 볼 수도 있을 것이다(매일 기록하는 일지에 심박수까지 기록해 두면 날이 갈수록 자신의 운동능력이 얼마나 어떻게 향상되고 있는지 수치적인 값으로 확인할 수 있기 때문에 성취감도 남다르고 더 즐겁게 달릴 수 있다).

나는 이제 진짜 러너다!
하프코스 도전 황영조식 훈련 프로그램 8~11단계

이제 진짜 마라톤이 시작되었다. 진정한 러너로 거듭나는 단계가 바로 이 하프코스에 도전하는 단계이다. 여기까지 왔다면 이제 체력도 어느 정도 좋아졌을 것이고, 달리기에도 익숙해졌을 것이다. 이제 달리기를 통해서 자신만의 달리기 철학, 인생철학까지 만들어 가는 단계인 것이다.

10km는 조깅만으로도 쉽게 도전할 수 있지만, 하프코스는 그렇지 않다. 10km까지는 힘들면 걸어서 들어와도 그렇게 오래 걸리지 않는 거리이지만, 21.0975km를 걸어 들어오다가는 결승점에 도착하기도 전에 경기가 끝나버릴지도 모른다. 하프코스는 달리기에 어느 정도 익숙해져서 이제는 정말 마라톤의 세계로 넘어가도 될 만한 사람들이 도전할 수 있는 것이다. 즉 하프부터는 마라톤이라고 부를 만큼 고통스럽다는 것이다. 그래서 달리는 실력도 실력이지만 절대적으로 레이스 경험이 필요한 단계이다.

그래서 연습 없이 달리기 힘든 거리이자, 진정한 마라톤의 시작이라고 할 수 있는 하프코스를 충분히 연습해야만 풀코스를 잘 달릴 수 있다. 하프에 도전할 수 있는 사람들은 체중도 어느 정도 빠져 마라톤 체형, 러너의 몸이 나온다(물론 풀코스로 가면 완전히 마라톤 스타일이 나온다). 그렇게 되면 스스로 페이스를 조절하면서 충분히 즐겁고 안전하게 결승점까지 갈 수 있다. 하프코스를 목표로 하는 8~11단계는 충분한 연습으로 마라톤 몸을 만들어가는 과정이다. 뿐만 아니라 즐겁게 대회에 나가서 무리하지 않고 달리면서 스스로의 실력을 측정해 볼 수도 있는 프로그램이다.

8~11단계의 목표는 하프를 여유 있게 달리는 것으로 이제부터는 훈련의 양과 강도, 난이도에서 5km나 10km를 달리던 시절과는 차원이 다르다고 생각하면 된다. 하프코스를 훈련하게 되면 이제는 중급 러너로서 풀코스와 초보라는 빵 사이에 낀 샌드위치 가운데라고 생각하면 된다. 즉 빵 사이에 들어간 맛있는 샌드위치 속처럼, 체력과 실력의 향상이 팍팍 느껴질 것이다. 5km나 10km를 달리는 러너의 경우는 체중변화도 별로 없고 몸으로 느껴지는 실력향상도 그렇게 크지 않지만, 하프코스를 연습하는 사람들은 다르다. 완만하고 지루하게 이어지던 곡선이 급격한 상승곡선을 타고, 그래서 샌드위치 속처럼 맛있는 달리기의 재미에 흠뻑 빠질 수 있다.

하지만 이때 자신감이 과도해서 무리수를 던지는 사람들도 많다. 하프코스 연습을 충분히 해야만 풀코스도 안전하게 달릴 수 있는데, 조금 자신이 생겼다고 해서 연습도 충분히 하지 않고 무리하게 도전하는 것이다. 그래서 이 단계가 상당히 조심스럽다는 것이다. 자만심을 버리고 절제해야 한다. 실력도 팍팍 늘지만, 그만큼 여유를 가지고 실력을 다져야 하는 단계이다.

하프코스는 풀코스를 위한 준비단계로 10km 레이스와 비교해 보면 완주 후의 기쁨과 성취감도 대단히 크다고 할 수 있다. 재미와 고통뿐만 아니라 고독까지 즐길 수 있는 단계이다. 21.0975km를 묵묵히 달리면서 외로움과 싸우며 그 속에서 자신의 진면모를 새롭게 발견할 수도 있을 것이다.

앞의 7단계를 충실히 달려온 러너라면 하프코스도 충분히 잘 달릴 수 있다. 7단계를 졸업할 수 있는 마무리 테스트는 90분 조깅이다. 90분 정도 편안한 기분으로 기분 좋게 달릴 수 있다는 것은 이제 자신에게 알맞은 페이스를 어느 정도 익혔고 그 페이스로 지치지 않고 꾸준히 달릴 수 있는 체력을 가졌다는 것이다. 90분 조깅이 어렵다면 하프코스 연습으로 넘어가지 말고 7단계 훈련을 반복하도록 한다. 급하게 생각하지 말고 서서히 장거리 달리기에 맞는 몸을 만든다고 생각하자. 체력이 길러지지 않은 상태에서 무리하게 도전했다가 부상으로 달리기를 그만두어야 한다면 얼마나 안타까운 일인가. 남들보다 1년 먼저 풀코스를 완주하려다가 5년 아니 10년 먼저 달리기를 그만두어야 할지도 모른다.

여기에서도 자기절제가 얼마나 중요한지 알 수 있다. 마라톤을 하면 우리나라 사람들의 '빨리빨리' 근성도 고칠 수 있을 것이다. 달리기는 자신과의 싸움이다. 그래서 절제력을 키우고 스스로를 컨트롤하는 법을 배우고 훈련하는 것이 기본 중에 기본이라고 할 수 있다. 의욕만 앞세우지 말고 차분하게 준비하자. 과거에 선수로 활약했던 사람들도 왕년에 잘 달리던 기억만으로 무리하다가 다치는 경우가 많다. 우리의 몸은 꾸준히 단련시켜 주지 않으면 그만큼 녹슬게 마련이기 때문에 오랫동안 무심하게 방치해 둔 몸을 과도하게 움직였다가는 반드시 사고가 생긴다.

철저한 준비와 자기관리를 통해서 달리기를 내 것으로 만들고 여유 있게 즐기자. 차근차근 몸을 만들고 체력을 키우면서 준비하는 과정 자체를 즐겨야 한다. 무엇보다 중요한 것은 기록이나 승부, 경쟁에 집착하지 않고 매일 조금씩 기량이 향상되는 것을 보면서 성취감과 기쁨으로 5km 건강달리기이든 풀코스 마라톤이든 건강한 몸을 위해서 소신껏 달리는 것이다. 하프코스와 풀코스 마라톤에 도전하려면 이제까지 훈련했던 것보다 훨씬 더 많은 인내와 연습이 필요하다. 8단계부터는 더욱 격렬한 자기와의 싸움, 절제를 위한 정신력 싸움이 시작된다.

<table>
<tr><td>

훈 련
스 케 줄

8
단 계

</td><td>

8단계는 하프코스 훈련의 시작이다. 수요일 인터벌 훈련은 800m로 늘리고(대체 훈련은 50분 달리기), 주간 훈련의 마무리이자 테스트인 일요일 훈련은 100분간 달리는 것이다. 100분 정도 쉬지 않고 편안한 조깅 속도로 달리면 사람에 따라 다르지만 거리로는 13km 정도를 달리는 셈이다. 8단계를 훈련하

</td></tr>
</table>

는 사람은 아직 속도훈련이 제대로 되지 않은 상태이므로 지구력을 키우기 위한 거리 늘리기에 집중하도록 한다. 8단계를 충실히 연습하면 기록은 아직 저조하겠지만 하프코스를 완주할 수 있다.

훈련 스케줄러   *ㅓ:5분, ✝:10분, ✝ㅓ:15분, ✝✝:20분 …

월	산책 및 휴식				
화	스트레칭 및 체조 10분 ✝	달리기 50분 ✝✝✝✝✝		체조 및 스트레칭 10분 ✝	총 운동 소요시간 = 70분
수	스트레칭 및 체조 10분 ✝	워밍업 조깅 30분 ✝✝✝	800m 인터벌 훈련 (800m 달리기+200m 회복조깅) 5회	체조 및 스트레칭 10분 ✝	총 운동 소요시간 =50분+ 인터벌 훈련
목	산책 및 휴식				
금	스트레칭 및 체조 10분 ✝	달리기 70분 ✝✝✝✝✝✝✝		체조 및 스트레칭 10분 ✝	총 운동 소요시간 = 90분
토	산책 및 휴식				
일	스트레칭 및 체조 10분 ✝	달리기 100분 ✝✝✝✝✝✝✝✝✝✝		체조 및 스트레칭 10분 ✝	총 운동 소요시간 = 120분

훈련
스 케 줄

9
단 계

9단계의 특징은 1,000m 인터벌 훈련을 시작한다는 것이다. 수요일 인터벌 훈련의 강도가 점점 높아지고 있다. 인터벌 훈련은 강도가 높고 체력소모가 큰 훈련이다. 그렇기 때문에 워밍업 스트레칭과 워밍업 조깅을 제대로 하지 않으면 부상 위험도 그만큼 커진다. 워밍업 조깅으로 30분 정도를 달리면 거리로는 대략 3.5km 정도인데, 달리는 거리에 신경 쓰기보다는 천천히 조깅속도로 몸을 충분히 풀어 준다는 기분으로 달려야 한다. 인터벌 훈련의 훈련강도를 높이는 것을 제외하고는 8단계와 마찬가지로 본격적인 거리 늘리기 훈련이라고 보면 된다(수요일 인터벌 훈련의 대체 훈련은 60분 달리기다).

훈련 스케줄러 ＊┤:5분, ＋:10분, ＋┤:15분, ＋＋:20분 …

월	산책 및 휴식				
화	스트레칭 및 체조 10분 ＋	달리기 60분 ＋＋＋＋＋		체조 및 스트레칭 10분 ＋	총 운동 소요시간 = 80분
수	스트레칭 및 체조 10분 ＋	워밍업 조깅 30분 ＋＋＋	1,000m 인터벌 훈련 (1,000m 달리기+200m 회복조깅) 5회	체조 및 스트레칭 10분 ＋	총 운동 소요시간 =50분＋인터벌 훈련
목	산책 및 휴식				
금	스트레칭 및 체조 10분 ＋	달리기 80분 ＋＋＋＋＋＋＋		체조 및 스트레칭 10분 ＋	총 운동 소요시간 = 100분
토	산책 및 휴식				
일	스트레칭 및 체조 10분 ＋	달리기 100분 ＋＋＋＋＋＋＋＋＋		체조 및 스트레칭 10분 ＋	총 운동 소요시간 = 120분

<table>
<tr><td>훈 련
스 케 줄
10
단 계</td></tr>
</table>

10단계에서는 1,000m 인터벌 훈련의 강도를 조금만 높인다. 9단계에서 1,000m 인터벌 훈련을 5회 반복했는데, 10단계부터는 7회로 늘린다(대체 훈련은 70분 달리기). 인터벌 훈련의 목적은 스피드를 올려 기록을 단축하기 위한 것이다. 아무리 오래 달리기 연습을 해도 인터벌 훈련을 하지 않고 달리는 시간만 늘린다면 지구력은 좋아지겠지만, 기록을 단축시킬 수 없다. 이렇게 인터벌 훈련과 지속주를 반복하다 보면 자칫 지루해질 수 있으므로 달리는 장소를 다양하게 바꿔 가면서 훈련하는 것도 좋은 방법이다.

훈련 스케줄러 * ㅓ : 5분, ＋ : 10분, ＋ㅓ : 15분, ＋＋ : 20분 …

월	산책 및 휴식				
화	스트레칭 및 체조 10분 ＋	달리기 70분 ＋＋＋＋＋＋＋		체조 및 스트레칭 10분 ＋	총 운동 소요시간 = 90분
수	스트레칭 및 체조 10분 ＋	워밍업 조깅 30분 ＋＋＋	1,000m 인터벌 훈련 (1,000m 달리기+200m 회복조깅) 7회	체조 및 스트레칭 10분 ＋	총 운동 소요시간 =50분 + 인터벌 훈련
목	산책 및 휴식				
금	스트레칭 및 체조 10분 ＋	달리기 90분 ＋＋＋＋＋＋＋		체조 및 스트레칭 10분 ＋	총 운동 소요시간 = 110분
토	산책 및 휴식				
일	스트레칭 및 체조 10분 ＋	달리기 120분 ＋＋＋＋＋＋＋＋＋＋＋＋		체조 및 스트레칭 10분 ＋	총 운동 소요시간 = 140분

훈 련 스 케 줄 **11** 단 계

하프코스 훈련의 마지막 단계인 11단계는 하프코스와 풀코스를 이어 주는 중간 단계이다. 10단계에 비하면 인터벌 훈련도 2,000m로 강도가 높아졌고 거리훈련도 꾸준히 길어지고 있다. 매 단계를 급하게 끝내려고만 하지 말고 천천히 실력이 다져지는 것을 느끼기 바란다. 11단계를 충실히 연습해서 150분 정도 편안하고 기분 좋게 계속 달릴 수 있다면, 기록을 단축하기는 어렵지만 풀코스도 천천히 달려서 완주할 수 있게 된다(수요일 인터벌 훈련의 대체 훈련은 70분 달리기다).

훈련 스케줄러 *┤:5분, ┼:10분, ┼┤:15분, ┼┼:20분 …

월	산책 및 휴식				
화	스트레칭 및 체조 10분 ┼	달리기 70분 ┼┼┼┼┼┼		체조 및 스트레칭 10분 ┼	총 운동 소요시간 = 90분
수	스트레칭 및 체조 10분 ┼	워밍업 조깅 30분 ┼┼┼	2,000m 인터벌 훈련 (2,000m 달리기+400m 회복조깅) 5회	체조 및 스트레칭 10분 ┼	총 운동 소요시간 =50분+ 인터벌 훈련
목	산책 및 휴식				
금	스트레칭 및 체조 10분 ┼	달리기 100분 ┼┼┼┼┼┼┼┼┼		체조 및 스트레칭 10분 ┼	총 운동 소요시간 = 120분
토	산책 및 휴식				
일	스트레칭 및 체조 10분 ┼	달리기 150분 ┼┼┼┼┼┼┼┼┼┼┼┼┼┤		체조 및 스트레칭 10분 ┼	총 운동 소요시간 = 170분

내 안의 영웅을 만나다!
풀코스 도전 황영조식 훈련 프로그램 12~14단계

풀코스 마라톤은 가장 격렬한 자신과의 싸움에 도전하는 것이다. 인간의 몸으로 42.195km를 걷지 않고 달린다는 것 자체만으로도 경이로운 것이므로 완주에 큰 의의를 두어야 한다. 무사히 완주하는 것을 목표로 12~14단계를 연습하자. 3시간이든 4시간이든 끝까지 포기하지 않고 달린 사람은 누구나 승리자이다. 중요한 것은 수많은 유혹을 물리치고 끝까지 포기하지 않았다는 것, 걷지 않고 달려서 결승선을 통과했다는 것 바로 그것이다.

선수들에게 마라톤은 인생의 전부이지만, 마라톤을 사랑하는 보통 사람들에게는 마라톤이 인생의 일부분이다. 그래서 더 즐겁고 행복하게 달릴 수 있는 것이다. 기록 욕심보다는 마라톤이 인생에 줄 수 있는 다른 장점들에 집중하며 훈련하도록 한다.

12단계에서는 2,000m 인터벌 훈련을 계속한다. 단, 훈련강도를 높여서 횟수를 5회에서 7회로 늘린다. 13단계로 넘어가면 5,000m 인터벌 훈련을 시작하는데, 이것은 결코 만만하게 볼 수 있는 훈련이 아니다. 1주일만 해 보고 다음 단계로 넘어갈 것이 아니라 5,000m 인터벌 훈련에 몸이 완전히 적응할 수 있도록 반복훈련으로 체력을 강화시키도록 하자. 한적한 도로에 일정한 구간을 마련하고 자동차를 이용해서 대략 거리를 측정해 본 후 자신만 알아볼 수 있는 표시를 해 두고 그 구간에 달려 보는 것도 좋은 방법이다. 14단계는 풀코스 마라톤 연습의 마지막 단계이다. 이제까지 충실하게 연습을 해 온 사람은 14단계 훈련을 마치면 3~4시간 정도에 풀코스를 달릴 수 있을 것이다.

이 정도 단계를 훈련하는 사람들이라면 연습을 조금만 게을리 해도 그 영향이 쉽게 느껴질 것이다. 풀코스 도전을 바로 앞둔 사람들의 경우 운동을 안 하면 실력과 기량이 팍팍 떨어지는 것이 느껴진다. 선수들의 경우 역시 며칠만 쉬어도 감각과 기량을 되돌리기 위해 1주일에서 1달까지 고생한다. 한번 단계가 떨어지면 다시 올라가는 데 시간이 많이 걸린다. 자전거 타는 법은 오랫동안 타지 않아도 잊어버리지 않지만, 마라톤은 훈련하지 않으면 처음부터 다시 시작이다. 누구라도 마찬가지다. 필자도 풀코스 마라톤에 다시 도전하려면 5km나 10km부터 다시 시작해야 한다. 달리기는 늘 습관처럼 꾸준히 훈련해야만 단련된 몸을 가지고 풀코스 마라톤에 도전할 수 있다.

황영조식 훈련 프로그램은 14단계까지 와도 주 4일 훈련이 기본이다. 하지만 12~14단계는 한 번 한 번이 강도도 높고 훈련량도 많기 때문에 한 번만 훈련을 빼먹어도 달리기의 감이 떨어지고 리듬이 깨질 수 있으므로 조절을 잘 해야 한다. 무조건 달리지 말고 자기 스타일에 맞추어 컨트롤해 가며 달리자. 이 프로그램은 절대적인 원칙이 아니라 기본적인 훈련의 맥이자 훈련패턴이므로 자기 몸에 맞게 여러 가지로 응용하는 것이 좋다. 향후 필자의 마라톤 스쿨을 통해서 적당한 코칭과 함께 자신에게 최적화된 프로그램을 작성할 수 있을 것이다.

훈 련
스 케 줄

12
단 계

12단계는 풀코스 훈련의 시작이다. 11단계에서 했던 2,000m 인터벌 훈련을 5회에서 7회로 늘려 강도를 높인다. 인터벌 훈련을 할 수 없다면 80분 달리기를 대체 훈련으로 한다. 풀코스를 목표로 하는 사람들이라면 이미 10km나 하프코스 마라톤 대회에 참가해 보았을 것이다. 이제까지 꾸준히 해 왔던 훈련을 풀코스 완주라는 빛나는 결실로 거두려면 기초체력훈련도 게을리 해서는 안 된다.

훈련 스케줄러	* ┤:5분, ╂:10분, ┣┫:15분, ╋╋:20분 …				
월	산책 및 휴식				
화	스트레칭 및 체조 10분 ╂	달리기 80분 ┿┿┿┿┿┿┿┿		체조 및 스트레칭 10분 ╂	총 운동 소요시간 = 100분
수	스트레칭 및 체조 10분 ╂	워밍업 조깅 30분 ┿┿┿	2,000m 인터벌 훈련 (2,000m 달리기+400m 회복조깅) 7회	체조 및 스트레칭 10분 ╂	총 운동 소요시간 =50분+인터벌 훈련
목	산책 및 휴식				
금	스트레칭 및 체조 10분 ╂	달리기 100분 ┿┿┿┿┿┿┿┿┿┿		체조 및 스트레칭 10분 ╂	총 운동 소요시간 = 120분
토	산책 및 휴식				
일	스트레칭 및 체조 10분 ╂	달리기 150분 ┿┿┿┿┿┿┿┿┿┿┿┿┿┿┿		체조 및 스트레칭 10분 ╂	총 운동 소요시간 = 170분

훈련 스케줄 **13** 단계

13단계부터는 3,000m 인터벌 훈련을 시작한다(대체 훈련은 80분 달리기). 결코 쉬운 훈련이 아니다. 시간도 많이 걸리고 체력소모도 만만치 않다. 3,000m 인터벌 훈련에 몸이 완전히 적응하려면 여러 주 반복훈련을 해서 체력을 키워야 할 것이다.

이 단계까지 온 주자는 자기 스스로 훈련 스케줄을 짜고 실행할 수 있다. 부상을 입거나 컨디션이 저조하다면 너무 무리하게 강행하지 않도록 주의한다. 자칫 지루해질 수 있는 훈련 중간에 등산이나 자전거 타기와 같은 크로스 트레이닝을 병행하는 것도 좋다.

훈련 스케줄러 ＊┤:5분, ＋:10분, ＋┤:15분, ＋＋:20분 …

월	산책 및 휴식				
화	스트레칭 및 체조 10분 ＋	달리기 80분 ＋＋＋＋＋＋＋＋		체조 및 스트레칭 10분 ＋	총 운동 소요시간 = 100분
수	스트레칭 및 체조 10분 ＋	워밍업 조깅 30분 ＋＋＋	3,000m 인터벌 훈련 (3,000m 달리기+800m 회복조깅) 5회	체조 및 스트레칭 10분 ＋	총 운동 소요시간 =50분 + 인터벌 훈련
목	산책 및 휴식				
금	스트레칭 및 체조 10분 ＋	달리기 100분 ＋＋＋＋＋＋＋＋＋＋		체조 및 스트레칭 10분 ＋	총 운동 소요시간 = 120분
토	산책 및 휴식				
일	스트레칭 및 체조 10분 ＋	달리기 180분 ＋＋＋＋＋＋＋＋＋＋＋＋＋＋＋＋＋＋		체조 및 스트레칭 10분 ＋	총 운동 소요시간 = 200분

훈 련 스 케 줄 **14** 단 계

이제 풀코스 완주를 목표로 하는 마지막 단계이다. 마지막 14 단계에서는 5,000m 인터벌 훈련을 한다(대체 훈련은 90분 달리기). 5,000m 인터벌 훈련과 180분 달리기는 사실 일반 마스터스 선수들에게는 상당히 어려운 도전이다. 14단계를 충실히 연습한 후 대회에 출전하면 3~4시간 이내에 완주도 가능할 것이다. 대회출전으로 실전 감각을 익히면 더욱 좋은 주자가 될 수 있다.

훈련 스케줄러 * ┤:5분, ┼:10분, ┼┤:15분, ┼┼:20분 …

월	산책 및 휴식				
화	스트레칭 및 체조 10분 ┼	달리기 90분 ┼┼┼┼┼┼┼┼┼		체조 및 스트레칭 10분 ┼	총 운동 소요시간 = 110분
수	스트레칭 및 체조 10분 ┼	워밍업 조깅 30분 ┼┼┼	5,000m 인터벌 훈련 (5,000m 달리기+800m 회복조깅) 5회	체조 및 스트레칭 10분 ┼	총 운동 소요시간 = 50분 + 인터벌 훈련
목	산책 및 휴식				
금	스트레칭 및 체조 10분 ┼	달리기 120분 ┼┼┼┼┼┼┼┼┼┼┼┼		체조 및 스트레칭 10분 ┼	총 운동 소요시간 = 140분
토	산책 및 휴식				
일	스트레칭 및 체조 10분 ┼	달리기 180분 ┼┼┼┼┼┼┼┼┼┼┼┼┼┼┼┼┼┼		체조 및 스트레칭 10분 ┼	총 운동 소요시간 = 200분

기록에 집착하지 말고 안전하고 즐겁게 달려라

모든 훈련의 기본은 즐겁고 안전하게 달리는 것이다. 특히 풀코스 마라톤은 인간의 한계에 격렬하게 도전하는 것이므로 완주 자체에 큰 의미를 부여해야 한다. 걸어서 들어오는 것이 아니라 끝까지 달렸다는 것, 그것만으로도 큰 박수를 받아야 한다. 이후에 있을 기록과의 싸움은 치밀한 준비와 함께 더욱 강도 높은 훈련을 거쳐야 가능한 것으로 철저한 자기 관리와 목표의식, 전문화된 훈련과정, 선수화(기록단축을 목표로 하는 것이 바로 선수화이다) 과정이 필요하다. 기록에 대한 집착은 부상으로 연결되기 쉬운데, 일반인이라면 기록에 대한 마음의 부담은 버리고 안전하고 즐겁게 완주하는 것을 목표로 달리도록 하자.

사실 풀코스 완주 경험이 있는 실력 있는 주자들 중에서도 서브스리를 목표로 하는 사람들치고 환자가 아닌 사람이 없을 정도이다. 일반인이 서브스리를 기록할 정도라면 정말 대단한 기록이라고 할 수 있는데, 이는 상당한 고통을 감내해야 하기 때문에 당연히 부상의 위험도 높다. 건강과 즐거움을 주는 마라톤이 오히려 부상과 비뚤어진 집착을 주기만 한다면 곤란하지 않은가. 14단계 훈련에 돌입할 만한 실력을 가진 사람들에게 필자는 절대 무리하게 훈련하거나 기록에 집착하지 말고 안전하고 즐겁게 달리라고 당부하고 싶다.

_ 경고! 오버트레이닝 주의!

장거리 달리기는 몸에 상당히 큰 부하를 주는 격렬한 운동이라서 달리는 동안 관절과 근육의 조직은 미세한 손상을 입는다. 달리는 거리나 속도를 갑자기 늘리면 인체가 받아들일 수 있는 적응력의 한계를 넘게 되고 결국 몸에 이상이 온다. 장거리 훈련 후 제대로 쉬지 않고 손상된 조직이 회복되지 않은 상태에서 다음 훈련을 하게 되면 조직의 미세한 손상과 피로가 계속 쌓이게 되는데, 그러면 몸의 모든 기능이 현저하게 떨어질 뿐만 아니라 손상된 조직을 치유하는 과정에서 몸이 무겁게 느껴지거나 염증이 생길 수도 있다.

이것을 과훈련 증후군, 오버트레이닝이라고 하는데, 오버트레이닝의 대표적인 증상은 기운이 빠지고 다리가 무겁게 느껴지면서 무력감을 느끼는 것이다. 갑자기 체중이 줄어들거나 식욕이 떨어지고 구역질이 날 수 있고 혈압이나 심박수가 이유 없이 올라갈 수도 있다. 심리적으로도 의욕이 사라지고 위축감이나 불안감, 신경질적인 반응을 보일 수도 있다.

과욕을 부리거나 비현실적인 목표를 지키려고 하다가 생기는 일인데 자신의 체력이나 운동능력을 과대평가하는 것도 원인이다. 대개 대회준비의 막바지 훈련을 하다 보면 욕심이 생겨 페이스와 훈련량을 늘리게 되고 그렇게 신체적인 부담이 커지는 것이 바로 오버트레이닝이다. 완벽주의 성격을 가진 사람일수록 이런 증상은 더욱 자주 나타난다. 훈련 중 컨디션이 너무 좋은 것처럼 느껴지는 날에는 특히 조심해야 한다.

하지만 오버트레이닝이 의심된다고 해서 무조건 운동을 그만둘 필요는 없다. 운동의 강도를 조절하여 힘든 운동과 가벼운 운동을 번갈아 가며 하는 것이 바람직하다. 훈련이나 기록에 대한 부담을 버리고 즐겁게 운동을 하겠다는 편안하고 여유 있는 마음자세가 필요하다. 힘든 훈련을 한 후에는 1~2일간 휴식을 취해야 한다. 또한 1~2주간 힘든 훈련을 했다면 훈련강도를 적절히 조절해서 다음 1주일은 가벼운 훈련을 하도록 한다.

우리의 몸은 자연적인 치유능력이 있기 때문에 충분히 잘 쉬어 주면 이런 손상들은 자연스럽게 치유되고 재생된다. 오히려 원래의 조직보다 더욱 튼튼한 조직이 될 수도 있다. 숙면을 취한다거나 편안하게 휴식을 하면서 충분히 영양섭취를 하고, 목욕이나 가벼운 운동을 적절히 해 주면 재생과 회복이 더욱 빨라진다.

PART 5

드디어 대회 출전!

준비부터 회복까지 대회 출전의 모든 것

- 새로운 축제 문화, 마라톤 대회
- 대회 출전은 가장 좋은 연습이다
- 대회 준비도 대회의 일부
- 끝까지 함께 달릴 신발과 옷
- 결전의 날이 밝다!
- 드디어 출발! 레이스 is 페이스
- 대회 전 1주일 최강의 에너지 충전, 황영조의 비밀식단
- 완주를 위한 마인드컨트롤
- 대회를 마치고 몸 회복하는 법

새로운 축제 문화, 마라톤 대회

최근 몇 년 전부터 엄청나게 많은 아마추어 마라톤 대회가 열리고 있다. 봄철과 가을철에 집중적으로 열리고 있는 이들 대회는 줄잡아 1년에 700여 회가 넘는다. 한겨울과 한여름을 빼고는 거의 매주 주말마다 전국 각지에서 대회가 열리는 셈이다. 특히 많은 지방자치단체들이 개최하는 신설 대회들은 지역 주민들의 활발한 참여와 각지에서 몰려든 동호인들의 단체참가로 성황리에 열리고 있으며, 친목을 다지고 주말을 즐겁게 보내는 또 하나의 문화 이벤트이자 레저 트랜드로 자리 잡고 있다. 경치도 좋고 공기도 맑은 곳에서 좋은 사람들과 함께 달리는 기분은 경험해 보지 못한 사람이라면 아마 알 수 없을 것이다.

이제까지의 마라톤은 '보는 마라톤' 이었지만 이런 아마추어 러너들을 위한 대회가 활성화되고 많은 사람들이 참여하면서 '직접 달리는 마라톤' 이 되었다. 그래서 이런 마라톤 대회에는 말 그대로 '직접 달려' 보지 않은 사람들은 알 수 없는 독특한 매력이 있다. 필자는 그런 대회에 주최측의 초대를 받고 참석하곤 하는데, 함께 달리는 사람들의 흥분된 표정과 즐거운 웃음소리, 달리면서 서로서로 주고받는 따뜻한 격려에 감격과 전율을 느낄 정도이다. 마라톤의 좋은 점이 바로 그것 아닌가? 1등부터 꼴찌까지 모두가 주인공이 될 수 있는 즐거운 축제라는 점 말이다. 마라톤 대회는 빠른 주자만을 위한 것이 아니라, 끝까지 달리는 모든 사람들을 위한 것이라는 말처럼 마라톤 대회의 꼴찌는 가장 오래 달리면서 관중들로부터 가장 많은 박수를 받는 사람이다. 뿐만 아니라 주로에 서면 처음 보는 사람들과도 서로 구호를 외치며 격려하고 기운을 북돋우는 인사를 나눈다. 이렇게 함께 달린 사람들이 완주 후에 느끼는 유대감은 무엇보다 깊고 끈끈하다. 즐겁고 좋은 일만 함께 겪은 사람들보다 힘들고 고통스러운 일, 하지만 성취감과 보람이 있는 고통을 함께 경험한 사람들이 훨씬 가까워진다.

하지만 다양한 대회가 많이 열리다 보니 불미스러운 일도 종종 발생한다. 건전한 생활 스포츠로서 화합의 마라톤이 아니라 기록과 순위, 입상만을 목표로 경쟁하는 사람들이 간혹 있다. 이들은 마치 신종 직업이라도 된 듯이 각종 대회의 상금을 노리고 출전하는데, 실제로 칩 부정과 같은 불미스러운 일을 저지르기도 한다. 이런 사람들이 아름다운 마라톤을 망친다. 모두가 즐겁고 안전하게 달리는 마라톤, 그것에 중점을 두어야 한다.

대회에 출전하려면 철저한 준비와 실력에 대한 냉철한 판단이 필요하다. 5km도 헐떡거리며 힘들게 달리는 사람이 당장 풀코스에 도전하면 안 된다는 것이다. 무리하지 않는 목표를 정하고 그에 맞는 계획을 짜고 차근차근 연습해야 한다. 악으로 버티는 '죽음의 레이스'는 진정한 '즐거운 달리기'가 아니지 않은가.

▲ 직접 달려 보지 않은 사람들은 독특한 매력을 알 수 없다.

대회 출전은 가장 좋은 연습이다

대회에 출전하는 것은 스스로에 대한 일종의 도전이다. 자신의 한계를 시험하고 그 이상에 도달하며 그 속에서 성취감을 느끼고 스스로를 다시 발견하는 것이다. 마라톤이라는 것은 혼자서 훈련성과를 측정하기에는 너무나 어렵고 지루한 시험이다. 그래서 대회를 통해 동료들과 함께 각자의 실력과 성과를 측정해 보는 것이다. 하지만 우승이나 메달을 목표로 출전한 선수가 아닌 한 대회에 나가서 달리는 것은 함께 참가한 사람들과 경쟁하기 위한 것이 아니다. 옆에 있는 사람은 경쟁자가 아니라 함께 가는 친구이자 동료라는 사실을 잊지 말자. 그들 역시 걷고 싶고 쉬고 싶고 길에 누워 버리고 싶은 유혹과 끝없이 싸우며 거리와 코스와 나쁜 날씨와 고군분투하는 중이다. 그런 옆사람과 싸울 것이 아니라 그만두고 싶은 자기 내부의 유혹과 싸워서 이겨야하는 것이 바로 마라톤 레이스이다. 선수들에게 옆 사람은 승리에 대한 투지를 타오르게 하고 기록향상에 도움을 주는 경쟁자일지 모르지만, 펀런을 즐기는 아마추어 러너들에게 옆 사람은 서로 격려하고 고통을 줄여 주는 동반자이다.

대회에 출전하는 것은 가장 좋은 연습이라고 할 수 있다. 착실히 준비해서 대회에 출전하면 연습만 할 때와는 전혀 다른 마라톤의 세계가 보일 것이다. 그러기 위해서는 목표를 확실히 정하고 그에 맞는 실질적인 훈련을 해야 하는데, 그러려면 우선 어떤 대회에 어떤 종목으로 출전할지 결정해야 한다. 5km 건강달리기, 10km 단축마라톤, 하프코스 마라톤, 풀코스 마라톤, 혹은 100km 이상 달리는 울트라 마라톤도 있다. 자신의 체력과 지구력, 이제까지 연습해 온 거리, 현재 달릴 수 있는 거리를 냉정하게 따져 보고 그것을 바탕으로 대회 때까지 연습할 수 있는 시간도 생각해 본다. 모든 요소를 면밀히 고려해서 현실적으로 달릴 수 있는 종목으로 선택한다. 지금은 5km밖에 못 달리는 사람이 2개월 후에 열리는 대회에 풀코스를 신청하면 안 된다는 것이다. 대회 때까지 남은 기간 동안 할 수 있는 훈련에 대해서 계획을 세울 때도 가급적 욕심을 버리고 일상생활과 무리 없이 병행할 수 있도록 여유 있게 세운다. 대회라는 것에 처음 출전해 보는 사람이라면 처음부터 하프코스나 풀코스 마라톤에 나가기보다는 5km나 10km 대회에 참가해서 대회 감각을 익히고 자신감을 키워 보는 것도 좋다. 선수들처럼 기록향상이나 순위경쟁에 매달릴 것이 아니라 편안하고 즐겁게 끝까지 완주하는 것을 목표로 부상 없이 안전하게 달려야 함은 말할 것도 없다.

종목을 정했다면 좀더 구체적인 목표까지 생각해 본다. 물론 개인차가 있으므로 5km 완주가 목표인 초보 러너도 있고 풀코스를 3시간 이내에 완주하는 것이 목표인 수준급 러너도 있을 것이다. 이러한 구체적인 목표 역시 자신의 실력을 냉정히 따져 보고 결정해야 한다. 목표가 명확하면 성취감도 크고 즐거움도 크다. 물론 대회경험은 정말 소중한 것이지만 너무 잦은 대회출전으로 몸을 혹사시키지 않도록 한다(1주일에 한 번씩 풀코스를 달리는 것은 일종의 자학이 아닐까).

대회가 열리는 날짜와 시간, 장소가 참석 가능한 것인지 여부는 1차적으로 가장 먼저 체크해야 할 사항이고 코스에 대한 정보도 미리 알아 두도록 한다. 참가 신청을 할 때는 특별히 필요한 자격요건이나 준비해야 하는 것이 있는지 알아보고 대부분 인터넷으로 신청하면 된다. 이제까지 앞에 나온 황영조식 훈련 프로그램을 따라 충실하게 준비했다면 대회에 나가 풀코스를 달릴 날도 멀지 않았다. 안전하고 즐거운 달리기가 목표라는 것을 잊지 말고 4훈 3휴를 반드시 지키며 차분히 준비하자.

대회 준비도 대회의 일부

이상적인 대회 준비란 대회에서 자신이 가진 실력을 100% 발휘할 수 있도록 준비하는 것이다. 대회를 앞두면 평소보다 더욱 철저한 자기 관리와 절제가 필요하다. 술을 자주 마시는 사람들은 술도 줄여야 하고 흡연자라면 가급적 담배도 끊는 것이 좋다. 특히 체중 조절이 중요한데, 대회를 앞두고 체중이 늘어나면 기록이 저조해질 뿐만 아니라 레이스 자체도 힘들어진다. 선수들의 경우 당장 시합을 목전에 두었을 때는 훈련량을 줄이는데 그러다 보면 체중이 늘어날 수 있다. 그때는 연습도 중요하지만 체중유지가 관건이다(식사량도 줄이고 밤에 먹는 간식도 줄여야 한다). 시합을 앞두고 체중이 늘면 경기에서 최고의 기량을 발휘할 수 없다.

선수들의 경우 대회 2주 전부터 훈련량을 줄이고 1주 전부터는 식이요법도 시작한다. 당일 최상의 컨디션을 유지하려면 에너지를 어느 정도 비축해 두어야 하기 때문에 최소한 대회 2주일 전에는 모든 훈련을 끝낸다고 생각하고 마지막 주에는 훈련량을 줄인다. 하지만 숙련된 마라토너나 전문적인 선수가 아닌 보통 러너라면 그렇게 하기보다는 대회도 연습의 일부라고 생각하고 꾸준히 훈련을 지속해 나가는 것이 좋다. 이제까지 해 왔던 대로 시합 전까지 계속 연습을 하면서 대회 자체를 연습의 일부라고 생각하자.

또한 시합이 가까워지면 무엇이든 조심하고 또 조심해야 한다. 시쳇말로 '병장 말년에는 떨어지는 낙엽도 피하라' 는 이야기처럼 먹는 것부터 훈련장소까지 일거수일투족을 조심하고 또 조심해야 한다. 평소에 산길이나 차가 다니는 도로에서 훈련을 했다면 대회 전에는 무조건 안전한 장소만 골라서 훈련해야 한다. 실제로 대회를 며칠 앞두고 어이없는 부상으로 시합에 출전하지 못하는 선수들도 많다. 무슨 일이 있어도 다치거나 아프지 말아야 한다.

이런 것 역시 대회 준비를 위한 자기 관리라고 볼 수 있다. 출발 신호가 울리고 주로로 달려 나간 후에만 레이스가 시작되는 것은 아니다. 대회를 준비하는 과정도 레이스의 일부라고 생각하고 철저히 준비하자.

연습도 마찬가지이지만 대회는 더욱 변화무쌍하다. 장소와 시간이 같더라도 늘 상황은 달라지고 언제나 생각지도 못한 변수들이 돌출한다. 경주 상황에 미리 적응하는 연습으로 전혀 예상치 못한 일이나 당황스러운 상황에 철저하게 대비할 수 있도록 한다. 코스를 미리 답사하고 어떤 길을 달릴 것인지를 미리 봐 두는 것도 큰 도움이 될 것이다. 시간이 여의치 않으면 코스도라도 미리 확인해 보고 유사한 지형에서 연습해 보는 것도 좋다.

대회를 위한 연습에서는 경주에서 편안하게 달릴 수 있는 자신만의 페이스를 찾아서 레이스 훈련을 하는 것도 중요하다. 페이스뿐만 아니라 달리는 시간에도 적응해야 한다. 늘 저녁시간에만 달렸던 사람이 아침에 열리는 대회에 출전한다면 훈련시간을 대회 시간과 가까운 오전 시간대로 바꾸어야 한다. 평소에 저녁에만 달리기 연습을 했던 사람이라면 몸이 가지고 있는 신체시계도 저녁에 가장 왕성하게 활동하도록 맞춰져 있기 때문에, 생리적인 기능이나 운동기능도 그때가 되어야 가장 활발해질 것이다. 훈련시간과 경주시간이 많이 다르다면 신체리듬이 경기상황에 적응하지 못할 수도 있고 몸이 더욱 큰 부담을 느끼게 된다. 대회준비의 막바지 훈련은 가능한 한 경주 시간대에 맞추도록 하자. 현실적으로 매일 그렇게 하기 어렵다면 최소한 한두 번만이라도 대회시간에 달려 보아야 한다.

수면시간도 대회일정에 맞추어 조절해야 할 필요가 있다. 늘 10시까지 자던 사람이 8시에 모여 9시에 출발하는 대회에 나간다면 당연히 잘 달릴 수 없다. 그런 사람은 미리미리 기상시간을 조금씩 당겨서 대회 당일은 일어나자마자 좋은 컨디션을 유지할 수 있도록 조절해야 한다.

끝까지 함께 달릴 신발과 옷

평소 연습할 때 매일매일 사용하던 낡은 신발과 옷을 대회에서 사용하는 것은 바람직하지 않다. 5km나 10km와 같이 비교적 짧은 레이스에 도전하는 경우라면 연습할 때 사용하던 것을 그대로 사용해도 별 문제 없겠지만, 하프 코스나 풀코스 마라톤에 나간다면 대회에서 입고 신을 옷과 신발은 반드시 따로 준비해서 최고의 경기력을 보여 줄 수 있는 것으로 잘 보관해야 한다.

하지만 한 번도 신어보지 않는 새 신발을 대회 당일 처음 신고 달리는 것은 위험하다. 새 신발을 준비해 놓는 것은 좋지만 한두 번 정도는 연습할 때 신어 보고 테스트를 해 보아야 한다. 한두 번 신어보고 발에 잘 맞지 않는다면 과감 하게 버리는 용기도 필요하다. 비싸게 주고 구입했다고 해서 불편한 신발을 미련하게 신고 달렸다가는 새 운동화 값보다 병원비가 더 들지도 모른다. 경 기복도 신발과 마찬가지로 대회에 입고 나갈 옷은 한두 번 미리 입어보고 입고 달리는 데 문제는 없는지 불편하지는 않은지 테스트해 보아야 한다.

조금이라도 가벼운 신발을 신으면 기록이 향상될 것이라고 생각하겠지만 평소에 신어 보지도 않았던 선수용 마라톤화를 대회에 신고 출전하는 것은 굉장히 위험한 일이다. 선수용 신발은 선수들을 위해 만들어진 것이라서 얇 고 가벼운 대신 쿠션기능이 약하기 때문에 초보 러너들에게는 관절에 큰 충 격을 줄 수 있으며 특히 체중이 많이 나가는 사람이라면 잘못하다 영영 달릴 수 없을 만큼 심각한 부상을 입을 수도 있다.

출발할 때는 춥더라도 달리다 보면 체온이 많이 올라간다는 것도 염두에 두 고 옷을 고르도록 한다. 물론 기온이 높을 때는 가능한 가볍게 입어야 하지만 날씨가 쌀쌀할 때는 체온저하를 막는 것이 중요하다. 출발 전까지 겉옷을 입 고 있다가 출발하기 직전에 벗는 것도 방법이며, 기온이 더욱 떨어져서 얇은 운동복만으로는 견디기 힘든 날은 경기 초반까지 김장용 비닐봉투 같은 큰 비닐자루를 뒤집어쓰고 달리다가 레이스 중에 벗어 버릴 수도 있다.

필자의 경우 선수시절 시합 날 입을 유니폼은 손으로 직접 정성껏 빨았다. 40km가 넘는 풀코스를 끝까지 함께 달릴 옷이라는 생각으로 최대한 정성껏 다루었다. 손수 빨고 직접 손질도 하면서 기도하는 심정으로 다루었으며(다른 사람이 손도 대지 못하게 함은 물론이다) 시합을 앞두고는 아예 잠잘 때 머리맡에 두었을 정도였다. 이게 바로 레이스에 바치는 간절한 정성 아닐까? 이런 열정과 명확한 목표의식이 합쳐져야만 성공적인 레이스도 가능하다.

결전의 날이 밝다!

대회 당일 경기장에 가져가야 할 용품들에 대한 체크리스트를 미리 만들어두고 대회 전날 밤에 완벽하게 준비해 두자. 체크리스트에 들어갈 것으로는 신발, 양말, 위아래 운동복, 에어파스, 맨소래담 로션, 바셀린, 번호표, 옷핀, 칩 주머니, 시계 등이 있을 것이다. 날씨가 춥다면 장갑, 모자, 목도리 등을 챙기고 더운 날은 모자와 선글라스, 자외선 차단제 등을 챙기도록 한다. 당일 아침에 급하게 챙기려다 보면 중요한 용품을 빠트릴 수도 있고 우왕좌왕 하다가 경기가 시작되기도 전에 사소한 것들로 인해 짜증이 나거나 스트레스를 받을 수도 있다. 경기 직전에는 심리적으로 날카로워지고 예민해지므로 미리미리 잘 챙겨두고 꼼꼼히 준비해 둔다. 전날 밤에 충분한 수면을 취하는 것도 잊지 말아야 한다.

경기 당일에는 최소한 경주 시작 3~4시간 전에 일어나서 식사를 해야 한다. 아침에 하는 경기라면 공복에 달려도 좋지만, 만약 아침식사를 해야겠다면 최소한 경주 시작 3시간 전에는 숟가락을 놓아야 한다. 탄수화물 음식이 들어가면 인슐린이 분비되면서 글리코겐이 사라질 수 있으므로 경주 시작 1~2시간 전에는 음식을 먹지 않는 것이 좋다. 아침식사는 양보다 질에 신경 쓰도록하고 위에 부담이 될 수 있는 기름진 음식은 피하고 거북한 느낌이 들 정도로배불리 먹지 말아야 한다. 한식을 먹을 경우는 맑은 국과 찰밥에 김, 멸치, 콩자반, 백김치와 같은 것을 먹는다. 가급적 위장에 자극이 없는 음식으로 오이나 토마토와 같은 생채소를 곁들이는 것도 좋다. 식사를 하기 부담스럽다면찰떡, 카스텔라, 바나나 같은 것으로 간단하게 요기할 수도 있고, 커피를 한잔 마시는 것도 좋다. 단, 섬유질이 많은 음식을 먹으면 자칫 경기 도중 설사를할 수 있으므로 주의해야 한다. 물은 출발 전까지 목이 마르지 않을 정도로 조금씩 마시면서 준비한다. 출발 1시간 전, 30분 전, 5~10분 전에 각각 100ml정도씩 마신다.

당일 아침에는 최소한 1시간 전에 경기장에 도착할 수 있도록 여유 있게 출발해서 미리 화장실의 위치도 파악해 두고 출발선과 결승선을 통과하는 방법, 코스 중 시간을 체크하는 지점, 음료수 테이블과 음식물을 공급하는 곳도알아 둔다. 시작 전에 약간의 시간 여유가 생긴다면 혼자 차분한 마음으로 휴식을 취하도록 한다. 이때는 다른 사람의 휴식을 방해하지도 말고 가급적 말도 아끼면서 조용히 혼자 쉬도록 한다. 사실 대회를 앞두면 1주일 전부터 긴장과 초조감으로 신경이 날카로워지게 마련인데, 그래서 경기 직전에는 차분하게 마음을 가다듬는 시간이 더더욱 필요하다. 필자는 경기 당일에는 감독님이 무언가 물어보셔도 대답도 하지 않았다. 기운을 아끼기 위해서 말 한마디도 아끼려는 것이었다.

선수들은 보통 시합 1시간 전에 화장실을 다녀온 후 준비운동을 한다(스트레칭, 체조, 워밍업 조깅, 데쉬 연습 등). 처음부터 100% 페이스로 달릴 수 있는 상태를 미리 만들어 두는 것인데, 일반인들은 선수들처럼 워밍업을 많이 할 필요는 없다. 오히려 워밍업에 에너지를 너무 많이 소모하면 출발하기도 전에 지쳐버릴 수도 있다. 가볍게 걷는다거나 천천히 조깅을 하는 정도로 워밍업을 하는 것이 좋다(체력도 부족한 일반인이 선수처럼 지나치게 몸을 풀었다가 정작 경주가 시작된 후에는 다리가 풀려 버리는 경우도 많이 보았다) 시작하기 전에는 가벼운 스트레칭만 하고 평소 연습 때 워밍업 조깅을 하는 것처럼 천천히 달리는 것으로 시작해서 출발 후 달리면서 몸을 풀고 워밍업을 하는 것도 한 방법

황 영 조 의   마 라 톤   토 크 Talk

_ 음료수 테이블은 사막의 오아시스

주로를 달리다 보면 일정한 간격으로 음료수 테이블과 스펀지 테이블이 있다. 5km마다(5km, 10km, 15km…) 음료수 테이블이, 7.5km 지점부터 5km 간격으로(7.5km, 12.5km, 17.5km…) 스펀지 테이블이 있다. 이때 목이 마르지 않더라도 지나치지 말고 반드시 꼬박꼬박 챙겨서 목을 축여야 한다. 갈증을 느낄 때는 이미 늦는 것이다. 특히 기온이 높은 여름에는 음료수 테이블을 사막의 오아시스라고 생각해야 한다. 갈증이 느껴지지 않는 상태라 하더라도 오아시스를 만난 낙타처럼 물이 있을 때 몸에 물을 충분히 채워 두어야 한다. 스펀지 테이블 역시 그냥 지나치지 말고 반드시 스펀지를 집어서 땀도 닦고 그 물로 피부의 열을 식혀 주어야 한다. 이전에 음료수 테이블을 그냥 지나쳐서 물을 못 마셨다면 스펀지로 입을 축여도 된다(스펀지를 적시는 물도 깨끗한 물이므로 안심해도 된다).

레이스 중에 음료수 테이블 표시가 나오면 주로 오른쪽으로 붙어 물 마실 준비를 해야 한다. 일단 종이컵을 안전하게 잡은 후 물이 한꺼번에 쏟아져 나오지 않도록 컵 입구를 구겨서 좁힌 후 조금씩 마시는 것이 좋다. 달리면서 물을 마시기란 쉬운 일이 아니다. 자칫 기도로 넘어가서 사레가 들리면 경기를 망칠 수 있으므로 요령 있게 조금씩 마셔야 한다.

이다. 워밍업은 무작정 많이 한다거나, 남들을 따라 해서는 안 된다. 자신의 체력수준과 그날의 컨디션을 잘 파악하고, 적당히 조절해야 한다. 뿐만 아니라 날씨상황도 잘 고려해서 기온이 낮은 날은 평소보다 더 많이 워밍업을 해야 한다.

드디어 출발! 레이스 is 페이스

레이스에서 가장 중요한 것, 목숨 걸고 지켜야 할 것은 바로 페이스이다. 경험이 없는 러너일수록 경주 초반에 오버페이스하는 경우가 많다. 처음에는 가벼운 마음으로 천천히 달리다가 서서히 자신의 페이스로 올라가는 것이 좋다. 오버페이스가 얼마나 무서운 것인지는 앞에서도 이야기했지만, 특히 마라톤 대회에서는 40km까지 잘 달렸다 하더라도 1km를 오버페이스로 가면 마지막 1.195km는 마치 1,195km처럼 느껴질 것이다. 이때 페이스를 지키는 것 역시 자기 절제가 필요하다.

초반 오버페이스는 특히 더 위험한데, 출발할 때 들뜬 기분에 컨디션이 유난히 좋은 것처럼 느껴진다 하더라도 절대 오버페이스를 하며 먼저 앞질러 나가서는 안 된다. 시작 전 웅성거리는 사람들과 여기저기에서 터지는 플래시까지 대회장의 들뜬 분위기 때문에 심리적으로 흥분된 상태로 출발하게 되므로 초반에는 자기도 모르게 평소보다 빨리 달리게 된다. 하지만 그럴수록 출발선에 서서 마음을 가다듬고 대회를 준비하면서 연습했던 자신의 경주 페이스의 80~90% 정도를 유지하며 출발해야 한다. 출발 후 어느 정도 시간이 지나면 전반적으로 레이스가 정돈되면서 경기 참가자들 각자가 자신의 페이스를 어느 정도 찾아가게 된다. 그때부터는 100% 자신의 페이스로 달리기 시작한다. 힘의 70%를 달리는 데 쓰고 나머지 30%는 저축해 둔다고 생각하고 목표보다 약간 느린 속도로 출발한다. 이때는 무엇보다 냉철한 경기운영과 페이스를 지키는 자제력이 필요하다.

선수들의 경우 일반인과 달리 처음부터 끝까지 100% 페이스를 유지하며 달려야 하기 때문에 시작 전에 충분히 워밍업을 한다. 일반인이라면 선수들의 그런 워밍업을 쫓아하기보다는 느린 속도로 여유 있게 레이스를 시작한 이후 조금씩 몸을 풀어가면서 중반 이후로 자신의 페이스를 유지해야 한다. 실력이 비슷한 파트너와 함께 대회에 출전해서 서로의 페이스를 체크해 주는 것도 좋은 방법이다.

풀코스 마라톤에서는 자신의 페이스에 올라 꾸준히 달리다 보면 레이스 중반 이후 35km를 전후로 죽을 만큼 고통스러운 순간이 온다. 30km를 지나면 몸속에 비축해 둔 글리코겐이 모두 고갈되어 체력이 급격하게 떨어지기 때문인데 레이스 후반까지 지치지 않고 꾸준히 달리려면 20~30km 구간에서부터 미리 페이스를 잘 분배해야 한다. 보통 처음 풀코스에 도전하는 사람들은 초반에 좋은 기록으로 달렸다 하더라도 '마라톤 벽'이라고 부르는 30km를 넘어가면 페이스를 유지하지 못하고 뒤처지는 경우가 많다. 그때부터는 인내심과 정신력의 싸움이다. 참고 견디는 정신력도 연습과 훈련을 통해서 길러지는 것이다(필자는 선수 때나 지금이나 마라톤은 30km부터 시작이라고 생각한다).

마라톤은 자기 몸의 움직임에 대해서 스스로 예민하게 느낄 수 있는 감이 좋아야 잘할 수 있다. 한 가지 당부할 것은 달리는 동안 자신의 에너지를 100% 다 써버리지 말라는 것이다. 오늘만 달리고 말 것은 아니지 않은가! 이 좋은 달리기를 평생 계속할 것이라면 한 번 대회에 모든 것을 걸고 달리지는 말자.

레이스 중에도 페이스가 빠른 사람은 왼쪽으로, 페이스가 느리거나 지친 사람은 오른쪽으로 붙어서 달려야 하고, 도저히 달릴 수가 없어서 걸어야 하는

황 영 조 의 마 라 톤 토 크 Talk

_ 페이스메이커를 따라가자

완주든 기록이든 목표를 정했다면 자신이 달리는 페이스를 체크해 가며 달려야 한다. 그러려면 레이스 중에 시간을 확인하거나 함께 달리는 사람 중에서 자신의 페이스와 비슷한 사람을 정해서 쫓아가는 것도 방법이다(이때는 자신보다 체구가 약간 큰 사람을 쫓아가는 것이 편안할 것이다).

대회에는 페이스메이커라고 불리는 주자들이 있다. 거의 대부분의 대회에는 페이스메이커가 있는데, 이들은 주자들이 좋은 기록을 낼 수 있도록 일정한 페이스를 지키며 옆에서 함께 달려 준다. 선수들은 자신의 페이스에 맞는 페이스메이커를 쫓아가면 일정한 페이스를 유지할 수 있는 것이다. 목표시간에 정확하게 맞춰서 들어오는 사람들이라서(오차라고 해 봐야 겨우 30초 이내이다) 페이스 조절에 미숙한 초보 러너들에게는 굉장히 큰 도움이 된다. 커다란 글씨로 3시간, 3시간 30분, 4시간이라고 자신의 정체(?)를 밝히는 목표시간이 쓰여진 풍선을 달고 달리므로 찾기도 쉽다.

선수들이 출전하는 대회에도 페이스메이커가 있는데 일반대회가 아닌 국제종합대회에는 없다. 국제종합대회는 국가간 대항으로 치러지는 경기로 각국을 대표하는 정예의 국가대표 선수들이 출전하여 자국의 자존심을 걸고 달리는 경기이기 때문에 이때는 주자를 도와 주는 페이스메이커 없이 경기가 진행된다.

풀코스의 경우 일반적으로 30km까지는 페이스메이커들이 선두그룹을 이끌다가 진정한 레이스가 펼쳐진다고 할 수 있는 30km 이후부터는 우승이 유력한 주자들이 치고 나오면서 승부를 낸다(진정한 마라톤은 30km지점부터 시작이다). 보통 하프코스 기록이 좋은 선수들이 페이스메이커로 기용되는 경우가 많고, 이들은 자신이 맡은 구간에서 일정한 페이스로 달려 사람들을 끌어가고 나면 레이스에서 빠지곤 한다.

상황이라면 주로에서 벗어나 인도로 올라가는 것이 마라톤 에티켓이다.

실제로 달리다 보면 눈살을 찌푸리게 하는 주자들도 많이 볼 수 있다. 대회 주최측의 안내나 통제를 전혀 따르지 않는다거나 대회규정을 지키지도 않고 쓰레기를 함부로 버리는 행동, 일부러 다른 사람이 달리는 것을 방해하는 등 기본적인 매너도 갖추지 않는 주자도 종종 있다. 그런 사람이라면 자신과의 진정한 싸움에 도전할 자격도 없는 것이 아닐까? 다른 사람을 앞서 갈 때는 격려의 말도 한마디 해 주고 노약자나 장애우를 만나면 조심스럽게 길을 비켜 주는 따뜻한 시민의식이 필요하다.

대회 전 1주일 최강의 에너지 충전, 황영조의 비밀식단

대회 전에는 먹는 것에도 세심하게 주의를 기울여야 한다. 끝까지 잘 달리기 위해서 몸에 에너지를 충분하게 채우는 특별한 방법이 있다. 선수들 역시 시합 전 식이요법은 컨디션 조절에 매우 중요한 사항이기 때문에 지도자가 정해 준 메뉴대로 철저하게 지켜가며 먹는다. 평소에도 충분히 단백질을 섭취하도록 해야 하지만, 특히 대회 1달 전부터 더욱 신경을 써서 균형 있게 골고루 먹어 주어야 한다. 5km나 10km 종목에 참가하는 사람들에게는 별도의 식이요법이 필요 없지만, 풀코스 마라톤을 준비하는 사람들은 탄수화물을 몸에 채우는 카보로딩 _Carbo-loading_ 이 필요하다.

대회 1주일 전부터는 몸에 탄수화물을 쌓기 위한 식이요법을 시작하는데, 대회를 앞두고 6일 전부터 앞의 3일은 단백질, 뒤의 3일은 탄수화물을 먹는 것이 일반적인 방법이다. 근육은 글리코겐이라는 에너지원을 사용해서 움직이거나 힘을 내는데(탄수화물이 몸에 들어가면 글리코겐의 형태로 저장된다) 글리코겐을 몸에 가득 채워 두어야만 레이스 후반까지 에너지 고갈 없이 잘 달릴 수 있다.

필자 역시 선수시절 시합 1주일 전부터는 식이요법을 시작했다. 앞의 3일간은 쇠고기를 먹었다. 단백질 섭취가 목적이라기보다는 후반 3일 동안 몸에 최대한 많은 탄수화물을 축적하기 위해 몸에서 탄수화물을 없애는 것이었다. 바싹 마른 스펀지가 물을 더 많이 흡수할 수 있듯이 몸에서 탄수화물을 말려 탄수화물을 더 많이 흡수하도록 만드는 원리이다. 그래서 앞의 3일 동안은 절대 탄수화물을 먹지 않고 몸에서 탄수화물이 완전히 빠져나가면 뒤의 3일 동안 집중적으로 탄수화물을 섭취한다. 밥이나, 빵, 면, 떡과 같은 탄수화물 음식을 먹으면서, 마른 스펀지에 물을 흡수시키듯이 달리는 동안 에너지로 사용될 글리코겐을 몸에 최대한 비축해 둔다. 이 후반 3일 동안에는 운동량도 줄여 체내에 축적한 글리코겐이 소비되는 것을 최대한 줄여야 한다. 이렇게 카보로딩을 해 두면 근육 속에 글리코겐 저장량이 평소의 2배로 늘어나 결국 끝까지 지치지 않고 잘 달릴 수 있는 지구력 향상으로 이어진다. 더욱 빠르게 많은 글리코겐을 근육에 저장시키려면 오렌지 주스와 같은 구연산을 함께 먹는 것이 효과적이다.

경기가 시작된 후에도 마찬가지이다. 10km 지점에서는 물이나 스포츠음료를 마시는 정도로도 충분하지만 20km 지점에서 꿀물이나 바나나와 같은 탄수화물이 들어간 것을 미리 먹어 두어야 한다. 30km 이후부터는 글리코겐이 전부 고갈되기 때문에 20km부터 미리미리 탄수화물을 먹어 보충해 두는 것이다.

필자는 감독님의 지도를 받으며 91년 7월 영국 셰필드 유니버시아드 대회(대회신 우승)와 한국 최초로 마의 10분 벽을 돌파한 92년 2월 벳뿌-오이타 마라톤 대회(한국최고기록 2시간 8분 47초), 그리고 92년 8월 바르셀로나 올림픽 대회에서 특수한 식단에 따라 먹었었다. 사실 이것은 이제까지 공개하지 않았던 내용인데, 한 가지 주의할 점은 이 식단은 어디까지나 '마라톤 선수 황영조'의 식단으로 작성된 것이므로 선수가 아닌 일반인 등 모든 사람에게 맞는 식단은 아니라는 것이다.

월요일 아침식사부터 수요일 점심식사까지 8끼는 단백질 음식을 먹는다. 즉 아무런 양념을 하지 않은 쇠고기로(소금도 빼고) 지방이 없는 살코기만 프라이팬에 살짝 익혀서(너무 익히면 질겨서 못 먹는다) 먹는다. 이때 쇠고기는 안창살이나 제비추리, 안심과 같은 부드러운 부위를 골라서 먹었다. 사실 운동까지 하면서 이렇게 8끼를 먹으면 살이 쏙 빠지고 체중도 3~5kg 정도 확 줄어든다. 뿐만 아니라 정말 괴롭다. 사실 선수들은 평소의 식사량이 엄청나게 많은데, 갑자기 식사량을 이렇게 줄이고 다른 음식은 일절 먹지 못하게 하니 살이 빠질 수밖에 없다. 음료도 생수만 마셔야 하고, 고기 이외에 먹을 수 있는 음식이라고는 겨우 삶은 계란(그것도 1끼에 한두 개 정도, 역시 소금 없이) 뿐이다.

수요일 저녁식사는 탄수화물 위주의 식사로 돌아온다. 우선 처음에는 회복식으로 전복죽을 먹는데, 정상적인 식단으로 바로 넘어가기 전에 회복식의 단계를 거치는 것이다. 우선 죽을 먹고 나서 1시간 정도 뒤에 밥을 먹는다. 일단 식단은 탄수화물 위주의 보통 식사로 돌아오지만 맑은 된장국에 찹쌀로 만든 찰밥을 먹고, 오렌지 같은 과일이나 잣, 호두와 같은 식물성 지방이 풍부한 견과류도 함께 먹는다. 이 단계에서는 빨리 몸을 회복해야 하므로 충분히 잘 먹는 것이 중요하다. 이때부터는 하루가 다르게 몸에 에너지가 확확 올라가는 것이 느껴진다. 김치도 위에 자극을 주지 않는 백김치로 먹고, 멸치 김, 연근, 콩 같은 것을 반찬으로 먹는다. 일단 소화가 잘되는 것으로 먹어야 하므로 자극적이거나 기름진 음식은 피한다. 오이나 당근 같은 채소도 골고루 먹는다. 목요일부터 일요일 아침식사까지는 이렇게 위에 부담을 주지 않는 탄수화물 위주의 식사를 한다. 사실 시합을 앞두면 몸이 그 어느 때보다 예민해지므로 쉽게 탈이 나곤 한다.

일반인들도 이런 식단을 따라해 보는 사람이 많은데, 사실 이런 식이요법은 굉장히 고통스럽고 힘든 것이다. 선수들도 전반 3일 고기만 먹는 식이요법 때문에 후반 3일에 회복을 못하고 기량을 발휘하지 못하는 선수들도 많다. 그리고 선수들도 개인차가 커서 회복이 느린 선수들은 자신의 회복 속도에 맞게 식이요법의 스케줄을 조절한다. 전반 3일은 단백질 위주, 후반 3일은 탄수화물 위주라는 원칙을 제시했지만, 일반인이라면 완전히 고기만 먹는 고통스러운(?) 식단보다는 단백질 : 탄수화물의 비율을 7:3이나 8:2 정도로 조정하는 방법을 추천하고 싶다. 즉 고기만 먹는 식사를 할 때도 단백질 80%에 탄수화물 20% 정도를 함께 먹는 것이다. 체력이 약하거나, 식이요법이 맞지 않는 선수들의 경우 전 3일 : 후 3일로 나누는 대신 전 2일 : 후 4일로 나누어서 식이요법을 할 수도 있다. 즉 월요일 아침식사부터 화요일 저녁식사까지 6끼만 단백질 음식을 먹고, 수요일 아침부터는 죽으로 시작해서 서서히 정상적인 탄수화물 위주 식사를 하는 것이다.

한 가지 더 비밀을 공개하자면, 필자가 선수생활을 할 때 대회 전날에는 잠을 자기 전에 꼭 생크림 케이크를 한 조각씩 먹곤 했다. 고열량의 케이크로 조금이라도 더 많이 몸에 에너지를 채우려는 것이었다.

훈련에 따라 몸의 변화도 달라지므로 무조건 선수들의 식단을 따라하기 보다는 자신의 몸에 맞는 최적의 식이요법을 찾아서 스스로의 훈련과 식이요법을 전문화하는 것이 바람직하다. 또한 평소에는 영양섭취에 신경도 안 쓰다가, 대회 직전에 이것저것 평소에 먹지도 않던 것들을 먹어 봤자 효과도 없

다. 훈련도 마찬가지지만, 자신이 가진 기량을 최대한 발휘하려면 영양섭취
도 평소부터 신경 써야 한다.

완주를 위한 마인드컨트롤

대회는 자신의 실력을 정확히 시험할 수 있는 기회이고, 대회의 결과는 공
식적으로 인정된 자신의 실력이기 때문에 러너들은 다들 평소보다 무리해서
라도 좋은 기록을 내려고 애쓴다. 문제는 그러다 보면 오버페이스를 하게 되
어 부상으로 이어진다는 것이다. 아예 달리기 전부터 긴장과 초조함으로 지
쳐 버리는 경우도 있다. 그래서 레이스 전에는 차분하게 자신을 잘 다독이고
마음을 안정시키는 셀프토크로 스스로 긴장을 풀어야 한다. 실력을 100% 발
휘하기 위해서는 신체적인 훈련만 열심히 한다고 되는 것은 아니다. 심리적
으로도 너무 들뜨거나 너무 가라앉지 않도록 자신의 심리상태를 잘 컨트롤해
야만 좋은 기록과 즐거운 완주라는 멋진 작품이 나오는 것이다.

대회를 앞두고 오는 심리적인 흥분은 신체와도 연결되어 몸의 컨디션도 함
께 뜨는 기분이 드는데, 문제는 그러다 보면 자기 몸, 지금 현재의 컨디션이
좋은지 안 좋은지를 정확하게 판단할 수 없게 된다는 것이다. 그래서 대회에
서 사고가 많이 나는 것이다. 게다가 그런 흥분과 긴장은 생각보다 에너지 소
모가 크기 때문에 그런 상태로 오버페이스를 하며 달리게 되면 더욱 심각한
부상을 입게 된다. 대회를 앞두고 있다면 몸의 컨디션을 잘 조절하는 것도 중
요하지만, 심리상태까지도 차분하게 조절하고 객관적으로 바라볼 수 있어야
한다.

선수들의 경우 이런 긴장과 초조함은 일반인들보다 더 심하다. 기록이나

승리에 대한 부담감과 경쟁에 대한 강박관념 때문에 시합도 하기 전에 무너지는 것이다. 그래서 경기를 앞두고 마인드 컨트롤을 잘 하는 선수들이 경기에서도 좋은 성적을 내곤 하는데, 대체로 큰 대회에 강한 선수는 대찬 성격이 많다. 한마디로 배짱이 좋아서 경기 전에도 떨거나 긴장하지 않고 차분하게 자신을 컨트롤할 수 있다. 그런 선수들은 자기 몸에 관해서는 완벽주의 성향을 가지고 있어서 자기관리도 무척 철저하다. 그것이 바로 프로로서의 자부심이다. 아마추어 러너라고 해서 다를 것은 하나도 없다. 자기 몸을 자기가 잘 간수하겠다고 생각하면 되는 것이다. 그러면 늘 최상의 컨디션을 유지하며 안전하게 달릴 수 있다.

대회를 마치고 몸 회복하는 법

드디어 결승선이 보인다! 이제까지 힘들게 달려온 길을 생각하니 눈물이 다 날 지경이다. 이제 영광스러운 완주를 마치고 결승선을 밟기 직전, 결승선에 들어오면 가장 먼저 무엇을 해야 할까?

결승선에 들어오자마자 달리던 것을 바로 멈추거나 트랙(혹은 바닥)에 눕는 것은 좋지 않다. 다음 훈련이나 다음 날의 활동을 생각한다면 달리고 들어와서 바로 멈추지 말고 힘들더라도 가볍게 몸을 움직여 주어야 한다. 그래야만 근육경련이 일어날 위험도 적어지고 다음 운동을 위해서 몸을 빨리 회복시킬 수 있다. 결승선을 밟자마자 드러누워 버리는 것은 자칫하다 습관이 될 수도 있고, 일어나면 몸이 더욱 무겁게 느껴질 것이다.

10km나 5km 경주와 같은 짧은 구간의 경우에는 쿨링다운 스트레칭을 해야 한다. 결승선을 통과하여 들어온 직후에 천천히 달리거나 빠른 걸음으로

10분 정도 몸을 움직여 주고, 그러고 나서 쿨링
다운 스트레칭으로 몸을 운동상태에서 안정상
태로 되돌린다. 쿨링다운 스트레칭으로 심박수
나 호흡을 늦추고, 체온과 혈액 속의 호르몬 수
준도 정상으로 회복하는 것인데, 이때 스트레칭
을 해 주어야만 근육과 혈액에 축적된 피로물
질, 즉 젖산을 더욱 빠르게 제거할 수 있다.

▲ 온몸의 에너지가 완전히 빠져 나간 기분이 든다면
그냥 몸이 하는 대로 푹 쉬는 것이 좋다.

　하프코스나 풀코스 같은 장거리 경주 후에는
체온이 떨어지는 것을 막아야 한다. 마찬가지
로 곧바로 달리기를 멈추거나 드러눕지 말고 담요나 외투를 걸치고 경기장
주변을 천천히 걷는 것이 좋다. 발은 이미 부어 있는 상태이고 물집도 잡혀
있을 것이므로 운동화를 벗거나 크고 편한 신발로 갈아 신고 천천히 걸으면
서 갑작스러운 체온저하를 막는다. 이때 물이나 스포츠음료를 충분히 마셔서
체내 수분을 보충해 주어야 하며, 글리코겐이 모두 고갈되어 근육은 극심한
피로상태이므로 탄수화물을 섭취해서 글리코겐을 보충해야 한다. 결승선을
밟은 후에는 꿀물이나 스포츠음료를 마시고 배가 고프지 않더라도 전복죽이
나 부드러운 카스텔라, 바나나처럼 탄수화물이 풍부한 과일을 먹어 두는 것
이 좋다.

　대회를 마친 후 1주일간은 완전휴식을 취하는 것이 좋다(어떤 수준으로 달
렸느냐에 따라 휴식기간과 방법이 달라지는데, 연습 때처럼 가볍게 달렸다면 완전
히 쉬는 것보다는 가벼운 조깅으로 피로를 풀어주는 것이 오히려 빠르게 회복할 수
있는 방법이 된다). 달리는 중에 근육조직의 미세한 손상이 누적되게 되는데
그 손상이 치유되는 과정에서 염증이 생길 수도 있다. 근육조직이 손상되면
고갈된 글리코겐을 회복하는 속도도 느려지기 때문에 1주일 정도 지나도 완

전회복은 어렵다. 그래서 경주 후 1주일 정도는 탄수화물 위주의 식사를 하면서 훈련량을 줄이고 충분히 쉬는 것이 좋다. 또한 이때는 감기나 독감에 걸리기 쉬우므로 잠도 충분히 자고 가급적 스트레스를 피해야 한다. 대회 후의 회복시간은 달린 거리에 비례해서 그 기간을 정하면 된다. 5km를 1주일로 잡고 1km씩 증가할 때마다 하루씩 더 쉰다고 생각하면 된다. 거리가 길어질수록 회복기간이 길어지는 것이다. 즉 5km는 1주, 10km는 1~2주, 하프코스는 2~3주, 풀코스 마라톤은 4~6주 정도를 회복기간으로 잡고 몸 상태를 회복하는 데에 최선을 다해야 한다.

 긴 거리든 짧은 거리든 대회를 마치고 나서 온몸의 에너지가 완전히 빠져나간 기분이 든다면 그냥 몸이 하자는 대로 따라가며 잘 먹고 잘 자고 푹 쉬는 것이 가장 좋다. 사우나를 하거나 온천욕을 하는 것으로 근육에 쌓인 피로를 풀어 주는 것도 좋은 방법이다(단 이때 주의할 점은 경기 직후에 몸이 아직 더운 상태일 때는 뜨거운 탕에 들어가서는 안 된다는 것이다. 근육이 쿨링다운되지 않은 상태에서는 찬물로 식혀 주는 것이 먼저이다).

PART 6

부상치료와 회복

구별해야 할 통증과 알아야 할 부상, 선수들의 마사지 비결까지

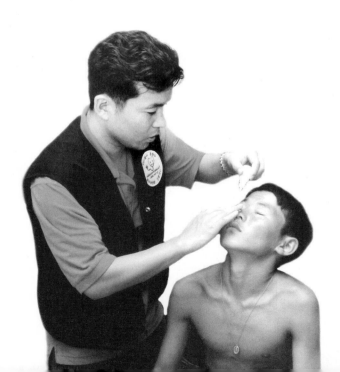

부상은 오로지 당신 탓이다

농구나 야구, 축구처럼 여러 사람이 함께 하는 운동이나, 특정한 기구를 사용하는 운동을 할 때는 예상치 못한 사고로 어쩔 수 없이 부상을 당하는 경우가 많다. 가령 공에 맞는다거나, 상대편 선수와 몸싸움을 벌이다가 다치는 것과 같이 스스로 제어할 수 없는 사고가 비일비재하다. 하지만 마라톤은 혼자 하는 운동이라서 마라토너의 부상은 거의 모두 스스로 만든 것이라고 할 수 있다. 통증을 무시하고 연습량을 늘린다거나, 아니면 아예 몸에 대해 잘 몰라서 이것이 부상을 경고하는 통증인지, 흔히 생길 수 있는 고통인지 구별을 못 하는 것이다. 교통사고나 천재지변에 의한 사고가 아닌 한, 마라톤의 부상은 오로지 당신 탓이다. 하지만 그 말은 뒤집어 생각해 보면, 자기 스스로 어떻게 하느냐에 따라서 충분히 다치지 않고도 안전하게 달릴 수 있다는 말이 된다. 결국 문제도 해답도 모두 당신이 가지고 있다.

달리기는 심장과 폐, 심혈관계통의 기관을 강화시키지만, 달리는 동안 몸무게를 지탱하고 지면과의 충격을 흡수하는 하체 근육과 골격에 큰 부담을 주는 운동이다. 그래서 몸의 아래쪽으로 내려갈수록 부상 가능성도 커지고 부상의 정도나 위험성도 심각해진다. 발바닥 물집이라든가 발톱에 멍이 드는 것과 같은 가벼운 부상에서부터 건염이나 인대 손상, 골절, 부목 등 심각한 부상에 이르기까지 부상의 종류는 굉장히 다양하다. 그리고 발끝부터 머리끝까지 온몸이 부상 가능 부위라고 할 수 있다.

한마디로 부상은 몸이 감당할 수 없는 활동을 하기 때문에 생긴다. 체력과 실력에 맞지 않는 훈련 프로그램을 따라 한다거나 잘못된 자세를 고치지 않고 훈련하는 경우이다. 실력에 맞는 훈련이라 하더라도 회복할 수 있는 휴식 시간 없이 지나치게 몸을 혹사시키면 당연히 부상이 따를 수밖에 없다(앞에서부터 강조해 온 휴식의 중요성을 다시 한번 떠올려 보자). 부상은 교통사고처럼 어느 순간 갑자기 나타나는 것이 아니라 달리다 보면 조금씩 그 징후가 나타난다. 그런데 이때 이것을 모른 척하거나 무지해서 통증을 통증인 줄 모르고 넘어가는 경우, 돌이킬 수 없는 부상으로 이어지는 것이다. 몸이 보내는 신호에 귀를 기울이고 자신의 체력과 컨디션, 실력, 라이프스타일까지 고려하여 신중하게 훈련을 해야 한다.

스트레칭으로 부상을 예방하자

같은 동작을 끝없이 반복하는 달리기는 같은 근육을 같은 범위 내에서 계속 운동시키기 때문에 유연성은 떨어질 수도 있다. 그래서 유연성을 기르는 스트레칭이 반드시 필요하다. 준비운동과 정리운동은 몸에게 운동이 시작되었다는 신호와 운동이 끝났다는 신호를 보내는 것으로, 워밍업은 본운동을 안전하게 할 수 있도록 몸을 따뜻하게 데우고 굳어져 있는 관절과 근육을 부드럽게 풀어주는 준비단계이고 쿨링다운은 운동이 끝났으니까 몸을 진정시키고 평소의 혈압과 심박수, 체온으로 다시 돌려놓는 정리단계이다.

준비운동과 정리운동은 각각 스트레칭과 체조로 나눌 수 있는데, 쉽게 말해서 스트레칭은 근육을 풀어주고 체조는 관절을 풀어주는 역할이라고 생각하면 된다. 그래서 준비운동을 할 때는 스트레칭을 먼저 한 후 체조를 하고,

황 영 조 의 마 라 톤 토 크 Talk

_ 아침에 달리면 부상위험이 크다?

아침에 달리는 것이 좋은지, 저녁에 달리는 것이 좋은지에 대해 의견이 분분하지만, 사실 모든 사람에게 꼭 맞는 정답은 없다. 아침에 달리는 게 더 좋은 사람은 아침에 달리면 되고, 저녁에 컨디션이 더 좋은 사람은 저녁에 달리면 된다. 그리고 자신의 라이프스타일을 고려해서 빼먹지 않고 훈련할 수 있는 시간을 정하는 것이 좋다.

부상과 관련해서 이야기하자면, 아침에 달릴 때는 워밍업과 스트레칭을 특히 더 철저히 해 주어야 한다. 저녁시간에는 낮 동안 관절과 근육이 어느 정도 부드럽게 풀려 있는 상태라서 부상 위험이 적지만, 아침에 일어나자마자 몸을 무리하게 움직이면 굳어져 있던 근육과 관절이 제대로 움직이지 않아서 부상을 입기 쉽다.

하지만 필자의 경험에 의하면 대체로 아침에 달리는 사람들이 훈련에 성실하다. 저녁에는 낮 동안 받은 스트레스로 인해 심리적으로 많이 지쳐 있고, 갑작스럽게 다른 약속이 생기는 경우도 많아서 훈련을 빼먹는 일이 잦다(하지만 저녁 시간에 달리는 사람들의 말을 들어보면, 저녁 조깅으로 낮 동안의 피로와 스트레스가 싹 가셔서 저녁 조깅에 중독된다고들 한다).

한 가지 덧붙이자면, 아침에 일어나자마자 공복에 달리는 것이 체지방 연소에는 가장 효과적이다. 게다가 아침을 상쾌하게 시작한 덕분에 하루 종일 활기와 에너지가 넘친다. 다이어트를 위해 달리기를 시작한 사람이라면 가급적 일찍 일어나는 좋은 습관을 만들면서 동시에 지방이 가장 잘 연소되는 시간인 아침에 공복 상태로 달리는 것이 좋다. 단 몸이 굳어져 있으므로 워밍업 스트레칭을 정확한 동작으로 철저하게 해서 부상을 입지 않도록 주의해야 한다.

본운동이 끝나고 정리운동을 할 때는 체조를 먼저 한 후 스트레칭을 하는 것이 올바른 순서다. 이 책의 부록에 나오는 스트레칭은 편의상 워밍업 스트레칭과 쿨링다운 스트레칭, 일상 스트레칭으로 나누었는데, 반드시 정해진 원칙이라는 게 있는 것은 아니므로 이 동작들을 적절히 안배해서 자신에게 필요한 동작들로 준비운동과 정리운동을 하면 된다.

주의할 점은 워밍업이든 쿨링다운이든 찢어지는(?) 고통까지 참아가며 무리하게 스트레칭을 해서는 안 된다는 것이다. 아직 몸이 딱딱하게 굳어 있는 상태에서 너무 심하게 근육을 늘린다거나 인대와 건에 부담을 주다가는 효과는커녕 오히려 근육통만 생기고 심한 경우 부상으로까지 이어진다. 가볍고 부드럽게 근육이 움직일 수 있는 범위 안에서 차근차근 하는 것이 좋다. 심장에서 먼 곳부터 조심스럽게 풀어 준다.

운동 후에 하는 쿨링다운 스트레칭의 경우는 워밍업 스트레칭보다 약간 강도를 높여도 좋다. 운동을 하는 동안 근육은 충분히 달궈져 있는 상태이긴 하지만 그래도 단단하게 굳어져 피로가 쌓여 있는 상태이기도 하므로 쿨링다운 역시 통증을 느낄 만큼 무리하게 하지 않도록 한다. 쿨링다운 스트레칭을 정확하게 잘 해 주면 유연성이 효과적으로 좋아진다.

통증은 의미심장한 경고

달리는 사람이라면 누구나 통증을 겪을 수밖에 없다. 물론 선수들은 말할 것도 없이 상상을 초월하는 부상을 몸에 달고 사는데, 간혹 부상을 극복하지 못하고 선수생활을 중도에 포기하는 안타까운 일도 많다. 필자의 경우도 아킬레스건이나 발바닥, 발등부터 골반, 엉덩이, 무릎, 발목, 경골, 허벅지, 목,

사타구니, 허리에 이르기까지 온몸의 구석구석 안 아파본 곳이 없다. 발톱 10개가 한꺼번에 모두 빠져버린 경험도 여러 번이었다.

늘 대회에 나가 경쟁해야 하는 프로선수들의 경우는 통증을 참아가며 무리한 훈련을 하기도 하지만, 일반인들이 선수들처럼 가혹한 고통을 감내하면서 달릴 필요는 없는 것 같다. 늘 무리하지 않는 범위 내에서 즐겁고 기분 좋게 달릴 수 있으니, 선수들은 일반인들이 부러울 따름이다.

달릴 때 느껴지는 통증이 일시적인 것인지, 급성 혹은 만성적인 부상인지 어떻게 구분할까? 일단 자연스러운 자세로 달리는 것이 불가능하거나, 1주일 이상 달리지 않을 때도 통증이 계속되면서 점차 증세가 나빠지면 심각한 부상이라고 봐야 한다. 통증의 정도가 점점 심해지거나 아픈 부위가 붓고 열이 나는 경우도 고집부리지 말고 병원에 가봐야 한다.

관절이든 건이든, 염증이 오래 계속되면 조직이 원래의 조직보다 약해지는데, 그러다 보면 주변 부위까지 만성적인 부상을 입게 된다. 지금 아픈 부위가 해야 할 일까지 옆에 있는 조직이 해 주다 보니까 주변 부위들이 무리하게 되고, 그러다 보면 부상 부위가 점점 넓어지고 심각해지는 것이다. 계속 그렇게 되면 더 심각하게 더 자주 더 오래 아플 수밖에 없다. 간혹 웨이트트레이닝을 하는 사람들 중에 근육에 통증이 있어야 근육이 더 잘 만들어진다고 알고 있는데 전혀 근거 없는 이야기이다. 통증은 쉬라는 경고신호이고, 심하면 심할수록 더욱 중요하고 심각한 경고라고 받아들여야 한다.

당신 자신이 의사가 되라

부상에 대해서 잘 모르는 상태로 통증을 참고 달리다가 큰일 나는 경우도 많다. 부상 초기에 치료했다면 1주일에 완치될 수 있었던 것을 무모하게 참고 달리다가 3개월, 6개월, 1년 동안 치료하는 사람들이 수두룩하다. 위험신호를 모른 척하고 달리다가 생긴 일이다.

부상에 대처하는 가장 좋은 자세는 스스로 의사가 되는 것이다. 마음대로 오진을 내리거나 약을 처방하라는 말이 아니라, 몸의 구조와 달리는 동안 몸에서 일어나는 일, 부상의 증상과 진행상태에 대해 의사 뺨칠(?) 만큼 공부하라는 이야기이다. 자신의 몸에 대해 누구보다 잘 알아야 하고, 지금 느껴지는

황 영 조 의   마 라 톤   토 크 Talk

_ 어떤 사람이 잘 다치나

쉽게 말해 무식하고 용감한 사람, 통증을 참는 인내심이 무모하리만큼 대단한 사람들이 잘 다친다. 하지만 선천적인 몸의 구조상 부상 위험이 조금 더 높은 사람들도 있다.

가장 위험한 사람은 체중이 많이 나가는 사람이다. 특히 체지방량이 많고 근력이 약한 사람들은 정말 조심해야 한다. 강한 훈련을 하기 전에 반드시 자신의 키와 체격, 체력에 맞는 표준체중으로 만들어 놓아야 하는데, 일반인들은 살이 찐 사람들이 달리기를 시작하는 경우가 많기 때문에 더 쉽게 부상을 입는다.

양쪽 다리의 길이가 다르거나 O자 혹은 X자로 휜 사람들은 자세가 부자연스러워지기 때문에 달리는 도중 발목 부상을 입기 쉽다. 뿐만 아니라 발바닥의 아치가 유난히 높거나 반대로 평발인 경우도 달리다 보면 많이 아프다. 발바닥의 아치는 충격을 완화시키는 역할을 하기 때문에 아치가 내려올수록 바닥에 닿는 면이 넓어지므로 발에 쉽게 피로가 올 수 있다.

일반적으로 여성은 남성보다 관절이나 인대가 약해서 부상을 더 많이 입는다. 피로골절이 생기는 경우도 더 많다. 여성이 아니더라도 다리의 근력이 약한 사람들은 근육강화 운동과 유연성 운동에 더욱 집중해야 한다.

통증이 어느 정도인지, 앞으로 어떻게 진행될 것인지에 대해 구체적이고 정확한 정보를 많이 습득하여 스스로 진단할 수 있어야 한다. 그래서 부상을 많이 입어 본 사람은 몸에 대해서 더 많이 알고 더 예민하다. 부상을 치료하는 방법이라든지, 마사지 방법도 많이 알아 두는 것이 좋다. 간단한 얼음찜질부터 스포츠 마사지 방법까지, 훈련 못지않게 부상 후 관리에도 철저히 대비해야 한다.

물론 가장 좋은 것은 부상을 입지 않는 것이지만(욕심을 내지 않으면 부상은 충분히 피할 수 있다) 통증과 후유증을 최소화시킬 수 있는 가장 좋은 대처법을 미리 알아 두면 부상을 입더라도 더 쉽고 수월하게 극복할 수 있다. 관절에서 뚝뚝거리는 소리가 나거나, 삐걱거리는 느낌도 가볍게 지나치지 말고 이상한 증상이나 불편한 느낌은 모두 다 일지에 꼼꼼히 기록해 둔다. 일지 기록은 증상의 원인을 찾고 치료하는 데 진가를 발휘한다.

가능하면 마라토너를 전문적으로 코칭하는 지도자와 상의하고 그 동안의 훈련이나 자세 등 여러 가지 면을 총체적으로 고려해서 접근하도록 한다. 일반 정형외과보다는 마라토너의 부상을 전문적으로 치료하는 족부전문의를 찾아가서 치료를 받는 것이 좋다.

달리지 않으면 불안하다?

마라톤 준비는 마라톤답게 하자. 목표는 중장기적으로 길고 여유 있게 잡고 차분히 준비해야 한다는 말이다. 우리나라 사람들은 성격이 급해서 마라톤 준비를 100m 달리기 하듯이 하는데, 특히 서브스리 기록을 가진 실력 있는 경험자들의 경우 그런 조급증이 더욱 심한 것 같다. 하루라도 달리지 않으면 불안하고 초조할 정도로 마라톤에 집착하는 사람들은 특히 주의해야 한다.

필자도 아파서 운동을 쉬게 되는 것이 정신적으로 얼마나 고통스러운지 잘 알고 있다. 선수시절 2차례에 걸쳐 족저근막염 수술을 받은 후 상당히 오랜 시간 동안 훈련을 쉴 수밖에 없었는데, 쉬는 동안 초조함과 불안함이 말할 수 없을 정도였다. 뿐만 아니라 다시 운동을 재개할 때도 굉장히 힘들었다. 하지만 그렇기 때문에 더더욱 부상을 완벽하게 치료하려고 노력했다. 지금 참지 못하면 나중에 더 큰 부상이 되어 더욱 오래 쉬어야 한다는 것을 알았기 때문에, 멀리 내다보면서 침착하게 참아냈다.

그리고 봄철 부상도 주의해야 한다. 우리 몸은 쓰지 않으면 굳어지는 것이 당연한데, 겨울 동안 쉬었던 사람들이 갑자기 달리려다 보니 봄철에 특히 부상사고가 많다. 몇 달 전에 훈련을 중단했다면, 다시 처음 시작단계인 조깅으로 되돌아가야 한다.

선수들도 그렇지만, 일반인들 역시 부상을 극복하지 못해서 근성과 기량을 가지고서도 중도에 달리기를 그만두어야 하는 경우가 상당히 많다. 부상 없이 잘 달리는 방법은 한 가지뿐이다. 자기 몸을 정확히 알고 몸에 맞는 훈련을 하는 것. 욕심 내지 말고 여유 있게 달리는 것이다. 몸에게 맞지 않는 훈련, 오버트레이닝, 기록에 대한 집착, 무리한 대회 출전 등은 부상을 부르는 지름길이다. 황영조식 훈련 프로그램에서 적절한 휴식을 포함한 '4훈 3휴'의 원칙을 강조한 이유가 바로 이것이다. 심리적으로도 좀더 편안하고 여유 있게 생각하도록 하고, 조금씩 늘어가는 실력을 천천히 즐기자.

꼭 알아야 할 입기 쉬운 부상들

관절 부상

달리기를 하는 사람들이 가장 많이 다치는 곳이 바로 발목과 무릎이다. 체중이 무거운 사람이 입기 쉽고, 강한 스피드 훈련을 했을 경우에 많이 발생한다. 특히 인터벌 훈련의 경우 빠른 페이스로 달리는 스피드 훈련이라서 땅을 박차는 킥*kick*이 세지고 그러다 보면 관절에 가해지는 힘이 커지기 때문에 관절 부상을 입지 않도록 준비 운동을 철저히 해야 한다.

근육 부상의 경우는 운동의 강도를 낮추거나 심한 부상이 아닌 경우에는 천천히 달리면서 근육을 풀어줄 수도 있지만, 관절 부상의 경우는 운동을 하면 할수록 악화되기 때문에 완전히 나을 때까지 운동을 중단하는 것이 좋다.

• 아킬레스건염 : 발목 부상이라고 하면 보통 인대가 집중적으로 자극을 받아서 생기는 아킬레스건 부상이 가장 많다. 발꿈치 뼈 뒤쪽에서 장딴지로 연결된 아킬레스건이 심하게 자극을 받으면 염증(건염)이 생긴다. 아킬레스건이 상하게 되면 염증 때문에 발꿈치 뒤쪽이 끊어질 듯이 아프고 발목을 움직일 때 소리가 나기도 한다. 계속 무리하게 되면 정말 끊어질 수도 있다. 달리기를 중단하고 소염제로 염증부터 치료해야 하고, 얼음찜질을 자주 해서 부어오르지 않도록 해야 한다. 아킬레스건의 부상은 치료 기간도 길고, 확실하게 치료하지 않으면 재발 가능성이 크기 때문에 언덕훈련이나 스피드 훈련을 당장 그만두어야 한다. 평소에 발목의 유연성을 강화시키는 운동을 하면 예방할 수 있다.

• 연골연화증 : 무릎의 슬개골 아래 연골이 부서지거나 금이 가고 마멸되면

생기는 것으로 통증과 염증이 동반된다. 삐걱거리거나 뚝뚝거리는 소리가 날 수도 있다. 언덕훈련을 하고 난 뒤에 심해지는데, 이때도 역시 달리기를 중단하고 얼음찜질을 해야 한다. 낡은 운동화 대신 쿠션이 좋은 새 신발을 신어야 하며 울퉁불퉁한 길을 달리지 않는 것도 예방법이다.

- 장경인대증후군 : 엉덩이부터 무릎까지 허벅지 바깥쪽을 따라 연결된 긴 인대가 바로 장경인대인데, 장경인대와 대퇴골이 마찰을 일으키면 무릎 바깥쪽에 염증이 생겨 몹시 아프다. 2~3km쯤 달릴 때 통증이 오다가 그 이상 달리면 통증이 사라질 수 있다. 내리막 코스(혹은 해변)를 달리거나 한 번에 너무 먼 거리를 달리는 것, 지나친 과회내현상이 원인이 되기도 한다. 평소 스트레칭을 충분히 해서 인대를 유연하게 단련하면 예방할 수 있다.

- 족저근막염 : 발바닥에서 발꿈치, 발가락으로 이어진 족저근막에 생기는 염증. 아치가 낮은 사람에게 발생하기 쉬우며, 낡은 신발이나 딱딱한 신발이 원인이 될 수 있다. 발가락을 이용해서 수건을 잡아당기는 운동 등으로 족저근막을 운동시켜 주는 것도 좋다. 아치를 지지해 주는 테이핑을 하거나 신발 뒤꿈치 부분을 받쳐 주는 깔창을 깔아 주는 것으로 해결할 수도 있다.

- 발목염좌 : 발목이 안쪽으로 꺾이거나 바깥쪽으로 꺾이는 것인데, 가벼운 경우에는 며칠 안에 좋아지지만, 인대가 모두 파열되면 최소 몇 주 이상 석고로 고정하거나 수술을 해야 하는 경우도 있다.

근육 부상

가장 많이 다치는 부위가 종아리나 장딴지 근육이다. 근육통은 젖산이 쌓여 근육이 피로하다는 몸의 메시지인데, 영양 상태가 부실하거나 빈혈증, 호흡 장애가 있는 사람은 근육의 피로를 더 자주 느낀다. 나쁜 자세로 달리는 것도 원인이다.

기온이 낮은 날이나 비가 오는 날 근육을 보호하기 위해서 안티프라민 같은 근육 마사지용 피부 연고를 발라서 몸을 덥히는 것도 좋은 방법이다. 비에 젖지 않도록 일종의 보호막을 치는 것인데, 달릴 때 몸이 젖어 있기까지 하면 체온이 더욱 많이 떨어지기 때문이다. 하지만 근육통이 있다고 해서 한겨울에 맨소래담 로션 같은 것을 바르고 달리면 절대 안 된다.

근육 부상의 경우는 휴식하면서 치료해야 하는 경우도 있지만, 강도를 낮추어서 운동으로 치료할 수 있는 경우도 있다. 우선 전문적인 지식을 가진 코치나 경험자, 의사가 부상 부위를 직접 보고 훈련 상황에 대한 얘기도 들어 본 후 판단해야 한다. 통증의 심각성에 따라 부상에 대처하는 방법이 달라지기 때문이다.

근육이 다치는 경우는 자세가 나쁘거나 무리하게 연습한 경우이다. 사실 가벼운 조깅만으로는 거의 다치지 않지만, 잘못된 자세로 장거리를 오래 달리는 것은 무척 위험하다. 자세가 좋은 사람들은 장거리를 달려도 거의 다치지 않는데, 그렇지 않은 사람들은 반복적으로 몸에 잘못된 자극을 주기 때문에 문제가 생기는 것이다. 잘못된 자세로 약한 부분을 계속 자극하기 때문에 약한 부분은 더욱 아프게 된다. 그래서 필자는 초보자들에게 가장 중요하고, 가장 먼저 완전히 익혀야 할 것이 올바른 자세라고 강조한다. 자세가 완전히 몸에 익숙해지면 그 후에 페이스와 호흡을 조절해야 한다.

물론 개인차가 있으므로 사람에 따라 관절이나 근육이 강한 사람도 있고 약한 사람도 있다. 또한 훈련 내용에서 속도 훈련은 완전히 차원이 다른 고강도 훈련이고, 빨리 달릴 때와 천천히 달릴 때는 몸이 받는 하중이 상당히 다르기 때문에 속도 훈련도 부상의 주원인이 되므로 부상원인을 분석할 때는 그런 차이도 무시할 수 없다. 달리고 싶지 않거나 힘들면 그냥 쉬는 게 가장 좋다. 컨디션이 안 좋다는 몸의 신호를 무시하고 억지로 달릴 때 부상 위험도 크다. 중요한 것은 몸이 하는 말을 귀 기울여 잘 듣는 것이다.

피부와 발톱

신발이 발에 너무 꼭 맞거나 작으면 발톱에 계속 자극을 주어서 발가락 끝부분이 아프고 심한 경우 발톱 밑에 피멍이 들어 검게 변한다. 그렇게 되면 피가 빠져나가는 데 몇 주가 걸리기도 하는데, 세균에 감염될 수 있기 때문에 반드시 신경 써서 치료해야 한다. 또한 물집이 잡히는 것은 신발과 발이 마찰을 일으켜서 피부가 분리된 것인데, 그냥 놓아두면 저절로 없어지지만 물이 차거나 피가 고이면 염증이 생길 수도 있으므로 그냥 놔두지 말고 빼내는 것이 좋다.

부상을 치료하는 동안은 체중조절에 신경 쓰자

부상을 치료할 때 가장 중요한 것은 휴식이다. 휴식이 의미하는 것도 사실 여러 가지인데, 일상생활도 멈추고 쉬어야 하는 경우도 있고 워킹이나 조깅 수준의 운동을 하면서 휴식을 하는 것도 있다. 부상의 수준에 따라 다르지만, 일상생활에 심각한 지장을 주는 수준이 아니라면, 운동을 완전히 그만두는 휴식보다는 부상부위를 사용하지 않는 범위 내에서 다른 운동으로 대체하는 것이 바람직하다. 달리기 대신 등산이나 사이클, 수영, 수중 워킹과 같은 크로스 트레이닝을 하면 몸에 무리를 주지 않으면서, 달리기를 할 때 사용하지 않는 근육까지 골고루 발달시킬 수 있다. 선수들은 부상으로 훈련을 할 수 없을 때 6~7시간씩 걷는 훈련을 하기도 하는데 걷는 것도 운동효과가 크기 때

황영조의 마라톤 토크 Talk

_ 부상직후 이렇게 대처하자

부상을 당하게 되면 부상 직후에는 벌겋게 부어오르면서 열이 나는 경우가 많다. 그럴 때는 우선 얼음으로 차갑게 식혀 주고 압박 테이프로 눌러서 최대한 덜 부어오르도록 하는 것이 좋다. 얼음찜질을 할 때는 종이컵에 물을 담아 얼린 후에 컵을 손으로 잡고 얼음이 노출된 부분으로 피부를 차게 하는 방법을 많이 쓰기도 한다. 부상부위를 심장보다 높게 올리는 것도 덜 붓게 하는 데 도움이 된다.

운동 직후 달궈진 근육을 쿨링다운 시킬 때는 차가운 것이 좋다. 얼음찜질이나 찬물로 샤워하는 등, 차갑게 해 주는 것이 좋다. 시원한 파스와 뜨거운 파스를 헷갈리는 사람들이 있는데, 한 가지만 알아 두면 된다. 급성은 찬 것 만성은 뜨거운 것이다. 즉 시원한 파스는 부상 즉시 붙이고, 뜨거운 파스는 만성화 된 통증이나 고질적인 통증에 붙이는 것이 좋다. 보통 초기에는 찬 것, 만성이 되면 뜨거운 것을 붙인다. 치료를 하는 동안 냉온수를 번갈아가며 하는 목욕도 좋다.

문에 아무 운동도 하지 않고 있는 것보다 훨씬 좋다. 뿐만 아니라 체력저하나 우울함을 극복하는 데도 도움이 된다. 규칙적으로 운동하는 습관을 그대로 유지시켜 주기 때문에 심리적인 안정감도 얻을 수 있다. 3개월 정도 운동을 중단하더라도 심장혈관의 지구력 저하는 10% 정도라는 연구결과도 있으니 운동을 중단하게 되었다고 우울해하거나 조바심 낼 필요가 없다는 것이다.

한 가지 유의해야 할 점은 체중조절이다. 마라톤은 중심운동이라서 달리는 동안 팔과 다리가 몸의 중심에 잘 모아져야 한다. 그런데 체중이 무거워지면 중심을 잡기 위해 자세가 흐트러지고 벌어지기 때문에 팔과 다리가 몸의 중심에서 벗어나게 된다. 달릴 때 몸의 중심이 벌어지고 아래로 내려앉으면서 동작이 커지면 힘이 많이 들고 몸의 충격도 커진다. 그러므로 운동을 쉬는 동안 체중이 늘어나지 않도록 주의해야 하고, 복근운동을 부지런히 하는 것이 좋다. 몸의 충격을 가장 먼저 잡아 주는 곳인 몸통이 튼튼해야만 잘 달릴 수 있으므로 복근을 키워 놓으면 좋다(복근이 약하면 에너지 소모가 커져서 금방 지친다). 뿐만 아니라 레이스 후반부에는 팔동작을 통해서 스텝을 끌어갈 수도 있기 때문에 상체근육을 단련시키는 일도 중요하다.

병원에 가면 물리치료를 받거나 소염제 주사를 맞는데, 한의원 쪽을 잘 이용하는 것도 좋다. 필자의 경우도 양방과 한방치료를 동시에 해서 효과를 보았던 적이 많다. 일종의 크로스 치료라고 할 수 있는데, 양방의 약물치료나 물리치료만이 아니라 한방의 침이나 뜸과 같은 것으로 부상부위를 다스리는 것이다. 카이로프랙틱 치료도 받는데 이것은 약물이나 수술 없이 손으로 여러 가지 질환을 치료하는 자연 요법으로, 부상 예방에 초점을 맞추면서 몸 전체의 신경, 근육, 골격을 복합적으로 다룬다. 미국에서는 이미 널리 행해지고 있는 치료법으로 우리나라에서는 주로 운동선수들의 근육통, 관절부상, 관절통증, 근막염 등을 치료한다.

서로서로 해 보자, 스포츠 마사지

사실 프로선수들은 동료들끼리 서로 마사지를 해 주고 받느라 대부분 마사지의 달인들이다. 예전에는 스포츠 마사지가 엘리트 체육인들이 경기 전후에 전문 마사지사에게 받는 특별한 지압술 같은 것으로만 여겨져서 일반인들에게는 다소 익숙하지 않은 것이었지만, 최근 몇 년 전부터는 대학에 스포츠 마사지 학과도 생기고 스포츠 마사지를 받을 수 있는 곳도 많아져 인식이 크게 달라졌다. 올림픽과 같은 국제대회뿐만 아니라 주말마다 열리는 크고 작은 마라톤 대회에도 거의 대부분 스포츠 마사지 센터가 마련되어 있을 정도로 우리 생활에 가까워졌다.

스포츠 마사지는 손을 이용해서 근육에 자극을 주는 것으로 피부와 근육에 혈액순환과 신진대사를 활발하게 해서 심장의 부담도 줄이고, 경기 전후의 워밍업과 쿨링다운을 도와 부상예방과 경기력 향상에 큰 도움이 된다. 경기 전에 가볍게 마사지를 하면 근육의 긴장뿐만 아니라 정신적인 긴장까지 풀어지기 때문에 무척 좋다. 하지만 이때 근육과 관절을 너무 강하게 자극하면 근육이나 피부에 상처가 날 수도 있기 때문에 서너 번 정도 가볍게 쓰다듬어 주는 정도로 그치는 것이 좋다.

일반적으로 경기 전 마사지라고 하면 다리와 발만 집중적으로 마사지를 하지만, 손목과 어깨, 팔 근육도 겨드랑이 쪽으로 가볍게 쓸어 주고 흔들어 준다. 허벅지와 엉덩이 팔 등에 아프지 않는 수준에서 압박을 준다. 경기 직후에는 허벅지와 장딴지, 무릎, 발목 등에 얼음주머니를 대고 부드럽게 문질러 열을 식혀 준다. 피부에 상처가 나지 않도록 주의하고 동상을 입지 않을 정도까지만 시원해질 때까지만 문질러 준다. 엎드려 누운 상태에서 엉덩이 근육을 양손바닥으로 바깥쪽으로 원을 그리며 가볍게 흔들어 주는 느낌으로 문질러 주거나, 뒤쪽 종아리와 허벅지를 바깥쪽으로 문질러 주면서 허리 쪽으로 쓸어 올려 준다.

경기가 끝난 뒤 2시간 후에는 뜨거운 탕에 들어가서 피로를 푸는 것도 좋은데 목욕을 한 후에 근육이 어느 정도 편안해진 상태에서 본격적으로 허벅지 근육이나 종아리 근육을 문질러 주고 아래로 쏠려 있는 근육의 피로물질을 허리 쪽으로 밀어

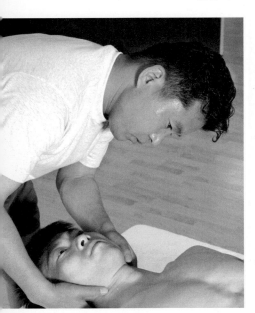

▲ 아프지 않을 정도로 시원하게 주물러 주는 것이 스포츠 마사지다.

올려 주는 마사지를 한다.

이제부터 나오는 사진들은 필자가 직접 시범을 보인 것인데, 조심스럽게 근육을 풀어 준다는 생각으로 서로서로 해 보면 피로를 푸는 데 큰 도움이 될 것이다. 마사지 크림이나 오일을 바르면 더 쉽게 마사지를 할 수 있으며, 피부와 근육이 다치지 않도록 하려면 마사지 부위에 타월을 한 장 덮는 것이 좋다(이 책에서는 마사지 부위 근육을 자세히 보여 주기 위해서 타월을 덮지 않고 실시했다). 통증을 느낄 만큼 무리하게 하지 않도록 주의하고, 같은 부위라도 여러 가지 동작으로 시원하게 풀어 주면 된다. 근육의 결을 따라가며 원을 그리듯이 비벼 주거나 주물러 주고, 눌러 주거나 두드려 준다. 누르고 주무를 때도 손바닥과 엄지손가락 등 손의 여러 부위를 다양하게 이용한다.

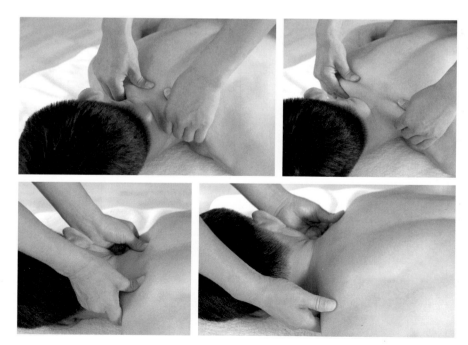

▲ 엎드린 자세에서 목과 어깨를 주무른다.

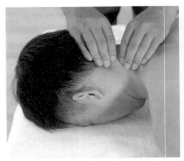

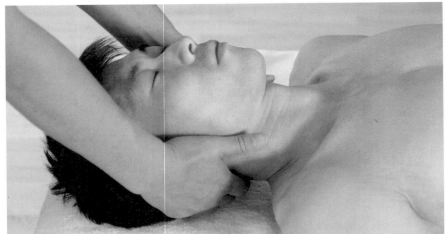

▲ 목 뒷부분과 뒤통수 아래까지 지그시 눌러 준다.

▲ 목과 어깨 연결부분을 손가락으로 눌러 주고 문
지른다.

▲ 귀를 문질러 주다가 위로 살짝 잡아당긴다.

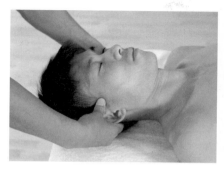

▲ 엄지로 관자놀이를 눌러 주고 원을 그리듯 돌려 준다.

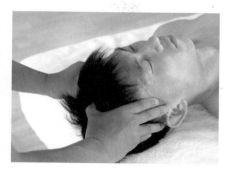

▲ 머리 옆부분과 정수리 부분을 살짝 눌러 준다.

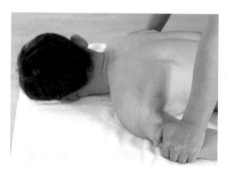

▲ 팔 뒤쪽을 틀면서 눌러 준다.

▲ 아래팔 뒤쪽을 틀면서 눌러 준다.

▲ 등과 허리 뒤쪽을 엄지로 비비며 눌러 준다.

▲ 허리 아래쪽과 골반을 손가락으로 주무른다.

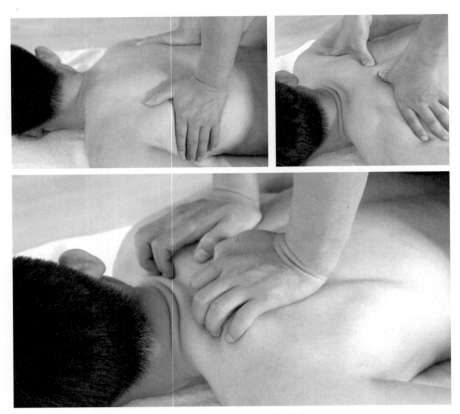

▲ 손바닥과 손가락으로 등을 눌러 준다. 원을 그리며 비벼주는 것도 좋다.

▲ 엉덩이 옆부분을 손바닥으로 원을 그리며 비벼
준다.

▲ 엉덩이 근육을 주무른다.

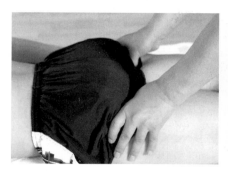

▲ 엉덩이와 허벅지가 연결되는 부분을 엄지로 지
그시 눌러 준다.

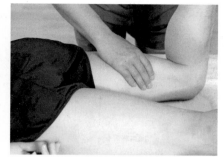

▲ 무릎을 구부려 올려 세우고 근육의 결을 따라 허
벅지 뒤쪽을 쓸어 준다.

▲ 종아리 뒤쪽을 엄지로 눌러 준다.

▲ 종아리 아랫부분을 주물러 준다.

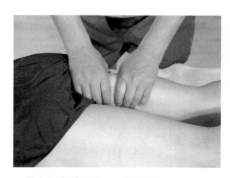

▲ 허벅지 뒤쪽을 양손으로 주무른다.

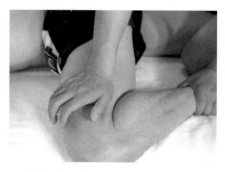

▲ 허벅지 옆 부분을 손바닥으로 누르고 비벼 준다.

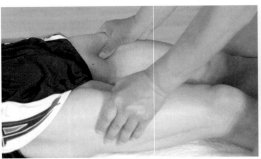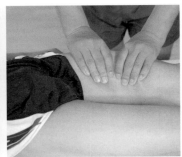

▲ 허벅지 앞쪽을 양손으로 눌러 주고 주무른다.

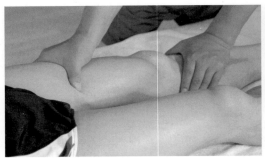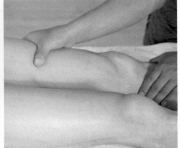

▲ 한 손으로 무릎 아래를 잡고 허벅지를 비틀며 눌러 주고 쓸어 준다.

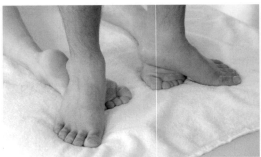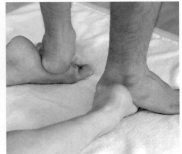

▲ 발바닥 가운데 부분을 지그시 밟아 준다.

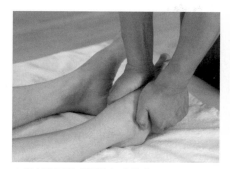

▲ 양손바닥으로 발등을 눌러 준다.

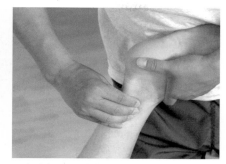

▲ 손가락으로 아킬레스건을 비벼 준다.

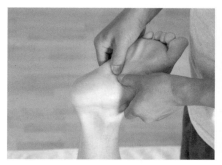

▲ 양손 엄지로 발바닥 가운데 부분을 눌러 준다.

▲ 주먹으로 발바닥 가운데 부분을 눌러 준다.

▲ 무릎 뒤쪽을 손가락으로 살살 비벼 주고 눌러
준다.

▲ 무릎을 구부린 상태로 위에서 누르면서 고관절을
손바닥으로 눌러 준다.

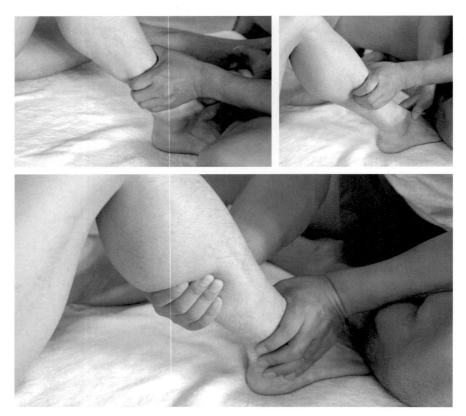

▲ 종아리 아래쪽을 앞뒤로 주무르고 위아래로 쓸어 준다.

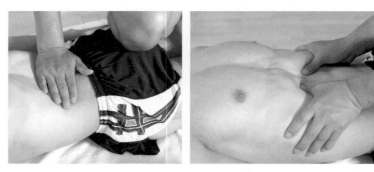

▲ 복부를 원을 그리며 쓸어주거나 구석구석 눌러 준다.

▲ 한쪽 무릎을 구부려 손바닥으로 눌러 준다.

▲ 양손 엄지로 손바닥 가운데를 눌러 준다.

▲ 엎드린 자세에서 하체를 들어 준다. 스트레칭 효과가 크다.

▲ 엎드린 자세에서 등과 팔이 펴지도록 상체를 들어 준다.

▲ 등과 엉덩이를 서로 밀면서 손바닥으로 눌러 준다.

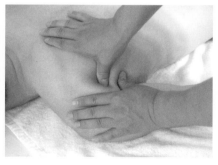

▲ 어깨와 겨드랑이를 엄지로 눌러 준다.

부상 치료 후 다시 달리기

부상은 자신을 알아가는 과정이다. 몸이 아프면 어쩔 수 없이 부상에 대해 고민하게 되고 몸 상태와 정신 상태에 대해 신경 쓰게 되므로 부상과 싸우고 견뎌내는 것도 러너가 거쳐야 할 과정이라고 할 수 있다.

사람마다 체력과 체격이 다르고 부상의 정도와 회복의 수준이 다르기 때문에 부상 회복 후 훈련 재개에 관해서는 고려해야 할 요소가 굉장히 많다. 계절이나 훈련시간, 훈련장소, 이전의 훈련량, 컨디션까지 다양한 변수를 종합적으로 고려해야 한다. 그래서 제대로 된 코치가 필요하다는 것이다.

7단계 훈련을 하던 사람이라 하더라도 부상 회복 후 다시 훈련을 시작할 때는 무작정 다시 7단계로 돌아가는 것이 아니라 느린 조깅과 걷기부터 시작해서 천천히 달리는 거리와 훈련량을 늘려야 한다. 훈련량을 늘릴 때도 점차적으로 서서히 늘리는 것이 좋은데, 지난주까지 5km를 달렸던 사람이라면 갑자기 2~3km씩 늘리는 것은 무리이다. 부상 회복 후에는 주당 10%를 넘지 않는 선에서 훈련거리를 늘리는 것이 좋다. 제대로 회복되지 않은 상태에서 연습량을 급격하게 늘리고 고강도의 인터벌 훈련까지 하면 부상 재발의 위험은 더욱 커질 수밖에 없다.

그 동안 운동을 쉬었기 때문에 체중 조절과 근력 향상에 특히 신경 써야 한다. 선수들의 경우 부상 회복 후에는 늘어난 체중을 줄이기 위해서 땀복이나 두꺼운 옷을 여러 겹 입고 훈련을 하고, 쉬는 동안 약해진 근력을 키우는 훈련에 집중한다. 체중과 체력을 이전 상태로 되돌리고 평탄한 코스에서 몸에 무리를 주지 않는 훈련부터 시작하는 것이다. 그리고 어느 정도 훈련 궤도에 올랐을 때 인터벌 훈련이나 산악 훈련과 같은 강한 훈련을 해서 훈련량과 강도를 회복한다.

평생 즐겁게
달리기 위하여

더 오래 더 즐겁게 달리기 위해 알아야 할 모든 것

목이 마를 때는 이미 늦었다

'개 발에 땀나듯' 이라는 말도 있듯이 달리면 당연히 땀이 난다. 체온을 유지하기 위해서 땀이 나는 것인데, 더운 날 혹독하게 훈련하는 선수들은 5ℓ 이상 체액이 손실되는 경험을 하기도 한다. 하지만 체중의 1% 정도만 체액이 손실되도 달릴 때 체온상승과 함께 지구력과 산소 운반 능력이 현저히 떨어진다. 특히 여름에는 기온이 높기 때문에 아무것도 하지 않아도 땀을 흘리는데, 후텁지근한 날씨에 달리기까지 하면 체온이 40도 이상 올라가기도 한다. 이것이 바로 탈수증이다. 탈수증의 증상으로는 두통이 생기면서 열이 난다거나 집중력이 떨어지고 정신이 혼미해지는 등 다양하다. 근육이 풀린다거나 근육의 경련이 일어날 수도 있고 구토와 현기증이 나기도 한다.

목이 마르다고 느껴질 때 물을 마시면 이미 늦은 것이다. 갈증은 심한 탈수가 일어났을 때 비로소 느껴지는 것이므로, 목이 마른 느낌이 나기 전에 계획적으로 수분섭취 전략을 짜야 한다. 일정한 간격으로 머리와 목에 차가운 수건이나 찬물을 끼얹어서 체온 상승을 막는 것도 탈수 예방에 도움이 된다.

그렇다면 어떻게 해야 효과적으로 몸에 물을 채울 수 있을까? 일단 물은 5도 정도의 약간 차가운 물이 가장 빨리 흡수된다. 그리고 한 번에 1컵, 즉

200ml 정도를 10∼15분 간격으로 마셔 주는 것이 좋다. 술이나 카페인 음료를 마시면 이뇨작용으로 소변량이 증가되고 탈수증이 더욱 심해질 수도 있으므로 피하도록 한다.

크로스 트레이닝으로 온몸을 단련하자

크로스 트레이닝이란 말 그대로 여러 가지 운동을 섞어서 하는 것이다. 자전거를 타거나 수영, 등산, 웨이트 트레이닝과 같은 운동을 달리기 훈련과 함께 병행한다. 다른 운동을 병행하면 전반적으로 체력이 향상되고 온몸의 근육과 골격이 골고루 발달하기 때문에 마라토너뿐만 아니라 축구나 농구와 같은 다른 종목 선수들도 크로스 트레이닝에 비중을 두고 땀 흘리고 있다.

달리기만 하면 자칫 허리 위 상체의 근육과 골격이 상대적으로 빈약해질 수 있기 때문에 다른 훈련을 병행하는 것이 좋다. 그런 점에서 크로스트레이닝은 한 가지 운동만 했을 때의 지루함도 없앨 수 있고, 근력이나 유연성과 같은 다른 운동 요소들도 발달시킬 수 있어서 더 잘 달릴 수 있게 만들어 주고 부상위험도 줄어든다. 일상생활에 맞춰서 종목을 고를 수도 있다.

대표적인 크로스 트레이닝으로는 자전거 타기와 웨이트 트레이닝, 수영, 등산 등이 있다. 웨이트 트레이닝은 무산소 운동이라고 할 수 있는데, 이런 운동으로 몸을 단련하면 같은 양의 산소를 섭취하더라도 더 빨리 더 잘 달릴 수 있도록 도와준다.

부상을 입었을 경우 대체훈련으로 추천할 만한 것은 수영, 등산, 자전거타기 등이다. 심폐지구력을 향상시키고 유연성과 균형감각을 골고루 발달시킬 수 있기 때문이다.

평일에 달리기 훈련을 한다면 2주에 한 번 혹은 한 달에 한 번 산에 올라 보자. 달리기 훈련으로 점점 기초체력이 쌓이고 근력이 붙으면 점점 산에 오르기도 수월해진다는 느낌을 받고 나날이 향상되는 기초체력을 실감할 수 있을 것이다. 대개 산을 잘 타는 사람들은 달리기도 잘한다. 필자 역시 등산을 즐기는데, 등산과 함께 산악자전거도 곧잘 타곤 한다.

자전거 타기의 경우는 무릎에 가해지는 충격이 적어 부상의 위험이 적으면서도 다리의 근력을 효과적으로 훈련시켜 주기 때문에 스피드 훈련과 기록 향상에 도움이 된다. 필자의 경우 사이클 선수를 하다가 육상으로 종목을 바꾼 이력이 있는데 사이클을 할 때 다리 근력을 키워 놓은 것이 마라톤 훈련에 큰 도움이 되었다.

달리면 정말 살이 빠질까?

이 문제에 대해서는 그렇다 아니다 정답을 이야기하는 것이 별로 의미가 없다. 탤런트 박철 씨처럼 달리기로 6개월 만에 자그마치 40kg이나 감량한 경우도 있는가 하면 반대로 달리기를 시작하고 살이 더 쪘다는 사람도 있기 때문이다.

우선 자신이 비만인지 아닌지 판단해 보자(우리나라 여성의 80%는 자신이 뚱뚱하다고 생각한다는데, 외모에 대한 이런 비뚤어진 인식 때문에 건강을 해치는 사람들도 많다). 우리나라 사람들은 거의 대부분 단순비만으로 분류할 수 있다. 즉 어떤 질환에 의한 비만이 아니라 과식과 운동부족이 원인이라는 것이다. 비만을 지방조직의 체내 분포에 따라 다시 분류해 보면, 복부형 비만과 둔부형 비만으로 나눌 수 있다. 복부형은 복부와 허리에 지방이 축적된 것으로 당뇨

병이나 고지혈증의 위험이 높고, 둔부형은 엉덩이나 허벅지 등 하체에 지방이 많이 몰려 있는 여성형 비만이다.

체육과학연구원에서 우리나라 사람의 몸에 맞게 개발한 방법에 따르면, 다음과 같이 표준체중을 구해 볼 수 있다.

$$표준체중(kg) = \{신장(cm) - 100\} \times 0.92 \,(남자)$$
$$\{신장(cm) - 100\} \times 0.86 \,(여자)$$

표준체중을 구한 후 실제체중과 얼마나 차이가 있는지를 계산해 보면, 비만도를 알 수 있다. 비만도를 계산하는 공식은 다음과 같다.

$$비만도(\%) = \frac{\{실제체중(kg) - 표준체중(kg)\}}{표준체중(kg)} \times 100$$

이렇게 계산한 비만도가 10~19%이면 과체중이라고 하고, 20% 이상이면 명백한 비만이라고 판정할 수 있다.

체질량지수(BMI : Body Mass Index)는 신장과 체중을 이용한 지수 중에 체지방량과 가장 관련성이 높다고 인정되고 있다. 우리나라 사람의 경우 25kg/m² 이상을 과체중이라고 판단하고 있다. 체질량지수와 허리둘레를 가지고 다음 페이지의 표에서 자신이 어떤 상태인지 찾아보자.

$$체질량지수 = \frac{체중(kg)}{\{신장(m)\}^2}$$

무작정 목표를 '살빼기'에 두지 말고 운동을 통해 건강과 활력을 증진시키는 것이라고 생각하자. 그런 목표를 위해서라면 달리기는 더할 나위 없이 좋은 운동이다. 세포 하나하나에 신선한 산소와 에너지를 가득 채우고 근육과

[BMI와 허리둘레에 따른 동반질환 위험도(아시아 성인)]

분 류	BMI(kg/m²)	동반질환의 위험도 허리둘레	
		<90cm(남성) <80cm(여성)	≥90cm(남성) ≥80cm(여성)
저체중	<18.5	낮다(다른 임상질환의 위험은 높다)	보통
정상범위	18.5 ~ 22.9	보통	증가
과체중	≥23		
위험체중	23 ~ 24.9	증가	중등도
1단계 비만	25 ~ 24.9	중등도	고도
2단계 비만	≥30	고도	매우 고도

골격을 적절히 운동시켜 단단하게 만들어 주기 때문에 자연스럽게 온몸에 활력이 생기고 불필요한 지방들은 에너지로 소모되어 사라져 버린다. 잘못된 식습관이나 생활습관들도 일상에서 몰아낼 수 있다. 건강하게 지방을 없애는 운동으로 달리기만큼 효율적인 것이 없다. 가장 건강하게 습관과 체질까지 바꾸어 주는 방법이기 때문이다.

마라톤 선수들을 보면 장거리용 몸이 어떤 몸인지 알 수 있을 것이다. 덩치가 크고 근육이 울룩불룩한 단거리 선수들과 달리 장거리 선수들, 특히 마라톤 선수들은 불필요한 지방이 거의 없는 탄력 있고 길쭉한 모양의 근육을 가졌다. 골격과 관절, 인대가 굉장히 튼튼하면서 동시에 탄력과 유연성까지 겸비하고 있다.

하지만 무작정 달린다고 지방이 사라지는 것은 아니다. 지방을 보다 효과적으로 연소시키려면 몸을 지방연소에 최적인 상태, 즉 지방연소 모드로 맞춰 놓고 달리기를 해야 한다. 중요한 것은 운동의 강도와 운동을 지속하는 시간이다. 지방연소를 극대화시키려면 천천히 오래 달려야 한다. 달리기 시작하고 처음 20분 정도는 몸속의 탄수화물인 글리코겐이 에너지로 사용되고 30분이 넘어가야 비로소 지방이 타기 시작한다. 그래서 지방을 연소시키려면 최소한 40분 이상 달려야 한다. 지방이 가장 효과적으로 타기 시작하는 운동 강도, 즉 지방이 타기 시작하는 심박수에 맞춰서 달리면 지방연소가 극대화된다. 달리기를 하는 횟수도 최소한 1주일에 4번 이상 꾸준히 해야 한다(1주일에 하루나 이틀 정도로는 살빠지는 기별도 안 보일 것이다). 그렇게 2~3개월쯤 인고(?)의 시간을 견디다 보면 운동으로 소모하는 에너지도 무시할 수 없지만 일상생활에 사용하는 에너지, 즉 기초대사량도 많아지게 된다. 그렇게 되면 어느새 지방이 빠지면서 탄탄하고 미끈한 근육이 붙고 그 이후부터는 지방을 잘 연소하는 체질로 완전히 변하면서 살이 쏙쏙 빠지게 되는 것이다.

처음에는 운동으로 소모한 칼로리를 채우기 위해 몸이 늘 배고프다는 신호를 보내며 불평할지도 모른다. 식욕이 좋아지는 것은 당연한 일이다. 그럴 경우 조금만 참고 식사량을 적절하게 조절하면 체중감량에 불이 붙을 것이다. 좋아지는 식욕을 감당하지 못하고 소모하는 에너지보다 섭취하는 에너지가 더 많아지면 살이 더 찔 수도 있다. 그렇다고 식욕이 좋아져서 살이 찔까봐 어중간한 상태에서 운동을 그만두면 오히려 살이 더 찐다(이럴 때 사람들은 '운동을 그만두었더니 근육이 지방으로 변하더라' 라는 근거 없는 얘길 한다).

조금 더 길게 멀리 보는 눈을 가지고 장기적으로 무엇이 이득인지 생각해보자. 살에 집착하지 말고 자신의 몸을 어떻게 하면 더욱 건강하고 활기차게 만들 수 있을까를 생각해야 한다. 그러면 하루에 수십 번씩 체중계를 오르내리며 조바심을 낸다거나 운동을 쉽게 포기하지는 않을 것이다.

살을 빼려고 운동을 할 것이 아니라 몸을 튼튼히 하기 위해서 운동을 하는 것이라고 스스로에게 확실히 인식시키고 마음자세부터 바꾸어야만 여유를 가지고 무슨 운동이든 꾸준히 계속할 수 있다. 그러다 보면 몸이 무기력한 상

_ 지방연소가 극대화되는 심박수를 구해 보자

유산소운동범위, 혹은 지방연소범위는 운동을 하면서 가장 효과적으로 지방을 연소시킬 수 있는 심박수의 범위를 이야기한다. 즉 심박수가 너무 낮아도, 혹은 심박수가 너무 올라가도 지방을 잘 태울 수 없다는 것이다. 자신의 지방연소범위를 계산하려면 우선 안정 시 심박수가 필요하다. 자신의 심박수를 측정해 보자. 안정 시 심박수는 새벽에 일어나자마자 측정하거나 일상적인 활동시간 중에 차분하게 앉아서 측정해도 된다. 심박측정기가 있다면 더욱 정확하게 측정할 수 있지만 그렇지 않으면 손목에 손가락을 대고 초시계를 이용해서 30초간 맥박수를 세어 본다. 그것의 두 배가 바로 안정 시 분당 심박수이다.

최대심박수는 220 − 나이로 계산할 수 있다. 유산소운동을 할 때 운동효과가 나타나는 심박수의 범위는 최대심박수의 60~80% 혹은 180 − 나이라고 생각하면 쉽다. 이 범위는 다시 초보자와 숙련자로 나눌 수 있는데, 초보자는 55~75%, 숙련자는 65~85%이다.

예를 들어 필자의 나이는 35세이므로 필자의 최대심박수는 220 − 35 = 185이다. 여기에 65~85%를 곱하면 120~157회가 나온다. 즉 필자의 경우 심박수가 120~157회 사이에 있을 때 운동효과가 크다는 것이다.

> 220 − 35(나이) = 185(최대심박수)
>
> 숙련자의 경우 65~85%이므로
>
> 185 × 0.65 = 120
>
> 185 × 0.85 = 157
>
> 즉 유산소운동범위는 120~157회이다.

체지방을 없애는 것이 목적이라면 무조건 강도 높은 운동을 할 것이 아니라 자신의 지방연소범위에 심박수를 맞춰서 운동을 하는 것이 좋다. 앞에서도 말했지만 30분 이상 운동을 지속하는 것도 잊지 말자.

태에서 서서히 벗어나는 느낌을 느끼게 될 것이다. 마라톤 선수와 같은 강인하고 단단한 몸을 만들기에는 5km 훈련은 약간 부족하지만 꾸준히 연습해서 10km 혹은 하프코스 정도 되면 그때부터는 서서히 마라톤에 맞는 몸이 만들어지기 시작할 것이다. 그러다 보면 1년 뒤 자기도 모르게 달라진 멋진 몸을 보고 놀랄 것이다.

달리는 여성들이 궁금한 것들

달리기는 골밀도를 높여 골다공증을 예방하고, 길고 예쁜 근육을 만들어 주며 관절에 탄력과 유연성을 높여 주기 때문에 여성들에게 특히 좋은 운동이다. 그래서 요즘 들어 부쩍 많은 여성들이 마라톤을 시작하고 있다. 하지만 몸의 구조나 체력이 남자들과는 다르고 월경이나 임신, 출산과 같은 여러 가지 상황에 관해서 아직은 정보가 많지 않아 궁금한 것들이 많을 것이다.

다이어트

여성들의 경우 다이어트를 이유로 달리기를 시작하는 경우가 많은데 그럴 경우 우선 자신이 과체중인지 혹은 저체중인지를 정확히 판단하고 계획적으로 운동을 시작하는 것이 좋다. 특히 고도비만인 경우는 관절에 무리가 가지 않도록 워킹부터 시작하는 것이 좋다. 한 가지 음식만 질리도록 먹는 다이어트나 비정상적인 식사를 강요하는 식사조절을 통한 다이어트만으로는 절대 체중이 줄지 않는다. 무리하지 않는 수준의 식사조절과 함께 차근차근 운동 계획을 짜도록 한다. 뿐만 아니라 지나치게 저체중인 여성이 먹는 것까지 극도로 절제하며 운동을 하는 것도 큰 문제이다. 심각한 부상으로 이어질 위험뿐만 아니라 철분결핍으로 인한 빈혈이나, 무월경 증상까지 생길 수 있다.

월경

여성들은 월경 주기에 따라 몸속의 호르몬 변화가 크기 때문에 달리기 훈련에 대해 몸이 좀더 예민하게 반응할 수 있다. 월경 전 주에는 몸이 붓거나 무겁게 느껴져 달리기가 힘든 반면에 월경 기간에는 오히려 더욱 빠른 페이스로 지치지 않고 달린 경험을 했다는 여성 주자들이 많다. 정확한 근거는 없지만 심리적인 원인도 크게 영향을 미친다고 한다. 과도한 운동으로 무월경이 계속되는 경우라면 훈련량은 줄이고 섭취하는 음식의 양은 늘려 정상적인 월경 주기를 회복하는 것에 집중하도록 한다.

임신과 출산

임신의 경우도 잘못 알려진 것이 많은데, 임신을 했다고 해서 무조건 전혀 움직이지 않고 가만히 누워 있어야 하는 것은 아니다. 선수들처럼 과도하게 훈련을 하지 않는 한 달리기를 한다고 해서 조산을 한다거나 아기가 저체중이 되는 일은 없다. 오히려 임신 중에 운동을 열심히 한 산모들은 체력이 좋아지기 때문에 아기를 낳을 때도 더 수월하고, 임신초기의 입덧도 줄어든다고 한다. 게다가 운동을 꾸준히 해 온 엄마들이 낳은 아기들은 체지방률이 적고 지능과 언어 능력이 우수하다는 연구 결과도 있다.

임신으로 체중이 늘어나면 관절에 부담이 커져 부상위험도 커지기 때문에 달리는 거리와 강도를 줄여야 하며 평탄한 바닥에서 안전하게 달려야 한다. 물론 임신 중에 절대로 달려서는 안 되는 사람도 있다. 조산의 경험이 있거나 임신중독증, 혹은 태아가 자궁 내에서 잘 자라지 않거나 쌍둥이를 임신했다면 반드시 의사와 상의해야 한다. 출산 후 달리기를 하면 출산으로 인한 몸과 마음의 변화가 다시 예전으로 돌아가는 느낌이 들 것이다.

우선 여성들의 경우 스스로 체력이 약하다고 생각하고 끝까지 달릴 수 없을 것이라고 생각하는 것부터 버려야 한다. 자신이 강하다고 생각하면 진짜 강해지는 것이다. 생각이 삶을 바꾼다는 것을 잊지 말고 나약한 마음이 생길 때마다 스스로를 다독이는 결심을 해 보도록 한다.

슬럼프를 훌쩍 넘어

슬럼프란 사전적인 정의로는 운동선수가 부진에 빠지는 일이다. 스포츠 신문에서 많이 보는 단어이지만 사실 운동선수에게만 나타나는 현상은 아니다. 일상생활에서도 스트레스, 열등감 등으로 슬럼프에 빠질 수 있다.

처음 슬럼프에 빠지는 초보 러너의 경우 달리기의 지루함을 투덜대는 정도이지만 어느 정도 오랫동안 꾸준히 달려온 중급자 이상의 러너는 실제로 운동능력이 저하된다거나, 컨디션 조절이 안 된다거나 달리기 때문에 일상생활이 우울해지고 기분이 가라앉는 등 심리적인 반응으로까지 나타나곤 한다.

필자가 선수들을 훈련시킬 때 슬럼프에 빠진 선수는 일단 최대한 잘 다독인다. 체력적인 슬럼프와 정신적인 슬럼프 두 가지로 나누어 본다면 정신적인 슬럼프에 빠졌을 때에는 친구가 되어 주고 다독이는 것이 가장 좋은 방법이다. 특히 경기에 대한 심리적인 부담이 큰 선수들은 체력적인 슬럼프와 정신적인 슬럼프가 함께 오는 경우가 많은데, 훈련 후 몸이 충분하게 회복되지 않았거나 지쳐 있다면 무리하게 연습을 강행하기보다는 다른 운동으로 체력을 보강할 수 있도록 다른 훈련을 시킨다. 함께 낚시를 하면서 정신집중을 돕기도 한다.

아마추어 러너 역시 슬럼프에 빠지면 실력이 늘지 않는다. 훈련성과가 없으므로 하면 할수록 짜증이 나고 우울해진다. 그럴 때는 아예 달리기를 잊어 버리고 다른 일을 해 보는 것도 방법이다. 그러다 보면 마구 달리고 싶을 때가 있을 것이다. 보통 그런 경우는 코치가 그 사람의 연습과정이 어떻게 진행되어 왔는가를 분석하고 적절한 처방을 내려 주어야 하는데, 대부분 차분히 이야기를 나누다 보면 문제가 무엇인지 알 수 있다.

슬럼프를 극복하는 자신만의 방법을 만들어 보는 것도 좋다. 물론 그 전에 슬럼프에서 벗어나겠다는 스스로의 의지가 있어야만 슬럼프에서도 쉽게 탈출할 수 있는 것이다.

운동 자체에 변화를 주는 것도 좋은 방법이다. 동네의 한적한 조깅코스를 달렸다면 조금 떨어진 공원으로 달리는 장소 바꿔 보고, 아침에 달렸다면 저녁시간으로 운동시간을 바꾸는 것도 좋다. 다른 운동을 크로스 트레이닝으로 함께 해 보는 것도 좋다. 달리기가 지루해졌다면 수영이나 등산으로 지루함을 떨쳐 버리도록 하고, 실력이 늘지 않아서 우울하다면 아예 마라톤 생각을 잊어버리고 다른 활동을 해 본다. 낚시를 간다거나 여행을 하면서 2~3일 간 달리기를 완전히 머릿속에서 지우는 것이다.

한 가지 덧붙이자면 혼자 달렸던 사람은 운동 파트너를 만들어 함께 해 본다. 동호회에 가입하거나 가족, 친구와 함께 연습을 해 보면 또 다른 자극이 되면서 더욱 즐겁게 달릴 수 있을 것이다. 훈련 프로그램에 변화를 주어 힘든 훈련과 쉬운 훈련을 번갈아 가며 해 본다.

가장 중요한 것은 긍정적으로 생각하는 것이다. 스스로에게 동기를 부여할 만한 이야기를 계속하면서 목표로 삼은 대회를 생각하도록 한다.

_ 달리기 금단증상

이상하게 들리겠지만, 달리기도 금단증상이 있다. 금단증상이 있다는 이야기는 알코올이나 담배, 마약처럼 달리기에도 중독될 수 있다는 이야기이다. 실제로 달리기 중독을 'Running Addition'이라고 하며, 달리기를 계속하던 사람이 달리기를 멈추면 육체적으로 정신적으로 답답함이나 허전함을 느끼는 증상을 말한다. 심한 경우 마치 담배나 마약을 끊었을 때 나타나는 금단증상처럼 의욕상실과 식욕부진 등의 구체적인 무기력 증상이 나타나기도 한다.

이것은 러너스 하이에 중독되는 것인데 이러한 긍정적 중독은 신체적 정신적으로 활력과 에너지를 높여 준다. 술이나 담배에 중독되어 찌들어가는 부정적인 중독과는 비교할수도 없는 좋은 현상이다. 삶의 방식뿐만 아니라 뇌 활동도 놀랄 만큼 활발해지고 덕분에 창조적인 사고력과 자신감까지 크게 올라간다.

하지만 달리기 중독과 동반되는 오버트레이닝은 반드시 주의해야 한다. 달리기 중독에서 증상이 더욱 심해지면 과도하게 몸을 혹사시키는 훈련을 강행하고 좀더 빨리 좀더 멀리 달리기 위해 몸이 망가지고 있는지도 모르고 몸을 마구 쓰게 된다. 너무 자주 풀코스를 달린다거나 매일 너무 많은 훈련을 하는 게 아닌지, 심리적으로 강박관념을 가지고 집착하고 있는 것은 아닌지, 스스로 냉정하게 판단해 보아야 한다.

경고! 잘못 알려진 상식들

달리기를 시작하는 사람들은 굉장히 다양한 유형이다. 초등학교 시절 논둑 길을 달렸던 왕년(30년 전!)의 실력만 믿고 동네를 달리는 중년 아저씨부터 밤 마다 학교 운동장을 하염없이 도는 아주머니들까지 달리기 유행을 타고 너도 나도 달리고 있다. 멋진 운동복에만 신경 쓰고 운동은 뒷전인 스타일 과시형 도 있고, 아프고 괴로워도 이를 악물고 참고 달리는 무조건 인내형도 있다. 이렇게 많은 사람이 달리기를 시작하려 하고 또 이미 시작했지만, 잘못된 상 식을 가지고 위험하게 뛰고 있는 사람들도 굉장히 많다. 달리기 '무작정 따라 하기'를 시작한 초보자들의 대표적인 오류들을 몇 가지 짚어 보자면 다음과 같다.

달릴 때 팔은 힘차게 흔들어야 한다

시간이 별로 없어서 짧은 시간 동안 좀더 많은 운동을 하고 싶은 사람이라 면 팔을 힘차게 흔들어도 좋다. 하지만 30분 정도 달리는 것이 아니라 2~3 시간 이상 장거리 달리기를 하는 경우에는 팔을 있는 힘껏 흔들어서는 안 된 다. 팔은 어깨라는 옷걸이에 걸어둔 것처럼 거의 의식하지 않아도 될 정도로 자연스럽게 흔들어야 체력 소모가 적다.

입은 꾹 다물고 코만 열고 호흡해야 한다

운동장을 한두 바퀴 쯤 천천히 달릴 때는 입을 다물고 코로 숨을 쉬어도 편안하게 달릴 수 있다. 하지만 그 이상이라면 코만 가지고 호흡하기는 상당 히 힘들 것이다. 팔 흔들기와 마찬가지로 호흡도 최대한 몸이 편하게 느끼도 록 하는 것이 중요하다. 코와 입을 모두 열고 호흡하도록 하자.

보폭을 넓게 하여 성큼성큼 시원스럽게 달려야 한다

달리는 방법에는 스트라이드 주법과 피치 주법이 있다. 스트라이드는 보폭을 크게 해서 성큼성큼 달리는 것이고, 피치는 종종걸음을 치듯이 보폭을 줄여서 달리는 것이다. 스트라이드 주법은 주로 단거리 선수들이 많이 사용하는 방법이다. 반대로 마라톤과 같은 장거리 달리기는 피치 주법으로 달려야 한다. 좁은 보폭으로 달려야 몸의 에너지를 가장 경제적으로 사용할 수 있고 그래야만 지치지 않고 오래 끝까지 달릴 수 있는 것이다.

아픈 것은 당연하다, 꾹 참고 더욱 많이 달린다

아니다. 아프면 무조건 멈춰야 한다. 통증이라고 하기에는 어렵고 조금 불편한 느낌이 드는 정도라 하더라도 달리는 속도나 거리를 줄이거나 아프지 않을 때까지 쉬어야 한다. 달리고 나서 근육통이 생기는 정도라면 다음 연습까지 충분한 휴식을 통해서 회복하면 되지만, 아픈 상태를 계속 참고 달린다면 더 큰 부상으로 이어질 가능성이 높다. 통증은 몸이 스스로를 방어하기 위해서 우리에게 외치는 소리다. 속삭이는 통증에도 귀 기울이자.

힘들어도 걷지 말고 계속 뛰어야만 실력이 향상된다

걷지 말라는 대회규칙은 어디에도 없다. 힘들면 중간에 걸으면 된다. 마라톤의 좋은 점은 그런 것이다. 100m 달리기는 힘들어도 중간에 걸을 수 없지만, 마라톤은 힘들면 걷고, 다시 기운내서 뛰면 된다. 기본은 편런, '즐거운 달리기' 라는 사실을 잊지 말자. 선수가 아닌 한 실력향상을 위해 자학에 가까운 고통을 견디며 달리는 것은 별로 좋은 생각이 아니다.

아이들은 달리기를 하면 키가 크지 않는다

선수들처럼 먹고 잠자는 시간만 빼고 몸을 혹사시키는 달리기 훈련을 해야 하는 경우가 아니라면 달리기는 아이들의 성장발육에 좋은 운동이다. 달리기는 운동량이 턱없이 부족한 요즘 아이들의 어린이 비만을 방지하는데 좋은 운동이고 하체 근육과 함께 골격을 튼튼하게 만들어 준다. 다른 운동과 함께 하면 더욱 좋다. 하지만 5km 이상의 먼 거리를 달리게 하는 것은 바람직하지 않다. 그리고 반드시 쿠션이 좋은 러닝화를 신고 달리도록 하는 것에 주의한다. 참고로 초등학생은 3km, 중학생은 5km, 고등학생은 10km 경주를 각 부문 최장거리 경주라고 한다.

달리기를 하면 하체만 발달하고 상체 근육은 점점 약해진다

달리기를 하면 하체가 많이 발달하는 것은 사실이지만 그렇다고 상체가 약해지는 것은 결코 아니다. 심폐기능이 향상되고 혈액순환도 원활해지면서 몸 전체의 에너지 흐름이 활발해지므로 전체적인 체력향상으로 이어져서 온몸이 건강해진다. 유연성을 키우는 운동과 상체 근육을 다지는 웨이트 트레이닝을 병행하면 더욱 좋다.

근육통이 있을 때는 더욱 강도 높은 운동으로 근육통을 풀어야 한다

앞에서 이야기했지만 관절이든 근육이든 아프면 쉬어야 한다. 근육통은 운동으로 과도하게 근육을 사용했기 때문에 근육이 이제는 좀 쉬고 싶다고 이야기하는 것이다. 피로해진 근육을 더욱 심하게 운동시키면 더욱 큰 근육부상으로 이어질 가능성이 커진다. 다른 운동도 마찬가지이지만 근육통을 더욱더 강도 높은 근육운동으로 해소하겠다는 생각은 위험천만한 것이다.

부 록

● 모델 : 최성조(에스짐피트니스클럽 매니저)

워밍업 스트레칭

워밍업 스트레칭은 굳어지고 긴장된 근육을 부드럽게 풀어주고 늘려 줄 뿐만 아니라 관절을 유연하게 만들어 주기 때문에 부상예방을 위해서 반드시 필요한 과정이다. 정확한 자세로 10 ~ 20초간 동작을 유지하면서 자연스러운 호흡으로 따라해 보자. 찢어지는 아픔을 느낄 만큼 과도하게 스트레칭을 하거나 반동을 이용해서 무리하게 근육을 늘리면 오히려 근육의 이완을 방해할 수도 있다.

◀ 워밍업 스트레칭-1
한쪽 다리를 뒤로 뻗은 후 뒤
꿈치를 들어올린다. (좌우반복)

◀ 워밍업 스트레칭-2
상체를 반듯하게 펴고 무릎을
굽힌다.

▶ 워밍업 스트레칭-3
한쪽 다리를 뒤로 뻗은 후 발뒤
꿈치를 들어올린다. (좌우반복)

▶ 워밍업 스트레칭-4
무릎을 가슴 쪽으로 당겨 준
다. (좌우반복)

◀ 워밍업 스트레칭-5
양쪽 다리를 교차시키고 상체를 깊숙이 구부린다. 뒤쪽 다리는 펴 준다. (좌우반복)

◀ 워밍업 스트레칭-6
한쪽 다리를 뒤로 뻗은 후 다리를 편다. (좌우반복)

▶ 워밍업 스트레칭-7
  양손으로 양쪽 무릎을 잡고 어깨를 비틀어 준다. (좌우반복)

▶ 워밍업 스트레칭-8(좌)
  한 손으로 발끝을 잡고 뒤로 당겨 준다. (좌우반복)

▶ 워밍업 스트레칭-9(우)
  양손을 위로 최대한 길게 뻗어 몸을 늘려 준다.

◀ 워밍업 스트레칭-10
한쪽 팔을 머리 뒤에서 구부
려서 반대쪽 손으로 팔꿈치를
잡고 아래로 눌러 준다. (좌우
반복)

◀ 워밍업 스트레칭-11
다리를 옆으로 뻗고 뻗은 다리
의 발끝을 몸 쪽으로 당긴다.
(좌우반복)

▶ 워밍업 스트레칭-12
   양손을 위로 뻗어 맞잡거나 한쪽 팔만 뻗어 상체를 옆으로 구부린다. (좌우반복)

▶ 워밍업 스트레칭-13(좌)
   한 팔을 반대쪽으로 펴고 다른 팔을 이용해서 몸 쪽으로 눌러 어깨를 늘려 준다. (좌우반복)

▶ 워밍업 스트레칭-14(우)
   손으로 머리를 서서히 당겨준다. (좌우반복)

◀ 워밍업 스트레칭-15
양손을 머리 위로 올려 고개를
아래로 눌러 준다.

쿨링다운 스트레칭

쿨링다운 스트레칭의 목적은 운동하는 동안 활발하게 움직였던 몸을 회복시키는 것이다. 더워진 근육과 관절을 진정시키고 단단해진 근육의 피로를 풀어 줄 뿐만 아니라, 근육을 적절하게 늘려 유연성을 더욱 강화시킬 수 있다.

◀ 쿨링다운 스트레칭-1
한쪽 다리는 곧게 펴고 다른 쪽 다리는 무릎을 세우고 앉는다. 양팔로 세운 무릎을 안고 가슴 쪽으로 당긴다. (좌우 반복)

◀ 쿨링다운 스트레칭-2
무릎을 꿇고 앉아서 발끝에 체중을 싣고 종아리와 발목을 지그시 눌러 준다.

▶ **쿨링다운 스트레칭-3**
누워서 두 손으로 한쪽 무릎
을 잡고 가슴 쪽으로 당겨 준
다. (좌우반복)

▶ **쿨링다운 스트레칭-4**
발목을 펴고 무릎을 꿇고 앉
는다. 양손을 뒤로 뻗어 상체
를 지지하고 천천히 허리와
엉덩이를 들어 준다.

▶ **쿨링다운 스트레칭-5**
다리를 최대한 벌리고 앉아서
한쪽으로 상체를 깊숙이 숙여
발끝을 잡는다. (좌우반복)

◀ 쿨링다운 스트레칭-6
발바닥을 서로 붙이고 상체를
천천히 숙인다.

◀ 쿨링다운 스트레칭-7
한쪽 무릎을 세우고 앉은 상
태에서 세운 다리를 반대쪽
팔로 밀어 준다. (좌우반복)

◀ 쿨링다운 스트레칭-8
무릎을 꿇고 앉아서 팔을 길게
뻗으며 가슴이 무릎에 닿을 만
큼 상체를 앞으로 숙인다.

▶ **쿨링다운 스트레칭-9**
  다리를 최대한 벌리고 앉아
서 양팔을 위로 올리고 한쪽
으로 상체를 깊숙이 숙인다.
(좌우반복)

▶ **쿨링다운 스트레칭-10**
  한쪽 다리를 뒤로 뻗고 허벅
지 앞쪽 근육을 늘려 준다.
(좌우반복)

▶ **쿨링다운 스트레칭-11**
  다리를 최대한 벌리고 앉아서
상체를 편 상태에서 앞으로
숙인다.

◀ 쿨링다운 스트레칭-12
한쪽 다리는 곧게 펴고 한쪽
다리는 구부리고 앉아서 상체
를 깊숙이 숙인다. (좌우반복)

◀ 쿨링다운 스트레칭-13(좌)
손으로 머리를 서서히 당겨
준다. (좌우반복)

◀ 쿨링다운 스트레칭-14(우)
양손을 머리 위로 올려 고개
를 아래로 눌러 준다.

▶ **쿨링다운 스트레칭-15**
  두 다리를 머리 뒤로 넘긴 다음 두 다리를 벌린다. 최대한 벌리는 것이 좋다.

◀ **쿨링다운 스트레칭-16**
한 팔을 반대쪽으로 펴고 다른 팔을 이용해서 몸 쪽으로 눌러 어깨를 늘려 준다. (좌우 반복)

◀ **쿨링다운 스트레칭-17**
양 팔을 위로 길게 뻗는다.

일상 스트레칭

일상생활의 스트레칭은 긴장과 스트레스를 풀어 주고 일상의 신체활동을 활발하게 해 준다. 평소 자주 사용하지 않는 근육들을 늘려 주고 펴 주면 유연성이 증가하기 때문에 더욱 안전하게 부상 없이 운동할 수 있도록 돕는다. 이완되는 근육에 좀더 집중하면 효과가 더욱 좋아질 것이다.

● 모델 : 육미향(에스짐피트니스클럽 매니저)

◀ 일상 스트레칭-1(좌)
무릎을 구부리지 말고 상체를 숙여 허벅지 뒤쪽 근육을 늘려 준다.

◀ 일상 스트레칭-2(우)
등 뒤로 양손을 맞잡고 상체를 곧게 편 상태로 천천히 구부린다.

◀ 일상 스트레칭-3
한쪽 다리는 구부리고 반대쪽 다리는 뒤로 뻗은 상태로 앉아서 상체를 뒤로 젖혀 복근과 허리 뒤쪽 근육을 늘려 준다.
(좌우반복)

▶ **일상 스트레칭-4**
　허리를 구부려 땅을 짚은 후
　한쪽 무릎을 구부린다. (좌우
　반복)

▶ **일상 스트레칭-5**
　누워서 손끝부터 발끝까지 길
　게 늘려 준다.

▶ **일상 스트레칭-6**
　다리를 곧게 펴고 앉아서 가
　슴이 무릎에 닿도록 상체를
　깊숙이 구부린다.

◀ **일상 스트레칭-7**
발바닥을 서로 붙이고 상체를
숙인다.

◀ **일상 스트레칭-8**
양 다리를 교차시켜 상체를 숙
인다. (좌우반복)

◀ **일상 스트레칭-9**
한쪽 다리는 구부리고 반대쪽
다리는 곧게 펴고 앉는다. 양
손으로 뻗은 다리의 발끝을
잡고 상체를 앞으로 구부려
종아리 뒤쪽을 늘려 준다. (좌
우반복)

▶ **일상 스트레칭-10**
무릎을 바닥에 대고 엉덩이를
들어올린다. 앞으로 숙인 상체
는 곧게 펴서 등 근육을 늘려
준다.

▶ **일상 스트레칭-11**
양 다리를 벌리고 상체를 숙
인다.

◀ 일상 스트레칭-12
한 손으로 반대쪽 다리를 눌러
주며 몸을 비튼다. (좌우반복)

◀ 일상 스트레칭-13
어깨와 양팔로 바닥을 누르며
상체를 뒤로 늘려 준다.

▶ **일상 스트레칭-14**
양팔과 양 무릎으로 엎드린
자세에서 등과 허리를 최대한
위로 들어올린다.

▶ **일상 스트레칭-15**
양발 끝을 머리 뒤로 넘긴다.
무릎을 곧게 펴야 한다.

◀ **일상 스트레칭-16**
누워서 양팔로 무릎을 잡고 눌러 준다.

◀ **일상 스트레칭-17**
누워서 양손을 바닥에 대고 허리와 엉덩이를 들어올린다.

마라톤 용어

조깅 *Jogging* _ 천천히 달리는 완주緩走이다. 옆 사람과 대화를 할 수 있을 정도의 속도로 자신의 최고 운동능력의 30~60%로 편안하게 달리는 것이다.

에어로빅 조깅 *Aerobic Jogging* _ 최고 운동능력의 40~80% 정도로 편안하게 달리는 것으로, 컨디션에 따라 장소와 속도에 변화를 주며 즐겁게 달리는 것을 말한다.

시간주 _ 거리를 정하지 않고 시간을 정해 놓고 시간을 채워 달리는 것이다. 컨디션이나 운동능력에 따라 속도를 조절하여 편안하게 달리면 되기 때문에 초보자들에게 부담이 적은 달리기이다. 조깅이나 에어로빅 조깅 또는 LSD를 혼합해서 코스나 장소를 변화를 주며 지루하지 않도록 편안하게 달린다.

거리주 _ 시간주와 반대로 시간 대신 거리를 정해 놓고 달리는 것이다. 컨디션에 따라 속도를 조절하며 달릴 수 있지만, 일정 거리까지 달려야 한다는 부담은 있다. 주로 도로에서 빠르지 않은 속도로 달린다. 코스나 도로에 적응하기 위한 목적이 크며 최고 운동능력의 50~70% 에너지 소비를 하며 달리는 것이 좋다.

지속주 _ 장거리 달리기의 거리연습을 하기 위한 것이다. 5~40km 사이의 비교적 긴 코스를 정해놓고 일정한 페이스에 맞춰가며 달리는 것이다. 최고 운동능력의 70~85%로 달린다.

LSD _ Long Slow Distance의 약자로 편안한 페이스로 느리게 오랫동안 장거리를 달리는 것이다. 보통 60분 이상 천천히 오래 달리는 것으로 자신이 가진 최고 운동능력의 30~70% 에너지를 소비하는 수준으로 조깅 코스나 도로에서 편안하게 달린다. LSD처럼 '천천히 오래' 달리는 것은 체지방을 줄이는 데 효과가 크다.

자유주 _ 조깅, 에어로빅 조깅, LSD 등을 혼합해서 말 그대로 자유롭게 달리는 것이다. 편안하고 즐겁게 최고 운동능력의 30~70% 정도로 달린다.

파틀렉 *Fartlek* _ 파틀렉은 스피드놀이라는 뜻의 스웨덴어로 인터벌 훈련의 회복조깅보다 약간 느린 속도로 조깅을 시작한 후 20분 정도 달리다가 일정한 거리를 빠르게 달린다. 빨리 달리는 구간은 보통 짧게는 200~400m 길게는 500m~1,000m이상인데, 느린 조깅과 빠른 달리기를 다양하게 섞어서 수차례 반복하며 달리는 것이다. 속도에 변화를 주며 달리기 때문에 지구력뿐만 아니라 스피드 훈련에도 좋다.

인터벌 훈련 *Interval Training* _ 빠르게 달리는 것과 천천히 조깅하기를 반복하는 스피드 훈련이다. 빠르게 달리는 구간에 따라 훈련 강도가 결정되는데, 짧게는 200m에서 길게는 5,000m까지 빠르게 달리고 나서 200~400m 정도를 회복조깅으로 가볍게 달린다(이때 회복조깅은 걷기와 조깅의 중간쯤 되는 속도로 가볍게 종종걸음을 치듯이 달리며 운동능력의 10~20%로 달리는 것이다). 회복조깅은 빠르게 달리는 동안 사용한 관절과 근육을 회복하는 시간이다. 5~7회 정도 빠른 달리기와 느린 조깅을 반복하며 최고 운동능력의 88~95% 에너지를 소비하며 달린다. 스피드를 높이는 훈련으로는 효과적이지만 강도가 높고 부상위험이 큰 훈련이므로 주의해야 한다.

타임 트라이얼 *Time Trial* _ 기록 측정을 위해 최선을 다해 달리는 것이다. 대개 5~30km 정도에서 거리를 정하고 자신의 실력을 테스트할 수 있도록 최고 운동능력의 85~95%로 달린다.

크로스컨트리 *Cross Country* _ 숲이나 들판, 경사가 완만한 산길, 오솔길 같은 곳에서 달리는 것이다. 속도나 자세를 변화시켜 달리므로 지구력과 스피드가 좋아지고 균형 잡힌 자세를 만드는 데 좋다. 최고 운동능력의 60~80%로 달린다.

크로스 트레이닝 *Cross Training* _ 여러 가지 운동을 함께 병행하는 것이다. 전체적인 몸의 체력과 근력, 유연성을 향상시키기 위한 훈련이고 다른 운동을 함께 함으로써 달리기만 했을 때 느낄 수 있는 지루함을 없앨 수도 있다. 대표적인 크로스 트레이닝은 자전거타기, 수영, 등산, 걷기 등이 있다.

피치주법 *Pitch* _ 피치주법은 보폭을 좁게 해서 달리는 방법이다. 오르막길이나 내리막길에서 연습하기 좋은 주법이며, 반대로 보폭을 크게 해서 달리는 것은 스트라이드 주법이라고 한다.

경기기록예상표

100m	400m	1,000m	2,000m	3,000m	5,000m	10,000m
0:00:19.20	0:01:16.80	0:03:12.00	0:06:24.00	0:09:36.00	0:16:00.00	0:32:00.00
0:00:19.40	0:01:17.60	0:03:14.00	0:06:28.00	0:09:42.00	0:16:10.00	0:32:20.00
0:00:19.60	0:01:18.40	0:03:16.00	0:06:32.00	0:09:48.00	0:16:20.00	0:32:40.00
0:00:19.80	0:01:19.20	0:03:18.00	0:06:36.00	0:09:54.00	0:16:30.00	0:33:00.00
0:00:20.00	0:01:20.00	0:03:20.00	0:06:40.00	0:10:00.00	0:16:40.00	0:33:20.00
0:00:20.20	0:01:20.80	0:03:22.00	0:06:44.00	0:10:06.00	0:16:50.00	0:33:40.00
0:00:20.40	0:01:21.60	0:03:24.00	0:06:48.00	0:10:12.00	0:17:00.00	0:34:00.00
0:00:20.60	0:01:22.40	0:03:26.00	0:06:52.00	0:10:18.00	0:17:10.00	0:34:20.00
0:00:20.80	0:01:23.20	0:03:28.00	0:06:56.00	0:10:24.00	0:17:20.00	0:34:40.00
0:00:21.00	0:01:24.00	0:03:30.00	0:07:00.00	0:10:30.00	0:17:30.00	0:35:00.00
0:00:21.20	0:01:24.80	0:03:32.00	0:07:04.00	0:10:36.00	0:17:40.00	0:35:20.00
0:00:21.40	0:01:25.60	0:03:34.00	0:07:08.00	0:10:42.00	0:17:50.00	0:35:40.00
0:00:21.60	0:01:26.40	0:03:36.00	0:07:12.00	0:10:48.00	0:18:00.00	0:36:00.00
0:00:21.80	0:01:27.20	0:03:38.00	0:07:16.00	0:10:54.00	0:18:10.00	0:36:20.00
0:00:22.00	0:01:28.00	0:03:40.00	0:07:20.00	0:11:00.00	0:18:20.00	0:36:40.00
0:00:22.20	0:01:28.80	0:03:42.00	0:07:24.00	0:11:06.00	0:18:30.00	0:37:00.00
0:00:22.40	0:01:29.60	0:03:44.00	0:07:28.00	0:11:12.00	0:18:40.00	0:37:20.00
0:00:22.60	0:01:30.40	0:03:46.00	0:07:32.00	0:11:18.00	0:18:50.00	0:37:40.00
0:00:22.80	0:01:31.20	0:03:48.00	0:07:36.00	0:11:24.00	0:19:00.00	0:38:00.00
0:00:23.00	0:01:32.00	0:03:50.00	0:07:40.00	0:11:30.00	0:19:10.00	0:38:20.00
0:00:23.20	0:01:32.80	0:03:52.00	0:07:44.00	0:11:36.00	0:19:20.00	0:38:40.00
0:00:23.40	0:01:33.60	0:03:54.00	0:07:48.00	0:11:42.00	0:19:30.00	0:39:00.00
0:00:23.60	0:01:34.40	0:03:56.00	0:07:52.00	0:11:48.00	0:19:40.00	0:39:20.00
0:00:23.80	0:01:35.20	0:03:58.00	0:07:56.00	0:11:54.00	0:19:50.00	0:39:40.00
0:00:24.00	0:01:36.00	0:04:00.00	0:08:00.00	0:12:00.00	0:20:00.00	0:40:00.00
0:00:24.20	0:01:36.80	0:04:02.00	0:08:04.00	0:12:06.00	0:20:10.00	0:40:20.00
0:00:24.40	0:01:37.60	0:04:04.00	0:08:08.00	0:12:12.00	0:20:20.00	0:40:40.00
0:00:24.60	0:01:38.40	0:04:06.00	0:08:12.00	0:12:18.00	0:20:30.00	0:41:00.00
0:00:24.80	0:01:39.20	0:04:08.00	0:08:16.00	0:12:24.00	0:20:40.00	0:41:20.00
0:00:25.00	0:01:40.00	0:04:10.00	0:08:20.00	0:12:30.00	0:20:50.00	0:41:40.00
0:00:25.20	0:01:40.80	0:04:12.00	0:08:24.00	0:12:36.00	0:21:00.00	0:42:00.00
0:00:25.40	0:01:41.60	0:04:14.00	0:08:28.00	0:12:42.00	0:21:10.00	0:42:20.00

15,000m	20,000m	25,000m	30,000m	35,000m	40,000m	42,195m
0:48:00.00	1:04:00.00	1:20:00.00	1:36:00.00	1:52:00.00	2:08:00.00	2:15:01.44
0:48:30.00	1:04:40.00	1:20:50.00	1:37:00.00	1:53:10.00	2:09:20.00	2:16:25.83
0:49:00.00	1:05:20.00	1:21:40.00	1:38:00.00	1:54:20.00	2:10:40.00	2:17:50.22
0:49:30.00	1:06:00.00	1:22:30.00	1:39:00.00	1:55:30.00	2:12:00.00	2:19:14.61
0:50:00.00	1:06:40.00	1:23:20.00	1:40:00.00	1:56:40.00	2:13:20.00	2:20:39.00
0:50:30.00	1:07:20.00	1:24:10.00	1:41:00.00	1:57:50.00	2:14:40.00	2:22:03.39
0:51:00.00	1:08:00.00	1:25:00.00	1:42:00.00	1:59:00.00	2:16:00.00	2:23:27.78
0:51:30.00	1:08:40.00	1:25:50.00	1:43:00.00	2:00:10.00	2:17:20.00	2:24:52.17
0:52:00.00	1:09:20.00	1:26:40.00	1:44:00.00	2:01:20.00	2:18:40.00	2:26:16.56
0:52:30.00	1:10:00.00	1:27:30.00	1:45:00.00	2:02:30.00	2:20:00.00	2:27:40.95
0:53:00.00	1:10:40.00	1:28:20.00	1:46:00.00	2:03:40.00	2:21:20.00	2:29:05.34
0:53:30.00	1:11:20.00	1:29:10.00	1:47:00.00	2:04:50.00	2:22:40.00	2:30:29.73
0:54:00.00	1:12:00.00	1:30:00.00	1:48:00.00	2:06:00.00	2:24:00.00	2:31:54.12
0:54:30.00	1:12:40.00	1:30:50.00	1:49:00.00	2:07:10.00	2:25:20.00	2:33:18.51
0:55:00.00	1:13:20.00	1:31:40.00	1:50:00.00	2:08:20.00	2:26:40.00	2:34:42.90
0:55:30.00	1:14:00.00	1:32:30.00	1:51:00.00	2:09:30.00	2:28:00.00	2:36:07.29
0:56:00.00	1:14:40.00	1:33:20.00	1:52:00.00	2:10:40.00	2:29:20.00	2:37:31.68
0:56:30.00	1:15:20.00	1:34:10.00	1:53:00.00	2:11:50.00	2:30:40.00	2:38:56.07
0:57:00.00	1:16:00.00	1:35:00.00	1:54:00.00	2:13:00.00	2:32:00.00	2:40:20.46
0:57:30.00	1:16:40.00	1:35:50.00	1:55:00.00	2:14:10.00	2:33:20.00	2:41:44.85
0:58:00.00	1:17:20.00	1:36:40.00	1:56:00.00	2:15:20.00	2:34:40.00	2:43:09.24
0:58:30.00	1:18:00.00	1:37:30.00	1:57:00.00	2:16:30.00	2:36:00.00	2:44:33.63
0:59:00.00	1:18:40.00	1:38:20.00	1:58:00.00	2:17:40.00	2:37:20.00	2:45:58.02
0:59:30.00	1:19:20.00	1:39:10.00	1:59:00.00	2:18:50.00	2:38:40.00	2:47:22.41
1:00:00.00	1:20:00.00	1:40:00.00	2:00:00.00	2:20:00.00	2:40:00.00	2:48:46.80
1:00:30.00	1:20:40.00	1:40:50.00	2:01:00.00	2:21:10.00	2:41:20.00	2:50:11.19
1:01:00.00	1:21:20.00	1:41:40.00	2:02:00.00	2:22:20.00	2:42:40.00	2:51:35.58
1:01:30.00	1:22:00.00	1:42:30.00	2:03:00.00	2:23:30.00	2:44:00.00	2:52:59.97
1:02:00.00	1:22:40.00	1:43:20.00	2:04:00.00	2:24:40.00	2:45:20.00	2:54:24.36
1:02:30.00	1:23:20.00	1:44:10.00	2:05:00.00	2:25:50.00	2:46:40.00	2:55:48.75
1:03:00.00	1:24:00.00	1:45:00.00	2:06:00.00	2:27:00.00	2:48:00.00	2:57:13.14
1:03:30.00	1:24:40.00	1:45:50.00	2:07:00.00	2:28:10.00	2:49:20.00	2:58:37.53

100m	400m	1,000m	2,000m	3,000m	5,000m	10,000m
0:00:25.60	0:01:42.40	0:04:16.00	0:08:32.00	0:12:48.00	0:21:20.00	0:42:40.00
0:00:25.80	0:01:43.20	0:04:18.00	0:08:36.00	0:12:54.00	0:21:30.00	0:43:00.00
0:00:26.00	0:01:44.00	0:04:20.00	0:08:40.00	0:13:00.00	0:21:40.00	0:43:20.00
0:00:26.20	0:01:44.80	0:04:22.00	0:08:44.00	0:13:06.00	0:21:50.00	0:43:40.00
0:00:26.40	0:01:45.60	0:04:24.00	0:08:48.00	0:13:12.00	0:22:00.00	0:44:00.00
0:00:26.60	0:01:46.40	0:04:26.00	0:08:52.00	0:13:18.00	0:22:10.00	0:44:20.00
0:00:26.80	0:01:47.20	0:04:28.00	0:08:56.00	0:13:24.00	0:22:20.00	0:44:40.00
0:00:27.00	0:01:48.00	0:04:30.00	0:09:00.00	0:13:30.00	0:22:30.00	0:45:00.00
0:00:27.20	0:01:48.80	0:04:32.00	0:09:04.00	0:13:36.00	0:22:40.00	0:45:20.00
0:00:27.40	0:01:49.60	0:04:34.00	0:09:08.00	0:13:42.00	0:22:50.00	0:45:40.00
0:00:27.60	0:01:50.40	0:04:36.00	0:09:12.00	0:13:48.00	0:23:00.00	0:46:00.00
0:00:27.80	0:01:51.20	0:04:38.00	0:09:16.00	0:13:54.00	0:23:10.00	0:46:20.00
0:00:28.00	0:01:52.00	0:04:40.00	0:09:20.00	0:14:00.00	0:23:20.00	0:46:40.00
0:00:28.20	0:01:52.80	0:04:42.00	0:09:24.00	0:14:06.00	0:23:30.00	0:47:00.00
0:00:28.40	0:01:53.60	0:04:44.00	0:09:28.00	0:14:12.00	0:23:40.00	0:47:20.00
0:00:28.60	0:01:54.40	0:04:46.00	0:09:32.00	0:14:18.00	0:23:50.00	0:47:40.00
0:00:28.80	0:01:55.20	0:04:48.00	0:09:36.00	0:14:24.00	0:24:00.00	0:48:00.00
0:00:29.00	0:01:56.00	0:04:50.00	0:09:40.00	0:14:30.00	0:24:10.00	0:48:20.00
0:00:29.20	0:01:56.80	0:04:52.00	0:09:44.00	0:14:36.00	0:24:20.00	0:48:40.00
0:00:29.40	0:01:57.60	0:04:54.00	0:09:48.00	0:14:42.00	0:24:30.00	0:49:00.00
0:00:29.60	0:01:58.40	0:04:56.00	0:09:52.00	0:14:48.00	0:24:40.00	0:49:20.00
0:00:29.80	0:01:59.20	0:04:58.00	0:09:56.00	0:14:54.00	0:24:50.00	0:49:40.00
0:00:30.00	0:02:00.00	0:05:00.00	0:10:00.00	0:15:00.00	0:25:00.00	0:50:00.00
0:00:30.20	0:02:00.80	0:05:02.00	0:10:04.00	0:15:06.00	0:25:10.00	0:50:20.00
0:00:30.40	0:02:01.60	0:05:04.00	0:10:08.00	0:15:12.00	0:25:20.00	0:50:40.00
0:00:30.60	0:02:02.40	0:05:06.00	0:10:12.00	0:15:18.00	0:25:30.00	0:51:00.00
0:00:30.80	0:02:03.20	0:05:08.00	0:10:16.00	0:15:24.00	0:25:40.00	0:51:20.00
0:00:31.00	0:02:04.00	0:05:10.00	0:10:20.00	0:15:30.00	0:25:50.00	0:51:40.00
0:00:31.20	0:02:04.80	0:05:12.00	0:10:24.00	0:15:36.00	0:26:00.00	0:52:00.00
0:00:31.40	0:02:05.60	0:05:14.00	0:10:28.00	0:15:42.00	0:26:10.00	0:52:20.00
0:00:31.60	0:02:06.40	0:05:16.00	0:10:32.00	0:15:48.00	0:26:20.00	0:52:40.00
0:00:31.80	0:02:07.20	0:05:18.00	0:10:36.00	0:15:54.00	0:26:30.00	0:53:00.00
0:00:32.00	0:02:08.00	0:05:20.00	0:10:40.00	0:16:00.00	0:26:40.00	0:53:20.00
0:00:32.20	0:02:08.80	0:05:22.00	0:10:44.00	0:16:06.00	0:26:50.00	0:53:40.00
0:00:32.40	0:02:09.60	0:05:24.00	0:10:48.00	0:16:12.00	0:27:00.00	0:54:00.00

15,000m	20,000m	25,000m	30,000m	35,000m	40,000m	42,195m
1:04:00.00	1:25:20.00	1:46:40.00	2:08:00.00	2:29:20.00	2:50:40.00	3:00:01.92
1:04:30.00	1:26:00.00	1:47:30.00	2:09:00.00	2:30:30.00	2:52:00.00	3:01:26.31
1:05:00.00	1:26:40.00	1:48:20.00	2:10:00.00	2:31:40.00	2:53:20.00	3:02:50.70
1:05:30.00	1:27:20.00	1:49:10.00	2:11:00.00	2:32:50.00	2:54:40.00	3:04:15.09
1:06:00.00	1:28:00.00	1:50:00.00	2:12:00.00	2:34:00.00	2:56:00.00	3:05:39.48
1:06:30.00	1:28:40.00	1:50:50.00	2:13:00.00	2:35:10.00	2:57:20.00	3:07:03.87
1:07:00.00	1:29:20.00	1:51:40.00	2:14:00.00	2:36:20.00	2:58:40.00	3:08:28.26
1:07:30.00	1:30:00.00	1:52:30.00	2:15:00.00	2:37:30.00	3:00:00.00	3:09:52.65
1:08:00.00	1:30:40.00	1:53:20.00	2:16:00.00	2:38:40.00	3:01:20.00	3:11:17.04
1:08:30.00	1:31:20.00	1:54:10.00	2:17:00.00	2:39:50.00	3:02:40.00	3:12:41.43
1:09:00.00	1:32:00.00	1:55:00.00	2:18:00.00	2:41:00.00	3:04:00.00	3:14:05.82
1:09:30.00	1:32:40.00	1:55:50.00	2:19:00.00	2:42:10.00	3:05:20.00	3:15:30.21
1:10:00.00	1:33:20.00	1:56:40.00	2:20:00.00	2:43:20.00	3:06:40.00	3:16:54.60
1:10:30.00	1:34:00.00	1:57:30.00	2:21:00.00	2:44:30.00	3:08:00.00	3:18:18.99
1:11:00.00	1:34:40.00	1:58:20.00	2:22:00.00	2:45:40.00	3:09:20.00	3:19:43.38
1:11:30.00	1:35:20.00	1:59:10.00	2:23:00.00	2:46:50.00	3:10:40.00	3:21:07.77
1:12:00.00	1:36:00.00	2:00:00.00	2:24:00.00	2:48:00.00	3:12:00.00	3:22:32.16
1:12:30.00	1:36:40.00	2:00:50.00	2:25:00.00	2:49:10.00	3:13:20.00	3:23:56.55
1:13:00.00	1:37:20.00	2:01:40.00	2:26:00.00	2:50:20.00	3:14:40.00	3:25:20.94
1:13:30.00	1:38:00.00	2:02:30.00	2:27:00.00	2:51:30.00	3:16:00.00	3:26:45.33
1:14:00.00	1:38:40.00	2:03:20.00	2:28:00.00	2:52:40.00	3:17:20.00	3:28:09.72
1:14:30.00	1:39:20.00	2:04:10.00	2:29:00.00	2:53:50.00	3:18:40.00	3:29:34.11
1:15:00.00	1:40:00.00	2:05:00.00	2:30:00.00	2:55:00.00	3:20:00.00	3:30:58.50
1:15:30.00	1:40:40.00	2:05:50.00	2:31:00.00	2:56:10.00	3:21:20.00	3:32:22.89
1:16:00.00	1:41:20.00	2:06:40.00	2:32:00.00	2:57:20.00	3:22:40.00	3:33:47.28
1:16:30.00	1:42:00.00	2:07:30.00	2:33:00.00	2:58:30.00	3:24:00.00	3:35:11.67
1:17:00.00	1:42:40.00	2:08:20.00	2:34:00.00	2:59:40.00	3:25:20.00	3:36:36.06
1:17:30.00	1:43:20.00	2:09:10.00	2:35:00.00	3:00:50.00	3:26:40.00	3:38:00.45
1:18:00.00	1:44:00.00	2:10:00.00	2:36:00.00	3:02:00.00	3:28:00.00	3:39:24.84
1:18:30.00	1:44:40.00	2:10:50.00	2:37:00.00	3:03:10.00	3:29:20.00	3:40:49.23
1:19:00.00	1:45:20.00	2:11:40.00	2:38:00.00	3:04:20.00	3:30:40.00	3:42:13.62
1:19:30.00	1:46:00.00	2:12:30.00	2:39:00.00	3:05:30.00	3:32:00.00	3:43:38.01
1:20:00.00	1:46:40.00	2:13:20.00	2:40:00.00	3:06:40.00	3:33:20.00	3:45:02.40
1:20:30.00	1:47:20.00	2:14:10.00	2:41:00.00	3:07:50.00	3:34:40.00	3:46:26.79
1:21:00.00	1:48:00.00	2:15:00.00	2:42:00.00	3:09:00.00	3:36:00.00	3:47:51.18

100m	400m	1,000m	2,000m	3,000m	5,000m	10,000m
0:00:32.60	0:02:10.40	0:05:26.00	0:10:52.00	0:16:18.00	0:27:10.00	0:54:20.00
0:00:32.80	0:02:11.20	0:05:28.00	0:10:56.00	0:16:24.00	0:27:20.00	0:54:40.00
0:00:33.00	0:02:12.00	0:05:30.00	0:11:00.00	0:16:30.00	0:27:30.00	0:55:00.00
0:00:33.20	0:02:12.80	0:05:32.00	0:11:04.00	0:16:36.00	0:27:40.00	0:55:20.00
0:00:33.40	0:02:13.60	0:05:34.00	0:11:08.00	0:16:42.00	0:27:50.00	0:55:40.00
0:00:33.60	0:02:14.40	0:05:36.00	0:11:12.00	0:16:48.00	0:28:00.00	0:56:00.00
0:00:33.80	0:02:15.20	0:05:38.00	0:11:16.00	0:16:54.00	0:28:10.00	0:56:20.00
0:00:34.00	0:02:16.00	0:05:40.00	0:11:20.00	0:17:00.00	0:28:20.00	0:56:40.00
0:00:34.20	0:02:16.80	0:05:42.00	0:11:24.00	0:17:06.00	0:28:30.00	0:57:00.00
0:00:34.40	0:02:17.60	0:05:44.00	0:11:28.00	0:17:12.00	0:28:40.00	0:57:20.00
0:00:34.60	0:02:18.40	0:05:46.00	0:11:32.00	0:17:18.00	0:28:50.00	0:57:40.00
0:00:34.80	0:02:19.20	0:05:48.00	0:11:36.00	0:17:24.00	0:29:00.00	0:58:00.00
0:00:35.00	0:02:20.00	0:05:50.00	0:11:40.00	0:17:30.00	0:29:10.00	0:58:20.00
0:00:35.20	0:02:20.80	0:05:52.00	0:11:44.00	0:17:36.00	0:29:20.00	0:58:40.00
0:00:35.40	0:02:21.60	0:05:54.00	0:11:48.00	0:17:42.00	0:29:30.00	0:59:00.00
0:00:35.60	0:02:22.40	0:05:56.00	0:11:52.00	0:17:48.00	0:29:40.00	0:59:20.00
0:00:35.80	0:02:23.20	0:05:58.00	0:11:56.00	0:17:54.00	0:29:50.00	0:59:40.00
0:00:36.00	0:02:24.00	0:06:00.00	0:12:00.00	0:18:00.00	0:30:00.00	1:00:00.00
0:00:36.20	0:02:24.80	0:06:02.00	0:12:04.00	0:18:06.00	0:30:10.00	1:00:20.00
0:00:36.40	0:02:25.60	0:06:04.00	0:12:08.00	0:18:12.00	0:30:20.00	1:00:40.00
0:00:36.60	0:02:26.40	0:06:06.00	0:12:12.00	0:18:18.00	0:30:30.00	1:01:00.00
0:00:36.80	0:02:27.20	0:06:08.00	0:12:16.00	0:18:24.00	0:30:40.00	1:01:20.00
0:00:37.00	0:02:28.00	0:06:10.00	0:12:20.00	0:18:30.00	0:30:50.00	1:01:40.00
0:00:37.20	0:02:28.80	0:06:12.00	0:12:24.00	0:18:36.00	0:31:00.00	1:02:00.00
0:00:37.40	0:02:29.60	0:06:14.00	0:12:28.00	0:18:42.00	0:31:10.00	1:02:20.00
0:00:37.60	0:02:30.40	0:06:16.00	0:12:32.00	0:18:48.00	0:31:20.00	1:02:40.00
0:00:37.80	0:02:31.20	0:06:18.00	0:12:36.00	0:18:54.00	0:31:30.00	1:03:00.00
0:00:38.00	0:02:32.00	0:06:20.00	0:12:40.00	0:19:00.00	0:31:40.00	1:03:20.00
0:00:38.20	0:02:32.80	0:06:22.00	0:12:44.00	0:19:06.00	0:31:50.00	1:03:40.00
0:00:38.40	0:02:33.60	0:06:24.00	0:12:48.00	0:19:12.00	0:32:00.00	1:04:00.00
0:00:38.60	0:02:34.40	0:06:26.00	0:12:52.00	0:19:18.00	0:32:10.00	1:04:20.00
0:00:38.80	0:02:35.20	0:06:28.00	0:12:56.00	0:19:24.00	0:32:20.00	1:04:40.00
0:00:39.00	0:02:36.00	0:06:30.00	0:13:00.00	0:19:30.00	0:32:30.00	1:05:00.00
0:00:39.20	0:02:36.80	0:06:32.00	0:13:04.00	0:19:36.00	0:32:40.00	1:05:20.00
0:00:39.40	0:02:37.60	0:06:34.00	0:13:08.00	0:19:42.00	0:32:50.00	1:05:40.00

15,000m	20,000m	25,000m	30,000m	35,000m	40,000m	42,195m
1:21:30.00	1:48:40.00	2:15:50.00	2:43:00.00	3:10:10.00	3:37:20.00	3:49:15.57
1:22:00.00	1:49:20.00	2:16:40.00	2:44:00.00	3:11:20.00	3:38:40.00	3:50:39.96
1:22:30.00	1:50:00.00	2:17:30.00	2:45:00.00	3:12:30.00	3:40:00.00	3:52:04.35
1:23:00.00	1:50:40.00	2:18:20.00	2:46:00.00	3:13:40.00	3:41:20.00	3:53:28.74
1:23:30.00	1:51:20.00	2:19:10.00	2:47:00.00	3:14:50.00	3:42:40.00	3:54:53.13
1:24:00.00	1:52:00.00	2:20:00.00	2:48:00.00	3:16:00.00	3:44:00.00	3:56:17.52
1:24:30.00	1:52:40.00	2:20:50.00	2:49:00.00	3:17:10.00	3:45:20.00	3:57:41.91
1:25:00.00	1:53:20.00	2:21:40.00	2:50:00.00	3:18:20.00	3:46:40.00	3:59:06.30
1:25:30.00	1:54:00.00	2:22:30.00	2:51:00.00	3:19:30.00	3:48:00.00	4:00:30.69
1:26:00.00	1:54:40.00	2:23:20.00	2:52:00.00	3:20:40.00	3:49:20.00	4:01:55.08
1:26:30.00	1:55:20.00	2:24:10.00	2:53:00.00	3:21:50.00	3:50:40.00	4:03:19.47
1:27:00.00	1:56:00.00	2:25:00.00	2:54:00.00	3:23:00.00	3:52:00.00	4:04:43.86
1:27:30.00	1:56:40.00	2:25:50.00	2:55:00.00	3:24:10.00	3:53:20.00	4:06:08.25
1:28:00.00	1:57:20.00	2:26:40.00	2:56:00.00	3:25:20.00	3:54:40.00	4:07:32.64
1:28:30.00	1:58:00.00	2:27:30.00	2:57:00.00	3:26:30.00	3:56:00.00	4:08:57.03
1:29:00.00	1:58:40.00	2:28:20.00	2:58:00.00	3:27:40.00	3:57:20.00	4:10:21.42
1:29:30.00	1:59:20.00	2:29:10.00	2:59:00.00	3:28:50.00	3:58:40.00	4:11:45.81
1:30:00.00	2:00:00.00	2:30:00.00	3:00:00.00	3:30:00.00	4:00:00.00	4:13:10.20
1:30:30.00	2:00:40.00	2:30:50.00	3:01:00.00	3:31:10.00	4:01:20.00	4:14:34.59
1:31:00.00	2:01:20.00	2:31:40.00	3:02:00.00	3:32:20.00	4:02:40.00	4:15:58.98
1:31:30.00	2:02:00.00	2:32:30.00	3:03:00.00	3:33:30.00	4:04:00.00	4:17:23.37
1:32:00.00	2:02:40.00	2:33:20.00	3:04:00.00	3:34:40.00	4:05:20.00	4:18:47.76
1:32:30.00	2:03:20.00	2:34:10.00	3:05:00.00	3:35:50.00	4:06:40.00	4:20:12.15
1:33:00.00	2:04:00.00	2:35:00.00	3:06:00.00	3:37:00.00	4:08:00.00	4:21:36.54
1:33:30.00	2:04:40.00	2:35:50.00	3:07:00.00	3:38:10.00	4:09:20.00	4:23:00.93
1:34:00.00	2:05:20.00	2:36:40.00	3:08:00.00	3:39:20.00	4:10:40.00	4:24:25.32
1:34:30.00	2:06:00.00	2:37:30.00	3:09:00.00	3:40:30.00	4:12:00.00	4:25:49.71
1:35:00.00	2:06:40.00	2:38:20.00	3:10:00.00	3:41:40.00	4:13:20.00	4:27:14.10
1:35:30.00	2:07:20.00	2:39:10.00	3:11:00.00	3:42:50.00	4:14:40.00	4:28:38.49
1:36:00.00	2:08:00.00	2:40:00.00	3:12:00.00	3:44:00.00	4:16:00.00	4:30:02.88
1:36:30.00	2:08:40.00	2:40:50.00	3:13:00.00	3:45:10.00	4:17:20.00	4:31:27.27
1:37:00.00	2:09:20.00	2:41:40.00	3:14:00.00	3:46:20.00	4:18:40.00	4:32:51.66
1:37:30.00	2:10:00.00	2:42:30.00	3:15:00.00	3:47:30.00	4:20:00.00	4:34:16.05
1:38:00.00	2:10:40.00	2:43:20.00	3:16:00.00	3:48:40.00	4:21:20.00	4:35:40.44
1:38:30.00	2:11:20.00	2:44:10.00	3:17:00.00	3:49:50.00	4:22:40.00	4:37:04.83

즐겁고 안전해야 진짜 마라톤이다

마라톤은 전쟁이다

마라톤은 자기와의 싸움, 경쟁자와의 싸움, 기록과의 싸움, 자신을 알아가기 위한 끝도 없는 싸움이자 여행이다. 가장 원초적인 활동을 반복하면서 자기 몸을 알아가고, 정신을 알아가고, 인생을 알아가는 지독히도 고통스럽고 외로운 길이다. 단순히 몸이 건강해진다거나, 기록이 향상되는 것은 나중 문제이다.

인생도 그렇지만 마라톤도 중간에 포기해 버리면 완주의 기쁨을 느끼지 못한다. 내가 내 힘으로 포기하지 말고 끝까지 가야만 우승도 할 수 있고 성취감도 느낄 수 있다. 철저히 준비하고 열심히 달리면 우승도 할 수 있고, 천천히 여유를 부리면 남들보다 뒤쳐질 수도 있다. 인생도 똑같지 않은가. 남들보다 앞설 때도 있고 속도를 늦추면 뒤쳐질 때도 있다. 뿐만 아니라 인생을 낭비하지 않으려는 노력은 어딘가로 헛되이 사라지지 않듯이, 마라톤에서도 철저한 준비와 노력은 어딘가로 사라지지 않고 결국은 기록이라는 확실한 결과로 돌아온다. 잘 모르는 길로 잘못된 방법으로 가면 쓰디쓴 실패를 겪거나 노력에 배반당하는 일이 생기듯이 마라톤도 제대로 알고 경험자의 조언에 귀를 기울이며 조심스럽게 도전해야 한다.

제대로 된 코치가 필요하다

필자가 늘 고민하는 것은 제대로 배운 유능한 코치를 양성하는 문제다. 마라톤을 사랑하는 많은 사람들에게 무엇을 가르쳐 주고 어떤 식으로 도와줄 수 있을까 하는 것이 바로 그 고민의 시발점이자 종착점이라고 할 수 있는데, 그래서 나중에 마라톤을 제대로 이해하는 데 꼭 필요한 여러 가지 커리큘럼을 종합적으로 교육할 수 있는 코치 아카데미를 만들고 싶은 것이 개인적인 소망이기도 하다.

과거에 선수로 활동했던 사람들이 지금도 일반인을 위한 교육에 힘쓰고 있다. 선수출신의 코치들은 자신들이 겪었던 경험들, 즉 직접 달려 보고 부상으로 아파 보았던 귀중한 체험을 사람들과 나누고 현명하게 대처하는 방법까지 알려 줄 수 있는 사람들이다. 사실 필자의 경우에도 머리끝부터 발끝까지 부상을 안 입어 본 부분이 없을 정도로 많은 부상을 겪어 보았는데, 그렇기 때문에 누구보다 부상에 대해 잘 알고 있으며 부상당한 사람들의 아픔이나 초조한 심정까지 다 이해한다. 회복하는 데 며칠이나 걸릴지, 어떻게 치료하는 게 가장 빨리 나을 수 있는 방법인지, 그런 가장 현실적이고 사람들에게 필요한 산지식을 보다 많은 사람들에게 나누어 주어야 할 의무가 있다고 생각한다. 하지만 아직은 그 숫자가 턱없이 부족한 실정이고 일반인을 위한 실질적인 교육 프로그램이나 훈련을 돕는 체계적인 시설도 없는 상황이다.

외국의 경우 각 지역의 클럽에서 아마추어 마라토너들이 모인다. 영어로 아마추어 마라토너를 클럽러너*club runner* 라고도 하는데, 자체적으로 조직된 지역 단위의 클럽에서 모여 달리는 것이다. 활성화된 클럽문화 속에서는 체계적이고 과학적인 훈련법을 알려 주는 교육 시스템도 잘 구축되어 있다. 그래서 경험이 많은 좋은 코치들의 개별적인 코칭과 조언을 들으면서 안전하게 달릴 수 있는 것이다. 우리도 이제 '보는 체육'에서 '하는 체육'으로 스포츠에 대한 마인드가 바뀌어 가면서 지역사회의 스포츠클럽이 건전한 여가생활을 위한 생활체육의 장이 되어야 할 것이다. 그러기 위해서는 폭발적으로 증가하는 동호인들을 안전하고 즐겁게 '진짜 마라톤'의 세계로 인도할 수 있는 제대로 된 코치가 필요하고, 효과적인 훈련법을 가르칠 수 있는 체계적인 시설이나 프로그램도 절실하다. 마라톤뿐만 아니라 생활체육 전문 코치를 양성하는 교육기관을 만들어 소정의 과정을 이수한 사람들이 각 지역 클럽의 지도자가 될 수 있도록 하는 현실적인 대책이 마련되어야 한다고 생각한다. 그렇게 되면 제대로 된 코치교육을 받은 사람들이 클럽의 지도자가 되어 일반인들에게 가까운 곳에서 보다 안전한 달리기 훈련방법을 가르쳐 주고 제대로 된 진단을 내릴 수 있을 것이다.

다른 종목과는 달리 마라톤은 통증과 고통을 구별하지 못하고 그저 참고 참고 또 참아야 한다고 잘못 생각하는 사람들이 많다. 제대로 된 코칭을 받지 못한 사람들은 통증도 무시하며 계속 달리다가 사고가 생긴다. 모르는 것은 약이 아니라 독이다. 무지와 안이한 태도 때문에 부상을 입고 이 좋은 달리기를 일찍 그만두는 것만큼 안타까운 일도 없다. 체계적이고 과학적인 코칭으로 달리는 방법을 제대로 배우고, 자신의 체력과 몸 상태를 제대로 판단하는 것, 이 모두가 '즐거운 달리기'의 총체적인 기본이 된다. 보약과 같은 달리기, 전문가의 꼼꼼한 체크와 몸에 맞는 지도를 받고 장거리 달리기의 주법과 원칙을 이해해야만 보다 안전하고 즐겁게 달릴 수 있다.

국민이 건강하면 나라도 건강해진다

우리나라 사람들이 의료비에 지출하는 돈은 국내총생산(GDP)의 4%를 넘어 25조 원에 이를 전망이라고 한다. 의료보험 재정을 위해 국고에서 보조하는 돈도 2조 원에 육박한다는 소식도 들려 온다. 이렇게 엄청나게 많은 돈이 당장 눈앞에서 줄줄 새고 있는 것을 보여 주는 숫자 데이터만으로도 눈이 휘둥그레질 지경인데, 중장기적으로 국민건강을 증진시키는 뾰족한 묘안이 없는 것 같아서 더더욱 걱정이다. 국민의 건강은 국가의 힘과 경쟁력, 미래와 직결된다. 개인의 삶을 생각해 보아도 인생에서 건강을 대체할 수 있는 것이 어디 있겠는가.

미국 같은 나라가 흡연이나 비만을 놓고 전쟁을 선포하는 이유도 바로 그런 것이다. 국민의 건강을 위해서라면 좀더 멀리 길게 바라보는 혜안을 가지고 생활체육 활성화에 아낌없이 지원해야 한다. 체계적인 교육시설을 마련하고, 학과개설이나 연구시설 확충에도 예산을 지원해 주는 정책이 필요하다. 단순히 공설운동장을 새로 짓는 것이 중요한 게 아니라 지금 달리기를 하고 있는 사람들의 욕구를 충실히 반영해서 그들에게 가장 필요한 것이 무엇인가를 고민한 후 실질적인 형태로 지원하고 클럽 중심의 스포츠 시설을 늘렸으면 좋겠다. 국민의 건강을 위한 재정지원은 중장기적으로 볼 때 하루라도 빨리 시작할수록 경제적인 이득이라고 할 수 있다. 달리기를 사랑하는 많은 사람들은 이미 자신의 건강을 잘 돌보고 있는 것만으로도 위대한 애국자라고 말하고 싶다.

저자 소개

황 영 조

온 국민을 열광의 도가니로 몰아넣은 몬주익의 영웅, 마라톤 금메달리스트.
92년 바르셀로나 올림픽에서 온 국민에게 감동과 환희를 안겨 주었던 대한민국 마라톤 영웅 황영조는 현재 국민체육진흥공단 마라톤 선수단의 감독이며, 강원대학교 스포츠 과학부 겸임교수, SBS 마라톤 해설위원이다. 고려대학교와 동대학원을 졸업했으며 박사과정을 수료했다.
선수시절의 경험과 지도자로서의 경험을 통해 이론과 실전을 두루 겸비하고, 경험과 지식으로 무장한 최고의 마라톤 감독이 된 그는 일반인 대상의 마라톤 강좌 〈황영조 마라톤 스쿨〉을 통해 국민적인 마라톤 열풍을 좀더 안전하고 올바른 길로 이끌어가기 위해 노력하고 있다.
그는 엘리트 선수양성에 못지않게 마스터스 선수들의 안전과 부상예방, 기록향상 지도에도 열성적이라서 마라톤 중계방송 외에도 다양한 TV프로그램 출연과 강연, 인터뷰, 신문과 잡지 기고를 통해 한국인을 위한 가장 과학적이고 현실적인 훈련방법이 무엇인지, 어떻게 하면 마스터스 선수들이 평생 더욱 안전하고 즐겁게 달릴 수 있는지를 알리는 데 바쁜 나날을 보내고 있다.
마라톤에 관해서라면 누구보다도 하고 싶은 이야기가 많은 저자는 이 책을 통해 몸과 마음의 균형, 자기극복의 빛나는 성취를 얻을 수 있는 진짜 마라톤이 무엇인지 확실하게 알리고 싶다고 한다.

저자 약력

- 강릉 명륜고등학교 졸업
- 고려대학교 대학원 박사과정 수료(체육학과)
- 91년 아시아 선수권 대회 10,000m 우승
- 91년 7월 영국 셰필드 하계 유니버시아드대회 마라톤 금메달(대회최고기록)
- 92년 8월 스페인 바르셀로나 올림픽 마라톤 금메달
- 94년 4월 제98회 보스턴 마라톤 한국최고기록 수립(2시간 8분 9초)
- 94년 10월 일본 히로시마 아시안게임 마라톤 금메달(대회 MVP)
→ 세계 최초 국제종합대회(유니버시아드, 올림픽, 아시안게임) 석권
- 국민 체육훈장 백마장
- 국민 체육훈장 청룡장(체육최고훈장)

- 유네스코 올해의 인물
- 대한민국 체육대상(경기부문)
- 백상 체육대상 대상(기록부문)
- 코카콜라 체육대상 대상
- 백상 체육대상 최우수 신인상
- 국가대표 꿈나무 대표코치(중장거리) 역임
- 국가대표 상비군 대표코치(중장거리) 역임
- 국가대표 하프마라톤 코치 역임
- 대한육상경기연맹 신인발굴위원 역임
- KBS 마라톤 해설위원 역임
- 아시아 올림픽 평의회 선수위원 역임
- 대한체육회 이사 역임
- 현 대한올림픽 위원회 선수위원
- 현 대한육상경기연맹 마라톤 강화위원
- 현 한국실업육상경기연맹 이사
- 현 한국 마라톤클럽 회장
- 현 황영조 마라톤 스쿨 운영

[본문 동작사진 모델]
- 김이용 선수 (현 국민체육진흥공단 소속)
  올림픽, 세계선수권, 유니버시아드, 아시안게임 등 마라톤 국가대표 출전
  마라톤 최고기록 2시간 7분 49초 (1999년 로테르담 마라톤)
- 정윤희 선수 (현 SH공사 소속)
  현 마라톤 국가대표
  마라톤 최고기록 2시간 30분 50초 (2003년 중앙 국제 마라톤)
  10,000m 한국 최고기록 보유 32분 46초
- 김수영 선수 (현 서울 서문여고 육상부 소속, 국가대표 상비군)

[본문 사진]
- 박동식
  사진과 글을 통해서 세상과 소통하는 여행 칼럼니스트, 최근에는 철인3종 경기에 흠뻑 빠져 있다.

한언의 사명선언문

Our Mission

─. 우리는 새로운 지식을 창출, 전파하여 전 인류가 이를 공유케 함으로
써 인류문화의 발전과 행복에 이바지한다.

─. 우리는 끊임없이 학습하는 조직으로서 자신과 조직의 발전을 위해 쉼
없이 노력하며, 궁극적으로는 세계적 컨텐츠 그룹을 지향한다.

─. 우리는 정신적, 물질적으로 최고 수준의 복지를 실현하기 위해 노력하
며, 명실공히 초일류 사원들의 집합체로서 부끄럼없이 행동한다.

Our Vision 한언은 컨텐츠 기업의 선도적 성공모델이 된다.

저희 한언인들은 위와 같은 사명을 항상 가슴 속에 간직하고
좋은 책을 만들기 위해 최선을 다하고 있습니다.
독자 여러분의 아낌없는 충고와 격려를 부탁드립니다.

- 한언가족 -

HanEon's Mission statement

Our Mission

─. We create and broadcast new knowledge for the advancement and
happiness of the whole human race.

─. We do our best to improve ourselves and the organization, with the
ultimate goal of striving to be the best content group in the world.

─. We try to realize the highest quality of welfare system in both mental and
physical ways and we behave in a manner that reflects our mission as
proud members of HanEon Community.

Our Vision HanEon will be the leading Success Model of the content group.